本书为 2019 年教育部人文社会科学研究青年基金项目《"失范"与规范研究：刑事诉讼法应如何被解释》（项目号：19YJC820008）的阶段性成果

立法·原理·判例：

LIFA · YUANLI · PANLI:
RIBEN XINGSHI ZHENGJU GUIZE DE "SANWEI" JIANSHI

日本刑事证据规则的『三维』检视

董林涛／著

中国政法大学出版社

2021·北京

图书在版编目（ＣＩＰ）数据

　　立法·原理·判例：日本刑事证据规则的"三维"检视/董林涛著.—北京：中国政法大学出版社，2021.1
　　ISBN 978-7-5620-9814-0

　　Ⅰ.①立⋯　Ⅱ.①董⋯　Ⅲ.①刑事诉讼法－研究－日本　Ⅳ.①D931.352

　　中国版本图书馆 CIP 数据核字(2021)第 001232 号

出 版 者　　中国政法大学出版社

地　　址　　北京市海淀区西土城路 25 号

邮寄地址　　北京 100088 信箱 8034 分箱　邮编 100088

网　　址　　http://www.cuplpress.com（网络实名：中国政法大学出版社）

电　　话　　010-58908285(总编室) 58908433（编辑部）58908334(邮购部)

承　　印　　固安华明印业有限公司

开　　本　　720mm×960mm　1/16

印　　张　　16

字　　数　　255 千字

版　　次　　2021 年 1 月第 1 版

印　　次　　2021 年 1 月第 1 次印刷

定　　价　　85.00 元

序 言
PREFACE

　　证据是刑事诉讼的灵魂与基石，证据运用及事实认定则是刑事诉讼的基本问题与核心任务。这无疑确立了刑事证据法的根基地位与显学属性。近年来，刑事诉讼制度改革的推进和一系列刑事冤假错案的纠正，带来了我国刑事证据规范与理论的蓬勃发展，刑事证据法的体系框架初步形成。然而，无可回避的是，我国刑事证据法的发展也面临着一些亟待脱离的现实困境。首先，刑事证据规范虽然数量众多但是缺乏体系性；其次，刑事证据规范内容虽然庞杂但是一些重要的证据法原则、规则依然缺失；再次，刑事证据理论渊源杂糅，无法为刑事证据法提供共识性理据。

　　中国问题的解决离不开世界性的眼光。各国的证据制度实践固然千差万别，但是证据制度背后的基本法理和理论问题却是相对稳定和高度相似的。因此，我们在立足中国国情思考刑事证据法未来发展道路的过程中，不应忘记比较法研究方法的价值和适用。当然，这绝非提倡走简单化的法律移植路线，而毋宁是以"主体间性"的立场看待问题，即不固守法律为"地方性知识"的绝对立场，承认域外经验之参考借鉴的必要性和可行性，同时不夸大法律移植的价值功能，以"当下"为视点，选择最易改造方案并进行渐进式改革。

　　显然，对外国经验的参考借鉴建立在对其法律制度、司法实践与法律理论的全面了解与准确把握之上。在刑事证据法领域，有关域外法治发达国家证据制度的译著、专著、论文层出不穷，但是系统性研究日本证据法的学术成果并不多见。为数不多的日本证据法乃至刑事诉讼法专著、论文面世时间相对久远，且多因法律修改而不再具有学术参考价值。学界由此得来的有关日本证据法、刑事诉讼法的知识、认识有待更新。在此背景下，笔者广泛收集日本原文学术资料、法院司法判例，在认真学习、潜心研究的基础上，撰写了《立法・原理・判例：日本刑事证据规则的"三维"检视》一书，从法律规定、基本原理、司法判例（解释）三个维度向国内读者展示日本刑事证据规则与相关程序的多重样态。写作过程中，笔者并不满足于对以上三方面内容的细致梳理、详尽罗列，而试图以此为依托展开对刑事证据规则相关问题的深入分析、延伸思考，并提出自己的观点或者主张，在提升本书自身学术价值的同时，也为我国刑事证据规则体系的建构与完善提供域外智识和经验教训。

本书共计八章，章节主题涵盖证据法序说、证据关联性、传闻法则、违法收集证据排除法则、自白法则、审判前整理程序、证据调查程序、证据评价与心证形成等内容。在章节开头专设"法条索引"栏目，首先列明《刑事诉讼法》（昭和 23 年 7 月 10 日法律 131 号公布、平成 29 年 6 月 23 日法律第 72 号最终改正）中与章节主题相关的法律条文，在明确章节主题之法律依据的同时实现对现有中文版法条的更新。章节正文中，笔者仅简明介绍基本知识框架，而将视野聚焦在日本刑事诉讼法学界、各级裁判所对《刑事诉讼法》相关条文的解释、运用之上，尤其重视对学界理论、司法判例（解释）之间存在的观点争鸣及论证理由的介绍与分析。与此同时，为了便于读者理解、把握日本刑事证据规则和程序运作，笔者根据章节主题选取了日本各级裁判所作出的经典判例，结合具体案件事实对裁判理由进行介评。应当说，法律规定、基本原理、司法判例（解释）三者的有机结合和立体审视，也构成了本书最为显著的特点。

本书是笔者主持的 2019 年度教育部人文社会科学研究青年基金项目《"失范"与规范研究：刑事诉讼法应如何被解释》的阶段性成果，其中一些内容已经在《中国刑事法杂志》《人民检察》《北外法学》等刊物发表。本书作为国内第一部系统性研究日本刑事证据规则的学术专著，也是笔者完全借助外文资料以域外制度为研究对象撰写学术专著的初次尝试，虽然尽力做到结构严谨、资料详实新颖、论证充分、分析透彻，但是依然难以避免存在不够深入、不够成熟甚至疏漏、错误之处，还望读者包容海涵、批评指正。书中错漏之责，完全由笔者承担。中国政法大学出版社不弃文浅并给予大力支持，使得本书能够得以出版。在本书成书过程中，责任编辑魏星老师付出了大量心血，进行了大量编辑工作，方使本书顺利付梓。在此谨致谢意！

　　是为序！

董林涛

2020 年 12 月 28 日

谨识于北京寓所

CONTENTS

目　录

第一章 证据法序说

法条索引：《刑事诉讼法》第 317 条：认定事实，以证据为根据。

第 318 条：证据的证明力，由法官自由判断。

一、证据的含义与种类

（一）事实认定与证据

在刑事审判中，法院（法官）应当对是否发生刑罚权这一法律效果进行判断。法院（法官）肯定刑罚权发生的判断应当建立在如下前提之上：起诉状中作为公诉事实予以记载的具体事实得以认定（查明），而且该事实被认为符合《刑法》规定的特定犯罪构成要件。与此同时，除了刑罚权这一实体法效果外，程序法效果是否发生，诸如实体审判的开始或者继续，同样需要根据一定的事实（诸如诉讼条件事实）进行判断。换言之，在刑事审判中，法官往往要在不同的场合，对相关事实进行认定，并以此为基础形成法律判断，进而决定某一法律效果是否发生以及具体内容。

法院（法官）对某一事实形成判断，是为"心证形成"。所谓心证，是指法官的判断（内心）状态，在对某一事实的存在最终形成超过一定程度心证的场合，可以对该事实加以认定，也即该事实得到了证明。刑事诉讼中的事实认定（证明），原则上应当以证据为根据。与日常生活中人们可以单凭直觉或者感觉作出种种判断不同，刑事诉讼中的事实认定并不允许作为事实认定者的法官仅仅根据直觉或者感觉进行。在实际的事实认定过程中，形成于日常生活的经验法则发挥着重要作用。当然，这与事实认定应当以证据为根据是两个不同的命题。

另一方面，并非什么样的证据都可以用作事实认定的根据。相反，对于允许用于事实认定的证据种类（资格）、依据证据形成何种程度心证的情况下可以认定事实等问题，是存在一定限制的。而证据法（狭义），即是指对诉讼中用于事实认定的证据进行限制的具体规则的总称。运用证据进行事实认定，并不局限于一份证据对应一个事实。更为普遍的状况是，对多份证据进行证据调查，在对证据进行综合评价的基础上形成心证，进而对某一事实进行认定。有时，根据由证据所证明的事实还可以进一步认定其他事实。由此可见，实际的事实认定过程往往具有多重的构造。[1]

由于对作为过去性事实的公诉事实并无实际的体验或见闻，法院（法官）只能根据对事实有所见闻者（目击者、被害人、被告人等）的报告（陈述），或者根据犯罪遗留的种种痕迹、物品，对公诉事实进行逆向推论。因此，诸如报告（陈述）或者痕迹、物品等作为法院（法官）进行合理推论之根据的资料，是为证据。[2]证据包含两方面的内容：一为证据资料，即作为事实认定或者判断之基础的信息；二为证据方法，即将上述信息呈现于法庭之上的媒介。例如，在用证人证言证明（认定）案件事实的场合，证言本身为证据资料，而证人为证据方法。

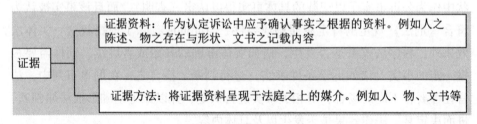

图一　证据内容

（二）证据种类

根据性质、属性以及分类标准的不同，证据可以被划分为不同的种类。与证据资料相关的分类包括：直接证据与间接证据；言词证据与非言词证据；

〔1〕　参见［日］宇藤崇、松田岳士、堀江慎司：《刑事訴訟法（第2版）》，日本有斐閣2018年版，第346、347页。

〔2〕　参见［日］池田修、前田雅英：《刑事訴訟法講義（第6版）》，日本東京大学出版会2018年版，第378页。

实质证据与辅助证据；本证与反证。与证据方法相关的分类包括：人的证据与物的证据；人证、物证、书证。[1]具体而言：

1. 以与待证事实之间的距离远近为标准，证据可以分为直接证据与间接证据。直接证据，是指直接证明案件主要事实的证据。主要事实，又称要件事实，是指在诉讼中应当予以证明的核心事实。主要事实不仅包括《刑法》规定的特定犯罪构成要件该当事实（犯罪事实），还包括违法性、有责性的基础事实与直接否定构成要件该当性、违法性或有责性的事实。例如，在"A开枪将B射杀"为主要事实的场合，甲所作的"看到A从上衣口袋中拿出手枪，并开枪打死了B"的陈述即为直接证据。间接证据，又称为情况证据，是指证明案件间接事实（能够推定主要事实的事实）的证据。例如，乙所作的"看到A拿着枪从B死亡的地点离开"的陈述，虽然不能直接证明"A开枪将B射杀"的主要事实，但是可以证明A持枪出现在案发地点的事实（间接事实），并由此对"A开枪将B射杀"的事实进行推论。

2. 以是否为人之陈述为标准，证据可以分为言词证据与非言词证据。言词证据，是指将人的记忆中关于犯罪事实的印迹通过语言或者书面的形式表现出来的证据。非言词证据，是指言词证据以外的其他证据。作为凶器使用的手枪、案发现场发现的毛发等均为非言词证据。言词证据原则上受传闻法则的规制，未经反对询问则不具有证据能力。需要注意的是，与特定事实相关联的言词证据，如果并非证明该陈述内容的真实性，不适用传闻法则（言词证据的非言词用法）。[2]

3. 以是否指向要证事实为标准，证据可以分为实质证据与辅助证据。实质证据，是指用以证明主要事实或者间接事实的证据。辅助证据，是指证明辅助事实（影响实质证据信用性的事实）的证据。例如，医生出具的与犯罪事实之目击证言（直接证据、实质证据）相关的证明目击者视力（辅助事实）的视力诊断证明（辅助证据）。根据对其他证据信用性的具体影响，辅助证据又可分为弹劾证据（降低证据信用性）、增强证据（增强证据信用性）

---

〔1〕　参见［日］LEC综合研究所司法试验部编著：《C-Book刑事诉讼法Ⅱ（公诉·公判）（第3版）》，日本東京リーガルマインド2012年版，第216~218页。

〔2〕　［日］松尾浩也：《日本刑事诉讼法 下卷（新版）》，张凌译，中国人民大学出版社2005年版，第28页。

与恢复证据（恢复证据信用性）。

4. 以证据提出者的立场为标准，证据可以分为本证与反证。本证，是指承担证明责任者提出的证据；而反证，是指对方当事人提出的用以否定本证的证据。除此之外，以下两种证据也被称为反证：一是不论举证责任如何，用以争辩对方当事人所提出证据之证明力的证据；二是用以证明与推定事实相反之事实的证据。

5. 以证据方法的物理特性为标准，证据可以分为人之证据与物之证据。人之证据，是指以自然人为证据方法的证据。物之证据，是指除人之证据以外的证据。人之证据、物之证据的分类与言词证据、非言词证据的分类并非对应关系。例如，即使以人作为证据方法，但是在将人的身体状态作为证据的场合，该证据并非言词证据。又如，记录人之陈述的文书虽然属于物之证据，但是用以推论其内容事实的场合，属于言词证据。

6. 以证据调查方式为标准，证据可以分为人证、物证、书证。人证，是指证人、鉴定人、被告人、被害人等以口头方式进行陈述的证据方法，证据调查方式为询问（法304）[1]与质问（法311）。物证，是指诸如犯罪凶器或者嫌疑人通过犯罪行为所得的被害人物品等，以物之存在和状态为证据资料的物体，证据调查方式为展示（法306）与检证（法128）。书证，是指以记载内容为证据资料的文书，包括证据文书与作为证据物的文书两类。前者的证据调查方式为朗读（法305），后者的证据调查方式则为展示与朗读（法307）。

二、证据能力与证明力

证据作为认定事实（至少是犯罪事实）的根据，应当具备一定的资格，而并非无任何限制。证据作为诉讼中事实认定之根据的法律资格，即为证据能力（证据的许容性）。无证据能力的证据不得用于事实认定，也不允许进行证据调查。这是因为对其进行证据调查不仅毫无意义，还会对法官的心证形成产生不当影响。由此，对当事人请求调查之证据的证据能力进行判断，是法官作出证据裁定的重要基准。

---

〔1〕 此处所称"法304"是指《刑事诉讼法》第304条，下同。

在对不存在证据能力问题的证据提出调查请求的场合，法官直接判断证据调查必要性的有无即可。在对存在证据能力问题的证据提出调查请求的场合，法官则应当首先对证据是否具有证据能力进行判断，证据能力被否定的，应当驳回证据调查请求；发现已经进行调查的证据没有证据能力的，法院可以依职权作出排除该证据之全部或者部分的裁定（规207）。[1]据此可知，某一无证据能力的证据，如果既没有对法官心证形成产生影响，也未对当事人的攻击防御造成妨碍，法院可以不作出排除裁定。但是，当事人以对无证据能力的证据进行了证据调查为理由提出异议（法309），法院认为有理由的，则应当作出排除全部或者部分证据的裁定（规205之6）。作出排除裁定的场合，法官应当将被排除的证据从记录中去除并返还给申请调查的当事人。同时，在裁定书或者庭审笔录中对排除部分予以记载，以便由此了解证据排除的相关情况。

日本《刑事诉讼法》对证据的证据能力设置了多重规制。首先，无证明力或者证明力非常低下（无最低限度证明力）的证据，也即在与所欲证明事实的关系上，不具有推论该事实存在与否之盖然性的证据，[2]由于在审判程序中对其进行证据调查并无任何实际意义，法院（法官）不应当承认其证据资格，而应当作为欠缺自然关联性的证据对其证据能力予以否定。其次，具有最低限度以上的证明力（自然关联性）的证据，如果用其认定案件事实存在导致误认事实的危险，同样不应当承认其证据资格，而应当作为欠缺法律关联性的证据对其证据能力予以否定。例如传闻证据、自白等等。再次，不问证据证明力的有无，如果使用该证据进行事实认定将损害程序公正或者其他利益，同样应当剥夺其证据资格，是为证据禁止。[3]证据禁止以违法收集证据排除法则为典型代表。证据禁止的目的在于从刑事政策层面否定证据的证据能力并将其予以排除，以维护程序公正或者其他具有优越性的利益。不容忽视的是，证据禁止对程序公正或优位利益的维护，在很多场合是以牺牲实体真实发现为代价的。也正因如此，应当在多大范围内承认或者肯定证据

---

〔1〕　此处所称"规207"是指《刑事诉讼规则》第207条，下同。

〔2〕　参见［日］宇藤崇、松田岳士、堀江慎司：《刑事诉讼法（第2版）》，日本有斐閣2018年版，第350页。

〔3〕　参见［日］裁判所職員総合研修所監修：《刑事訴訟法講義案（四訂版）》，日本司法協会2011年版，第275页。

禁止的适用,是需要认真思考和审慎对待的重要问题。综上所述,某一证据要具备证据能力,应当同时满足三项要件:一为具有自然关联性,即对待证事实具有必要、最小限度的证明力;二为具有法律关联性,即不会给法院(法官)心证形成产生不当影响;三为不属于证据禁止的对象。欠缺三要件中的任何一个,该证据即不具有证据能力,不得作为严格证明的资料。

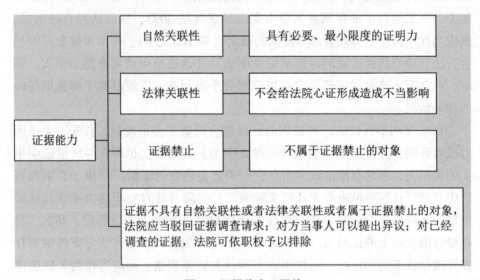

图二　证据能力三要件

与证据能力相对应的概念是证明力。所谓证据的证明力,是指作为证据调查对象的证据对于判断犯罪事实存在与否所具有的实质性价值。证明力包含两项基本内容:一为狭义的证明力(证据价值),即证据能在多大程度上证明要证事实的存在或者不存在;二为信用性,即该证据是否值得信赖,是否具有可靠性。根据自由心证主义的要求,证明力的这两项内容均交由法官进行自由评价。证据的取舍选择成为法官的自由。法官可以在相互矛盾的证据中选择其认为可靠的证据,也可以对具体证据的信用性程度进行自由评价。例如,法官可以采信未经宣誓的证人证言而放弃已宣誓的证人证言,也可以驳回多份证人证言而采信被告人陈述;在有直接证据的情况下也可以将间接证据置于更为优先的地位。当然,自由心证主义绝非允许裁判者进行恣意判断，相反，它要求裁判者应当根据逻辑法则与经验法则对证据的证明力进行合理判断（合理心证主义）。

一般认为，证据能力与证明力的差异表现在三个方面：其一，证据能力是证据的形式资格，证明力是证据的实质价值；其二，通常情况下，证据能力要件由法律事先加以规定而不允许法官自由判断，而证明力则由法官自由评价；其三，证据能力是程序层面的制度；证明力是实体层面的制度。例如，在已经宣誓的证人提供虚假证言的场合，该证言虽然具有证据能力却不具有证明力。又如，通过刑讯逼供等方式获得的被告人自白，虽然具有证明力却无证据能力。

三、证据裁判主义

（一）证据裁判主义的含义

《刑事诉讼法》第317条规定："认定事实，以证据为根据"，是为证据裁判原则。对于该规定的含义和解释，存在三种不同的观点。

第一种观点认为，该条规定要求诉讼中的事实要用证据来证明，不仅是对近代刑事裁判之当然原则的宣示，还具有更为积极的实定法意义。首先，从立法沿革的角度考虑，本条规定的事实是指用于决断犯罪的事实，也即公诉犯罪事实。如此理解，与《刑事诉讼法》第335条之明示有罪判决理由的规定相吻合。[1] 其次，从现行法对证据能力与证据调查方式作出了明确限制的角度考量，本条所称"以证据为根据"是指以具有证据能力且经过适当的证据调查的证据为根据。使用这种证据所进行的证明即为严格证明。由此，《刑事诉讼法》第317条之"认定事实，以证据为根据"的规定，应当理解为"对公诉犯罪事实的认定，应当进行严格证明"。当然，这种将本条规定的"事实"等同于"构成犯罪事实"的观点也在不断扩充应当进行严格证明的事实范围——确定刑罚权存在与否及具体范围的事实。[2] 与严格证明相对应

---

〔1〕《刑事诉讼法》第335条规定："（1）宣告有罪时，应当明示构成犯罪的事实、证据目录和适用的法令。（2）对在法律上影响构成犯罪的理由或者存在加重减免理由的事实提出主张的，应当对此作出明确的判断。"

〔2〕参见［日］团藤重光：《新刑事訴訟法綱要（7訂版）》，日本創文社1972年版，第272页。

的概念是自由证明,即"使用任意证据并采取任意程序进行的证明"。[1]

第二种观点认为,《刑事诉讼法》第317条的主旨在于"作为诉讼对象的全部事实,均应当根据经过适当证据调查的证据进行认定"。此种观点虽然认可严格证明与自由证明的区分,但是反对将自由证明从适当的证据调查方式中脱离。理由在于:在借鉴英美法系立法对证据能力施加诸多限制以及强化当事人主义诉讼构造的现行法下,自由证明具有使法院(法官)的心证形成从法律规定的证据能力限制中予以解放的独特价值,但是这绝非意味着证据可以不经过适当的证据调查而直接作为认识事实的根据。[2]

第三种观点认为,本条规定仅明确了犯罪事实的认定应当进行严格证明,而未包括自由证明的内容。而且,"犯罪事实依据具有证据能力且经过适当证据调查的证据进行证明"的内容,即使没有本条规定,也可以从《刑事诉讼法》第304条至第307条有关证据调查的规定与第319条至第328条关于证据能力限制的规定中推导出来。虽说犯罪事实以外的事实采用自由证明即可,但是如果存在有关证明方式的法律规定则应当予以遵守。除此之外还应当考虑证据的重要性与正当程序的理念,对自由证明施加一定的限制。对以上内容以及违法收集证据排除法则进行统合考虑,《刑事诉讼法》第317条应当理解为"在刑事审判程序(包括附随程序)中成为问题的全部事实,除无证明必要的场合外,均应当根据符合刑诉法规明文规定并且契合宪法与刑诉法之整体精神的适当证据加以认定"。[3]

本书采用第一种观点(通说、判例[4]),认为《刑事诉讼法》第317条规定的证据裁判原则蕴含三项基本要求:一为诉讼中的待证事实必须通过证据加以认定,不得依据单纯的感觉、直觉。二为犯罪事实的认定必须依据具体、适当的证据。依据具体(特定)的证据,意味着不得采用《民事诉讼法》第247条之"斟酌口头辩论的全部趣旨"的事实认定方式。适当的证据,是指具有证据能力且经过合法证据调查的证据。三为该条所规定的"事实",包括犯罪构成要件事实(诉因事实)、违法性与有责性的基础事实及阻却事

---

〔1〕 [日] 光藤景皎:《刑事诉讼法Ⅱ》,日本成文堂2013年版,第102页。

〔2〕 参见 [日] 田中和夫:《新版证拠法(增補第三版)》,日本有斐阁1971年版,第30页。

〔3〕 [日] 光藤景皎:《刑事訴訟法Ⅱ》,日本成文堂2013年版,第103页。

〔4〕 参见最高裁判所判决昭38·10·17刑集17·10·1795.

实、法律上刑罚加重减免的事实、间接事实以及辅助事实。[1]需要注意的是，在简易审判程序和即决裁判程序中，在法庭上提交的证据不适用传闻法则，证据调查采用适当的方法进行即可（法 307 之 2、320、350 之 10、350 之 12）。

（二）严格证明与自由证明

根据上述理论通说及司法判例，严格证明是指"根据刑诉法规定具有证据能力，而且，在法庭上经过合法证据调查的证据进行的证明"。[2]如上所述，《刑事诉讼法》对证据的证据能力设置了多重限制，并且对应证据种类规定了不同的证据调查方法（法 304、305、306、307）。因此，严格证明也可以理解为："运用满足这些要件的证据所进行的证明"。[3]严格证明的适用对象，除《刑事诉讼法》第 335 条规定的"构成犯罪的事实"外，还包括确定刑罚权是否存在及具体范围的事实。[4]

然而，诉讼中需要认定的事实是多种多样的，对全部事实均进行严格证明既不现实亦无必要。对于诸如程序性事实等事实，进行自由证明即可。所谓自由证明，是指不存在严格的证据能力限制与证据调查程序制约的证明方式。[5]自由证明的内涵，并不像严格证明那样清晰，但是在不受证据能力限制的约束这一点上并无异议。自由证明不对证据的证据能力作硬性要求，只是为了说明不适用传闻法则，而绝非毫无限制。在自由证明的场合，法官同样不得采信无任意性的陈述（法 319）。在证据调查方式上，虽然没有必要达到严格证明的程度，但是也并不意味着法官只要知晓证据内容即可，而至少应当将其记载于庭审笔录当中。在允许进行自由证明的场合，有时需要在法庭上进行证据调查，给予当事人发表意见、进行辩解的机会。在简易审理程序及量刑证据调查中经常出现这种情况。在简易审判程序中，对于作出第 291

〔1〕　参见［日］後藤昭、白取祐司编：《新·コンメンタール刑事訴訟法（第 3 版）》，日本評論社 2018 年版，第 903 页。

〔2〕　［日］田口守一、川上拓一、田中利彦编集：《確認刑事訴訟法用語 250》，日本成文堂 2009年版，第 65 页。

〔3〕　参见最高裁判所判决昭 38·10·17 刑集 17·10·1795.

〔4〕　参见最高裁判所判决昭 36·11·28 刑集 15·10·1774.

〔5〕　参见［日］池田修、前田雅英：《刑事訴訟法講義（第 5 版）》，日本東京大学出版会 2014年版，第 389 页。

条之 2 裁定的案件，证据调查在开庭审理过程中采取法官认为适当的方式进行（法 307 之 2），即进行适当证明。

另外，刑事诉讼中还存在第三种证明方式——疏明。所谓疏明，是指对于某一事实是否存在，并不需要使法官形成确信程度的心证，而是使其"大体上相信"即形成推测程度心证的证明方式。适用疏明的事项，仅限于《刑事诉讼法》明文规定的程序性事项（法 206、227 等）。

（三）证明对象：严格证明抑或自由证明

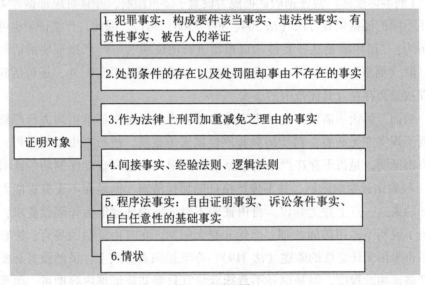

图三 证明对象

在日本刑事诉讼中，构成证明对象的事实包括实体法事实与程序法事实。实体法事实，是与刑罚权存在与否直接相关的事实，包括：一为犯罪事实，包括构成要件该当事实、违法性事实、有责性事实；二为有关处罚条件的存在以及处罚阻却事由不存在的事实；三为法律上作为刑罚加重减免之理由的事实。[1] 程序法事实，是与刑罚权的存在与否、具体范围并无直接关联的事实，多使用自由证明方法。程序法事实包括诉讼条件事实、诉讼行为的要件事实、证据能力与证明力的基础事实、其他程序法事实。

―――――――――

〔1〕 参见最决昭 33·2·26 刑集 12·2·316.

1. 犯罪事实

在犯罪事实中，对构成要件该当事实需要进行严格证明并无异议。此外，行为与结果（包含结果加重犯）、惯犯（例如常习赌博）的常习性与共谋共同正犯中的共谋事实（判例1-1）以及违法性与有责性的基础事实，同样需要进行严格证明。这是因为，犯罪行为只有同时满足构成要件该当性、违法性、有责性三个要件时方能成立。需要注意的问题有二：

第一，犯罪成立的阻却事实（包括犯罪事实不存在的事实）是否需要进行严格证明？如果要求被告人提出的证据应当具有证据能力，是否会产生妨碍其提出有利证据以至于无法自证无罪的负面效果？在刑事诉讼中，被告人并不负有证明犯罪事实不成立的举证责任，而只要使裁判者产生是否存在妨碍犯罪成立之事实的合理怀疑即可。但是，对于使裁判者产生上述合理怀疑的证据是否应当具有证据能力，理论上存在争议。通说认为，《刑事诉讼法》同样要求被告人提出的证据应当具有证据能力，对犯罪阻却事实应当进行严格证明。理由在于：其一，《刑事诉讼法》使用的是"犯罪事实是否存在"的表述，并未具体区分"存在"与"不存在"的情形。[1]其二，对于被告人在法庭外所作的对自己有利的陈述（笔录），《刑事诉讼法》同样要求只有在特别值得信赖的情况下（作为传闻证据的例外）才具有证据能力（法322）。反对观点认为，对犯罪事实或者与有罪相关的事实进行积极认定的场合，应当对该事实进行严格证明。但是，对于被告人提出的否定犯罪事实存在的事实进行自由证明即可。这是因为，其一，被告方的举证具有弹劾检察官有罪证据的特性，只要具有弹劾、破坏有罪证据之证明力的作用即可；其二，仅仅因为缺乏有证据能力的证据而无法进行无罪证明，有违司法正义的要求；其三，无罪判决中并不需要标示证据。[2]

第二，检察官是否应当从违法阻却事由或者责任阻却事由开始进行举证？当然，不存在犯罪成立之阻却事由是需要进行严格证明的对象，也是检察官负有举证责任的对象。问题在于：检察官在对构成要件该当事实、故意或者过失进行举证之后，还有无必要对不属于正当防卫、有期待可能性等事实进

---

〔1〕　参见［日］高田卓爾：《刑事訴訟法（二訂版）》，日本青林書院1984年版，第199页。

〔2〕　参见［日］LEC総合研究所司法試験部編著：《C-Book 刑事訴訟法Ⅱ（公訴・公判）（第3版）》，日本東京リーガルマインド2012年版，第226页。

行单独立证（证明之必要）。在犯罪构成要件该当事实得到证明的情况下，违法性基本上可以得到确认，故意、过失等基本类型事实一旦得到证明，有责性也即告满足。因此，在对违法性或有责性已经提出了证据的场合，就没有必要要求检察官从阻却事由不存在事项开始举证。更为合理的做法是，在被告方针对责任阻却事由提出证据（证据提出责任）之后，检察官再提出证据证明该事由不存在即可。但是，在基本类型事实的举证过程中对是否属于正当防卫产生疑问时，检察官应当提出证据证明该事实不存在。即使被告方没有提出证据，但是相关具体事实使裁判者对是否存在阻却事由产生疑问时，在该事由存在与否成为争点之前，检察官并不需要进行证明。[1]

判例 1-1：共谋事实（最高裁判所判决昭 33·5·28 刑集 12·8·1718）

事实概要： 昭和 26 年末，被告人 X 因与造纸公司之间存在纷争，于是与被告人 Y 合谋计划袭击该公司组合委员长 A 及练马警察署巡查 B，并由被告人 Y 对袭击计划进行指挥联络。随后，被告人 Y 伙同他人对 B 施加暴行并导致 B 死亡。第一审法院将未在犯罪现场的 X 与包含 Y 在内的 10 名被告人认定为伤害致死罪的共谋共同正犯并判决有罪，控诉审对第一审判决予以维持。被告方以上述有罪判决有关共谋事实的判示不适当为理由提出上告，日本最高法院作出了如下判示并驳回了上告。

判决要旨： "此处所称'共谋'或者'合谋'，是共谋共同正犯中'构成犯罪的事实'，对此事实的认定应当进行严格证明。但是，既然'共谋'事实是通过严格证明予以认定的，而且该证据在判决中已经列明，那么共谋的判示只要明确该共谋事实成立即可，不需要对合谋的时间、场所或者具体内容，也即实行的方法、各人行为的分工职责等进行具体的判示。"《刑事诉讼法》第 335 条第 1 款要求在有罪判决中予以明示的"构成犯罪的事实"，一般是指符合特定犯罪构成要件的具体事实。本判决认为，在共谋共同正犯的场合，决定其是否成立的共谋事实为"构成犯罪的事实"，属于严格证明的对象。在此基础上，本判决认为，对作为判决理由的"构成犯罪的事实"的具体明示，达到足以判定该事实是否符合刑罚法令各条规定的构成要件，能够确认适用

---

〔1〕 参见 [日] 松尾浩也：《刑事訴訟法 下（新版補正第二版）》，日本弘文堂 1999 年版，第 19 页。

各条规定的事实根据之程度即可。然而，理论上，对于直接决定犯罪是否成立的事实，应当通过日时、场所等予以特定化的观点非常有力。[1]

2. 处罚条件存在与处罚阻却事由不存在的事实

处罚条件存在与处罚阻却事由不存在的事实，虽然不是犯罪成立要件事实，但却是犯罪行为具有可罚性的条件事实，是"等同于犯罪事实的重要事项"。[2]通说认为，对于该事实应当进行严格证明。现行法中有关处罚条件的规定有二：一为《刑法》第197条第2款"事前受贿罪"中犯罪主体应当为公务员的规定；二为《破产法》第265条第1款有关在破产犯罪中破产程序开始的裁定已经确定的规定。

3. 作为法律上加重减免刑罚理由的事实

确定刑罚轻重的事实需要进行严格证明。刑罚加重事由以累犯前科[3]为代表（判例1-2）。日本最高法院曾经认为，累犯前科并非犯罪事实，采用自由证明方法即可。[4]确实，累犯前科并非犯罪构成要件事实，但是其是否存在直接决定着处断刑的范围（刑57），[5]对被告人的影响并不亚于犯罪事实。日本最高法院之后改变了立场，将累犯前科事实的证明价值等同于犯罪构成要件事实，并要求对该事实的存在进行严格证明。[6]刑罚减免事由包括未遂（刑43）、从犯（刑62）、心神耗弱（刑39）、防卫过当与避险过当（刑36、37）、自首（刑42）等等。刑罚减免事由，要么属于犯罪事实（未遂、从犯），要么与有责性、违法性直接相关（心神耗弱、防卫过当、避险过当），因此对该事实的不存在应当进行严格证明。自首虽然与犯罪事实并无直接关

---

〔1〕 参见 [日] 井上正仁、大澤裕、川出敏裕：《刑事訴訟法判例百選（第10版）》，日本有斐閣2017年版，第253页。

〔2〕 [日] 光藤景皎：《刑事訴訟法Ⅱ》，日本成文堂2013年版，第105页。

〔3〕 《刑法》第56条规定："（1）被判处惩役的人，自该刑罚执行完毕或免除执行之日起，五年以内又犯应当判处有期惩役之罪的，是再犯。（2）因相当于惩役的犯罪和性质相同的犯罪被排除死刑的人，自免除该刑罚执行之日起，或者减刑为惩役以后该刑罚执行完毕或免除执行之日起，五年以内又犯应当判处有期惩役之罪的，按前款规定处理。（3）被并合罪处断的人，该并合罪中有应当判处惩役的罪，但因该罪不是最重之罪而没有被判处惩役时，视为已经适用了再犯的规定已被判处惩役"；第57条规定："再犯的刑罚，为该罪中的规定的惩役的最高刑期的二倍以下。"

〔4〕 参见最高裁判所判决昭23・3・30刑集2・3・277.

〔5〕 此处所称"刑57"是指《刑法》第57条，下同。

〔6〕 参见最决昭33・2・26刑集12・2・316.

系,但是是否构成自首直接影响着处断刑的范围(刑42)以及是否需要科以刑罚(刑80、93),因此对自首事实的不存在同样要进行严格证明。

判例1-2:累犯前科事实(最决昭33·2·26刑集12·2·316)

事实概要:对于因侵入住宅、盗窃未遂而被起诉的被告人,第一审(金沢簡判昭31·10·20刑集12·2·328)将犯罪事实与被告人前科一同予以认定,并以再犯加重为由,对被告人判处惩役刑。第二审(名古屋高金沢支判昭32·3·30刑集12·2·330)以第一审认定的前科未满足《刑法》第56条规定的要件,对于累犯事实构成误认为由,撤销了第一审判决。与此同时,第二审法院根据再次查询所得前科笔录认定被告人具有符合《刑法》第56条规定要件的其他前科存在,并再次认定被告人构成再犯加重情形。辩护人以该前科笔录并未经过《刑事诉讼法》第305条[1]规定的证据调查程序,因而以此为据认定前科构成违法为理由提出上告。

裁定要旨:日本最高法院在认可辩护人主张的同时,认为原审认定被告人前科的证据,除了上述前科笔录外,还有在第一审经过合法证据调查的指纹查询回答书,仅凭该文书即可认定前科,本案中不存在如果不撤销原判决将显著违反正义的情况,因此驳回了辩护人的上告。对辩护人的主张,日本最高法院的判示如下:"作为累犯加重事由的前科,虽然不属于刑诉335条所规定的'构成犯罪的事实',但是相关前科事实,是刑罚法定加重的理由事实,实际上等同于犯罪构成要件事实,对其进行认定应当依据证据,而且该证据文书应当根据刑诉305条进行证据调查。因此,原审将未经过合法证据

---

〔1〕《刑事诉讼法》第305条:(1)依据检察官、被告人或者辩护人的请求而调查书证时,审判长应当让请求调查的人朗读该书证。但是,审判长可以自行朗读该书证,也可以让陪席法官或者法院书记官朗读。(2)法院依职权调查证据文书时,裁判长应当自己朗读该文书,或者让陪席法官、法院书记官朗读。(3)在作出第290条之2第1款或者第3款的裁定时,前两款规定的证据文书的朗读,应当采用不公布被害人特定事项的方法进行。(4)在作出第290条之3第1款的裁定的场合,根据第1款或者第2款规定的证据文书朗读,与前款相同。在此场合,同款中"被害人特定事项"为"证人等特定事项"。(5)对根据第157条之6第4款之规定将记录媒体作为自身一部分的笔录进行调查时,应当用播放该记录媒体的方式,代替第1款或者第2款规定的朗读。但是,审判长听取检察官和被告人或者辩护人的意见,认为适当时,可以让请求调查该笔录的人、陪席法官、法院书记官告知该笔录记载的陈述内容或者亲自告知,以替代播放该记录媒体。(6)法院根据前款规定播放第157条之6第4款规定的记录媒体的场合,认为必要时,听取检察官和被告人或者辩护人的意见,可以采取第157条之5规定的措施。

调查的证据作为认定前科的资料，构成违法"。由此可知，本裁定认为，作为法定加重事由的累犯前科事实的认定，应当根据经过合法证据调查的证据。

4. 间接事实、经验法则、辅助事实

对于推定主要事实的间接事实，需要进行严格证明。在用间接事实推定主要事实的过程中，经常需要借助经验法则。在此场合，对于一般的经验法则，并不需要加以证明。然而，对于需要借助特殊的知识经验才能认识的经验法则，则需要通过鉴定等方法加以明确。另外，对与证据信用性相关的辅助事实，同样需要进行严格证明。

5. 程序法事实

程序法事实的重要性相对于实体法事实而言较弱，一般情况下进行自由证明足矣。例如，对于拘留、逮捕、保释等与被告人人身自由相关事实的证明，通常发生为审判外程序尤其是审前程序中，由于不具备严格证明的条件，只能进行自由证明。对于起诉状送达、审判日期的确定、被告人的传唤与拘传等与第一回审判期日准备程序相关的事实，只需进行自由证明。在法庭审理程序中，与证据调查请求是否适当、证据关联性事实，以及作为日期变更、辩论合并、审判程序停止等裁定基础的事实和驳回公诉裁定（法339）的基础事实，同样是自由证明的对象。[1]

问题在于：同样作为程序法事实，对于诉讼条件事实、证据能力要件事实，应当采用何种证明方法？对于诉讼条件事实，通说认为，采用自由证明即可。反对观点则认为，诉讼条件是刑罚权行使的前提条件，在欠缺诉讼条件的情况下，法院不得进行实体审理，也不得作出有罪判决，因此在重要性上与处罚条件并无差异。另一方面，在欠缺诉讼条件的场合，对于需要经过口头辩论的裁判形式（免诉判决、驳回公诉判决、管辖权错误判决）的作出，需要对是否具备诉讼条件进行口头辩论。因此，除驳回公诉的裁定（法339）外，对于诉讼条件是否具备应当进行严格证明。[2]

对于自白任意性的基础事实，是否有必要进行严格证明呢？有观点认为，自白任意性的基础事实虽然是程序法事实，但是其往往与犯罪事实存在着紧

[1]　参见最决昭58·12·19刑集37·10·1753.
[2]　[日]光藤景皎：《刑事訴訟法Ⅱ》，日本成文堂2013年版，第108页。

密关联，对刑罚权的实现具有重大影响，有必要进行严格证明。然而，通说、判例认为，一旦要求进行严格证明，对被告人有利的传闻证据将被禁止使用。因此，相较于严格证明，自由证明更为适当。[1]需要指出的是，虽然采用自由证明，但是需要保证被告人进行争辩的权利。

6. 情状

在处断刑范围内决定宣告刑称为刑之量定（量刑）；作为量刑基础的事实，则被称为"情状"。在日本，作为量刑事实的情状有两大类：一类是直接或者间接构成犯罪事实内容的事实，包括被告人与被害人的关系，犯罪动机、目的、犯罪方法、手段、样态，犯罪结果、犯罪次数、共犯关系等。另一类是单纯的量刑事实（狭义的量刑事实），包括出身、经历、性格、环境等与被告人有关的事实；恢复损害、赔偿损失、和解等犯罪后表现；职业、家人等与被告人案件或者身份担保等相关的第三者信息。对第一类量刑事实进行严格证明并无异议。对狭义的量刑事实究竟该采用何种证明方式，存在三种不同的观点。第一种观点主张进行自由证明，理由在于：狭义的量刑事实并不适合进行严格证明；一旦对证据资料进行限制，就只能依据表面性事实进行量刑，并不妥当的，而且会产生限制被告方证据资料的不利后果。这也是通说、判例的观点。[2]第二种观点认为应当进行严格证明。这是因为，刑事案件中自白案件占大多数，量刑又是被告人最为关心的问题，有必要进行严格证明。而且，量刑事实虽然不是类型化事实，但是比类型化的事实更为重要。[3]第三种观点认为，量刑的目的在于划定刑事责任的界限，应当给予被告人对量刑事实进行检讨的机会，而且不得使用没有证据能力的证据，尤其是被告人提出异议的证据而对量刑事实予以认定。是故，对量刑事实采用适当证明的方式更为妥当。[4]综合考量，对于狭义的量刑事实，进行自由证明即可，但必须保障被告人争辩的权利。

四、证明的必要

在刑事诉讼中，对事实的认定原则上需要建立在运用证据进行证明的基

---

〔1〕 最高裁判所判决昭 28·2·12 刑集 7·2·204.

〔2〕 最高裁判所判决昭 24·2·22 刑集 3·2·221.

〔3〕 ［日］光藤景皎：《刑事訴訟法Ⅱ》，日本成文堂 2013 年版，第 108 页。

〔4〕 ［日］平野龍一：《刑事訴訟法概説》，日本東京大学出版会 2005 年版，第 152、153 页。

础之上。在民事诉讼中，对于诸如当事人承认的事实或者双方当事人无争议的事实，并不需要进行证明，但是在刑事诉讼中，即使被告人对构成要件事实作出了自白，或者对构成要件事实的存在无争议，检察官如果不运用证据对上述事实进行证明，法院依然无法对上述事实进行认定。当然，在例外场合下对作为认定对象的特定事实，检察官亦无需进行证明。在刑事诉讼中，不需要运用证据进行证明的事实有三类：

一为基于诉讼构造而无需证明的事实。检察官，在对诸如构成要件事实等推论违法性的原则类型该当事实、故意或者过失等责任的原则类型该当事实进行证明时，不需要首先对违法阻却事由或者责任阻却事由的不存在进行证明。对于特别法规定的"法定除外事由"，同样不需要证明。例如，根据《兴奋剂取缔法》第 14 条 1 款、第 14 条之 2 第 1 款规定，除具有法定除外事由的人员（例如兴奋剂研究者）外，"任何人不得持有兴奋剂"，违反者处以十年以下惩役。在此场合，检察官在对被告人持有兴奋剂的事实进行立证时，并不需要事先对法定除外事由进行立证。[1]即使存在法定除外事由，只要其未成为争点，检察官同样不需要对该事由的不存在进行立证。

二为根据事实性质而无需证明的事实。首先，公知事实不需要进行证明。这是因为在法庭上对公知事实进行证明，并不会强化其证明力。[2]公知事实有二：一为大多数人知晓的事实，例如著名的灾害、事故、历史事件等等。这种事实并不要求全国范围的大多数人知晓，法院所在地的大多数人知晓即可；[3]二为从一般人容易理解、信赖的资料中无需借助特别的专门知识就能知晓的事实，例如从地图、百科辞典、日历、列车时刻表、天气预报、道路标示等[4]中获知的事实。其次，对法院而言显著的事实不需要进行证明。这种事实是指法院在履行职务中知悉的事实。例如，法院的构成与事务分配的事实、与先行程序相关的程序法事实、与案件系属及诉讼程序相关的事实。判例认为，下列事实亦属于对法院而言显著的事实：海洛因的成分为吗啡二乙酰、[5]在尿液中检测出兴奋剂成分的场合依据该结果对使用日时的推定一

---

〔1〕 ［日］松尾浩也：《刑事訴訟法 下（新版補正版）》，日本弘文堂 1999 年版，第 17 页。
〔2〕 ［日］平野龍一：《刑事訴訟法》，日本有斐閣 1958 年版，第 185 页。
〔3〕 最高裁判所判決昭 31·5·17 刑集 10·5·685.
〔4〕 最決昭 41·6·10 刑集 20·5·365.
〔5〕 最高裁判所判決昭 30·9·13 刑集 9·10·2059.

般应当以两周为限。[1]但是，法官个人所知晓的与职务无关的事实，不属于这里的显著事实。[2]另外，经验法则、法律规定不属于事实认定的问题，一般情况下不需要进行证明。但是，对于特殊领域的交易习惯、非公知的经验法则或者需要进行调查的外国法律法规，则需要进行严格证明。[3]

三为推定事实。在日本刑事诉讼中，推定分为法律上的推定与事实上的推定。法律上的推定，是指具体规定由法律预先设定，只要未对反对事实进行积极立证，法院可直接认定推定事实的存在。[4]在此场合，如果前提事实得到证明，只要不存在反证，视为推定事实已经得到证明，而无需再进行证明。例如《麻药特例法》第14条规定："关于第5条的犯罪涉及的毒品犯罪收益，在以该条各项列举的行为为职业的期间内犯罪人取得的财产，其价值被认为不适当地超出犯罪人在该期间内的劳动收入和接受法律给付补助金的，推定是与该犯罪有关的毒品犯罪收益。"事实上的推定，是指虽然法律未作规定，而法官根据逻辑法则、经验法则所进行的推定。在此场合，只要前提事实得到了证明，根据逻辑法律、经验法则所推定的事实亦视为存在，而无需进行证明。

---

〔1〕 参见札幌高判昭60·5·7高刑集126·3·286.

〔2〕 参见［日］幕田英雄：《搜查法解说（第4版）——搜查手续·证拠法の详说と公判手续入门》，日本东京法令出版2019年版，第453页。

〔3〕 参见［日］后藤昭、白取祐司编：《新·コンメンタール刑事诉讼法（第2版）》，日本评论社2013年版，第851页。

〔4〕 参见最高裁判所判决昭32·11·27刑集11·12·3113.

第二章　证据关联性

一、关联性的意义

所谓关联性，是指证据具有的能够证明要证事实是否存在的性质。在法庭审理中，对无关联性的证据进行调查，不仅无助于案件事实的发现，而且引发滋生不当偏见、混乱案件争点等一系列负面效果。因此，在刑事诉讼中，无关联性的证据不得作为证据。《刑事诉讼法》《刑事诉讼规则》并没有直接言及"关联性"的条文规定。但是，关联性是"以日常生活中的逻辑法则、经验法则为基础的，为了确保准确无误地认定案件事实，将证据限定在一定范围内并进行适当的证据调查，是刑事司法程序运用上不可或缺的概念"。[1]另外，根据《刑事诉讼法》第295条的规定，诉讼关系人的询问或陈述与案件无关的，只要不损害诉讼关系人的实质性权利，审判长可以予以制止。根据《刑事诉讼规则》第189条的规定，当事人的证据调查请求，应当在具体明示证据与应予证明事实之间的关系后提出。上述规定明显蕴含着对证据关联性的肯定与要求。

在日本刑事诉讼中，证据的关联性分为自然关联性和法律关联性。所谓自然关联性，是指证据对于所要证明的事实应当具有必要、最小限度的证明力。证据对待证事实没有必要、最小限度的证明力即没有自然关联性，不具有证据能力。例如，以伪科学为依据的证据，风闻、流言、传说等；以单纯意见和想象为基础的陈述，伪造、捏造、变造等欠缺真实性的证据以及显然与案件无关的证据；均为无自然关联性的证据。证据是否具有自然关联性可

---

〔1〕〔日〕LEC総合研究所司法試験部編著：《C－Book 刑事訴訟法Ⅱ（公訴・公判）（第3版）》，日本東京リーガルマインド2012年版，第276页。

以从两个方面进行判断：一为证据的重要性。重要性是指证据所欲证明的事实，在该当诉讼中所具有的意义；二为狭义的关联性。狭义的关联性是指被申请调查的证据对于重要事实存在与否的盖然性是否具有提高或者降低的能力。在司法实践中，自然关联性的有无时常成为问题的证据主要是写实证据与科学证据。需要注意的是，自然关联性与证明力是截然不同的：自然关联性是法院决定是否对某一证据进行证据调查的前提条件，需要进行事前判断，而证明力评价则属于证据调查完毕后法官心证形成的内容。

所谓法律关联性，是指证据在信用性方面不应当具有给法院（法官）的心证形成带来不当甚至错误影响的危险性。某一证据即使具有自然关联性，但是如果欠缺法律关联性，则同样不具有证据能力。之所以否定无法律关联性之证据的证据能力，是因为使用该类证据存在以下危险：一为滋生不当偏见、导致事实误认；二为混乱案件争点，并使事实认定者无视（忽视）主要待证事实；三为反复举证（提出反证）导致诉讼效率低下；四为引发不公平的诉讼突袭。[1]与法律关联性相关的问题主要包括传闻法则、自白法则、不良品格与类似事实的立证等。

对于传闻法则、自白法则将在后面章节专门讨论，本章关于证据关联性的论述主要围绕写实证据、科学证据、不良品格与类似事实展开。

二、写实证据

科学技术的进步带来了侦查手段的科学化，在证据方法上代替书面的照片、录音带、录像带被广泛使用。照片、录音带、录像带，与传闻文书相比，具有相当的科学性，且更能准确传递信息。但是，摄影、录音、录像以及后续的编辑过程通常需要借助人为操作。正因如此，如何评价这些证据方法中包含的人为操作因素便成为证据法所要解决的问题。如果将人为操作视为机械操作，那么这些证据方法则可以被认为是"非言词证据"，不适用与言词证据有关的证据法则（诸如传闻法则）。只要能够证明其与犯罪事实具有关联性即具有证据能力。如果强调操作的人为性，那么以上证据方法则可以被理解为"言词证据"，就需要遵守与言词证据相关的证据法则。对于写实的证据而

––––––––––––
〔1〕 参见 [日] 光藤景皎：《刑事訴訟法Ⅱ》，日本成文堂 2013 年版，第 144 页。

言，是否适用言词证据的证据规则在结果上将产生重大区别。因此，有必要确定写实证据究竟是属于"言词证据"还是"非言词证据"。

（一）照片

在刑事诉讼中，作为证据使用的照片主要包括以下几类：其一，现场照片，即记录犯罪现场状况等信息的用作独立证据的照片；其二，再现照片，即拍摄犯罪行为再现情况的照片；其三，说明照片，即附于勘验笔录或鉴定书当中的照片；其四，复写照片，即作为证据物或书证之副本的照片。

1. 现场照片

对于现场照片而言，需要说明的问题有二：一为现场照片的法律属性究竟属于言词证据还是非言词证据；二为关联性的证明方法。对前者而言，存在两种观点：一种观点认为，现场照片属于言词证据。理由在于：现场照片具有报告现场状况之文书的性质，而且摄影、显像、冲洗这一照片生成过程均离不开人为操作，因此应当理解为经过感知、记忆、陈述这一过程的言词证据；另外，在照片的生成过程中，摄影者的主观评价或者恶意伪造变造，可能导致一定的偏见或者夸张，从而影响客观事实的正确再现，因此有必要通过反对询问对生成过程进行检验。[1]通说、判例认为，现场照片属于非言词证据。理由有三：其一，照片通过机械的方法将事实痕迹显影到胶片和相纸上，是对场景极为正确的反映。即使摄影者在生成过程中加入主观判断，亦不会影响该反映本身的正确性。其二，相对于经过人的知觉、记忆、陈述等过程而时常出现错误的言词证据相比，照片的准确度、真实性更高。其三，照片的问题主要体现在传达过程与信息接收的准确性上，归根结底，也即证据的关联性问题。在将现场照片界定为非言词证据的情况下，对其关联性的证明，并不一定需要对摄影者进行证人询问，而可以通过其他目击者的证言加以证明。在某些场合，照片自身也可以证明自身与案件事实的关联性（判例 2-1）。当然，最好的证明方法是摄影者的状况说明，因而在司法实务中多通过对摄影者进行证人询问的方法来加以验证。[2]

---

〔1〕　参见京都地决昭 51・3・1 刑夕 341・334.

〔2〕　参见〔日〕石井一正：《刑事实务证拠法（第 5 版）》，日本判例タイムズ社 2011 年版，第 191 页。

判例 2-1：现场照片的证据能力（最决昭 59·12·21 刑集 38·12·3071）

事实概要： 昭和 43 年 10 月 21 日，以阻止向美军军用飞机输送燃料为主题的国际反战日集会、游行在经过新宿车站时，引发了骚乱，15 名被告人以骚扰罪（骚乱罪）被提起公诉。公诉事实为与数千群众一起占据新宿车站并向与之对峙的警察投掷石块导致后者受伤、损坏车站内设施、焚烧警察车辆等导致车站与周边地区混乱、给多数居民带来极度不安的骚扰行为。在本案第一审中，作为证明案件发生之现场状况的证据，检察官请求对粘贴有 10 张照片的影集进行证据调查。这些照片分为三类：一为因骚乱帮助等嫌疑被作为现行犯逮捕的业余摄影师的相机胶卷冲洗所得的照片；二为新闻媒体任意提出的照片（大多数）；三为摄影者及具体来源不清的放大照片。辩护人在提出胶卷与照片的查封、扣留程序违法的同时，认为放大照片属于传闻证据，应当准用《刑事诉讼法》第 321 条第 3 款的规定，而且制作该影集的侦查人员拒绝透露胶卷的提供者和摄影者的信息，判断证据能力所必要的与摄影相关的诸项条件并不明确，因而对证据能力提出争辩。第一审判决认为，只要照片能够明确现场照片与案件事实之间的关联性，可以作为非言词证据肯定其证据能力，并驳回了辩护人的主张。

针对被告人的控诉，东京高等法院（東京高判昭 57·9·7 高刑集 35·2·126）针对现场照片作出了如下判示："现场照片属于非言词证据，只要与案件具有关联性即具备证据能力，并不需要由摄影者对现场照片的制作过程以及与案件的关联性提供证言"。"照片的色彩、浓淡、远近感等方面与客观事实之间存在差异，而且……在摄影位置、角度、构图等方面存在限定性和片段性。照片的这些技术局限，意味着无法否认不同的人看到照片会产生不同的印象与认识的可能性，但是这些在与现场照片之要证事实的关系上属于证明力的问题"。"鉴于现场照片的技术局限，对作为现场目击者的照片摄影者进行证人询问可以增强其证明力，而且从发现实质真实的角度考量，将证言与现场照片相结合去还原犯行状况等现场情景是最好不过的"。但是，诸如本案因摄影者拒绝提供协助而无法进行证人询问的状况，"在现场照片证明力这一点上也会对证据申请者造成不利益"。

对于控诉审判决，共同被告人中的 8 人提出了上告。上告理由在于：与交通事故或者伤害案件等事件发生后拍摄现场状况所形成的照片（这也被称为现场照片）不同，现场照片"是以犯罪的行动为重点，对人的犯行状况以及前后情况进行拍摄所形成的照片"。"犯罪行为是人们在时间上具有连续性的行动，而照片只是对该行动某一瞬间的记录，就此而言，不仅与人目击犯罪行为的场合不同，也与同作视听资料具有时间连续性的电影胶片各异。在考虑照片的证据能力时，除了其自身的性质外，还应当将关注……现场照片的界限"。另外，"对于现场照片的证据能力问题，在现行刑事诉讼法刚施行不久就已出现在司法实务中"，"至今为止，最高法院并无相关判例，而理论观点又多歧义，下级审的处理缺乏确定性"。

　　裁定要旨：日本最高法院认为辩护人的上告趣旨并未构成合法的上告理由，并针对现场照片证据能力作出了如下判示："拍摄犯行状况等的所谓现场照片，属于非言词证据，只要根据该照片本身或者其他证据能够确定与案件的关联性即具有证据能力，欲将其作为证据使用，不需要让摄影者围绕现场照片的拍摄过程乃至与案件的关联性提供证言"。

　　2. 再现照片

　　有时，被告人或者被害人应侦查人员的要求，将犯罪（被害）情况予以再现。记载该再现情况的照片，即为再现照片。在此场合，被告人（被害人）之犯罪行为（被害情况）的再现状况实际上是用行动所作的陈述。再现照片是通过照片这种机械方法对陈述的记录，与言词证据具有相同的性质。因此，犯罪行为（被害状况）再现的照片的证据能力，应当根据《刑事诉讼法》第321条第1款、第322条第2款的规定进行判断。另外，根据法律规定，对于言词证据，作为传闻法则的例外加以使用者，通常要求陈述者签名、盖章。但是，对于照片，一般认为不需要签名、盖章。这是因为，记录陈述的过程是通过摄影、显像、冲洗等机械过程完成的，记录的准确性能够得到有效确保。[1]

　　3. 说明照片

　　添附于勘验笔录或者鉴定书之中的照片，是勘验笔录或者鉴定书所包含陈述的组成部分，不具有独立性，而应当与勘验笔录、鉴定书视为同一证据。

----

〔1〕　参见最决平 17·9·27 刑集 59·9·1847.

因此，对于说明照片，应当根据《刑事诉讼法》第 321 条第 3 款的规定对其证据能力进行判断。

4. 复写照片

作为证据物之副本的复写照片，与该证据物同样具有证据能力。复制陈述笔录的照片，在将陈述笔录的内容作为证据的场合，与陈述笔录相同，适用《刑事诉讼法》第 321 条、第 322 条的规定。但是，复写照片只能在原物利用不可能或者存在显著困难的情形下方可使用。当然，判例有不同的观点（判例 2-2）。

判例 2-2：复写照片的许容性（東京高判昭 58·7·13 高刑集 36·2·86）

事实概要：根据原审认定的案件事实，本案被告人 X 与 Y 呼吁参加昭和 46 年 11 月 14 日在首都举行的以阻止批准冲绳返还协定为主题的集会。响应此呼吁的学生、劳动者在向作为集合场所的涉谷移动的过程中，袭击了派出所，并对警察进行殴打、投掷燃烧瓶，导致三名警察受伤、一名警察死亡。对于原审有罪判决，被告人提出了控诉，控诉理由之一即为原审用作有罪证据的电视新闻画面的录像带与将录像带画面中的一部分予以截屏、照片化所形成的画面照片簿的证据能力存在问题。

判决要旨：东京高等法院认为，本案中电视胶卷以及对其放映的电视影像属于非言词证据，只要确定其与要证事实有关联性，即可以肯定证据能力。在此基础上，对本案中录像带与照片簿替代原本作为证据的许容性作出了如下判示："复写的一般性许容基准有三：（1）原本存在（更为准确地说，在复写作成并确认其与原本一致时存在，在将复写作为证据提出请求时存在并非不可欠缺的要件。例如电视影像等，播放的同时也就消失了。），（2）复写忠实再现了原本（没有必要对原本进行完全复制，在与立证事项的关联性上，能够忠实再现其必要的情况即可），（3）复写无法再现的原本性状（例如材质、凹凸、重量等）并未作为立证事项。除此之外，提出原本不可能或者存在显著困难，并无作为复写许容性基准的必要性。究其原因，这不过是最佳证据法则[1]或者说是复写提出必要性的问题而已"。因此，本案中的录像带

---

[1] 参见最高裁判所判决昭 31·7·17 刑集 10·8·1193.

与照片簿，符合复写的一般性许容基准。

（二）录音带、录像带

录音带、录像带分为两种：一种是现场录音、录像带，即记录犯罪现场的声音、图像的录音、录像带；另一种是陈述录音、录像带，即替代书面通过录音、录像的方式记录被告人、证人陈述所形成的录音、录像带。

1. 现场录音、录像

对犯罪现象的声音进行记录所形成的现场录音带、对犯罪现场的图像进行拍摄所形成的录像带，与现场照片相同，同样存在言词证据与非言词证据两种相对立的见解。现场录音带，在以所记录声音为证明对象的场合，为非言词证据。这是因为照片与录音带一样均不存在视觉或听觉的错误可能性。对于拍摄犯罪现场所形成的录像带或者胶片，具有照片和录音带之复合物的性质。对于图像部分，由于只存在时间上是否连续、持续的差别，因此与现场照片作相同处理即可；对于声音部分，与录音带并无实质差别，应当遵守相同的规律。

现场录音带为非言词证据，通过对录音者进行询问或者其他证据确认录音带的编辑状况进而对关联性进行确认的，可以作为证据。对于记录犯罪现场的录像带、胶片而言，原则上应当对摄影者本人进行证人询问。摄影者不明等场合，应当结合其他证据对关联性进行立证。

2. 陈述录音、录像

陈述录音、录像的内容是被告人、证人的陈述，属于言词证据，应当适用传闻法则。对嫌疑人、参考人陈述的录音、录像，参照陈述笔录判定证据能力。被告人的陈述录音、录像按照《刑事诉讼法》第322条的规定处理，其他人的陈述笔录则按照《刑事诉讼法》第321条第1款的规定进行判断。[1]与通常情况下的陈述笔录（法198、223）不同，陈述录音、录像并不要求陈述者签名、盖章。

需要说明的是，犯罪行为再现录像的处理问题。犯罪行为再现录像，是指让作出自白的嫌疑人在警察署内或者犯罪现场根据自白重现犯罪行为，对该过程进行拍摄所形成的录像。在日本，让作出自白的嫌疑人进行侦查实验，

---

〔1〕　参见仙台高判昭27·2·13高刑集5·2·226.

重现犯罪行为,并无条文依据作支撑,而且这种方式很有可能损害嫌疑人的尊严。因此,这种侦查实验应当在非常有必要的场合才能进行,而且必须得到嫌疑人的真挚同意。犯罪行为再现录像,具有明显的自白性质,适用《刑事诉讼法》第 321 条第 3 款、第 322 条第 1 款的规定。

三、科学证据

近年来,随着科学技术的进步,侦查、审判活动对科学技术成果的依赖度也在不断提高,例如,通过鉴定血迹、指纹、体液等来判断犯人同一性的科学技术手段已经在刑事诉讼中得到普遍使用。这不仅是有效应对犯罪专业化、改变"由供到证"侦查模式的需要,还有助于在提高事实认定精度的同时发挥保障人权的功能。但是,在利用科学证据的时候,要意识到过度依赖科学证据的危险性,并不断强调和其与隐私权、人性尊严之间的关系。根据科学方法所得出信息的自然关联性,依赖于基础事实的确实性。因此,科学证据欲具有自然关联性,应当具备确保信息可靠性的基本要件。这些基本要件包括:①作为基础的科学原理是可靠的;②所使用的技术符合该科学原理;③这项技术所使用的器械在进行检测时正常运转;④该项检测符合正当程序;5)进行检测者或者结果分析者具有必要的资格。[1]

1. 指纹鉴定书

指纹鉴定,是指基于指纹具有的"万人不同、终生不变"[2]特性,通过对比指纹的形状和特征点的位置关系,判定两枚指纹(例如犯罪现场遗留的指纹和嫌疑人的指纹)是否具有同一性的鉴定活动。指纹鉴定书符合《刑事诉讼法》第 321 条第 4 款规定的,具有证据能力。

2. 声纹鉴定书

声纹鉴定,又称语声鉴定,是对有声言语进行个人识别的专门技术。把作案人和嫌疑人的说话录音分别通过语图仪(声纹仪)转换成条带状或曲线形语图(即声纹),根据语图所反映的音频、音强与时间等语音特性进行比较,就嫌疑人是否为作案时的言语人作出鉴别与判断。声纹鉴定书,则是具

---

〔1〕 参见 〔日〕光藤景皎:《刑事訴訟法Ⅱ》,日本成文堂 2013 年版,第 139、140 页。

〔2〕 〔日〕幕田英雄:《捜査法解説(第 4 版)——捜査手続·証拠法の詳説と公判手続入門》,日本東京法令出版 2019 年版,第 580 页。

有特别知识、经验、技术的专业人员所制作的记录上述过程的鉴定书。问题在于：声纹鉴定结果在满足何种要件时具备必要、最小限度的证明力（自然的关联性）？通过声纹鉴定进行犯人识别，在胁迫、勒索等使用语言实施犯罪的场合作为侦查方法，是很有价值的。根据一般经验，人的声音极具个人特殊性，而且通过听觉可以对说话者进行识别。但是，声纹鉴定结果的准确性并未得到科学认证，对其证据能力的肯定应当秉持慎重的态度。一般认为，声纹鉴定结果同时满足以下要件时方具有自然关联性：①进行声纹鉴定的人员具有必要的专业能力和技术经验；②所使用的仪器的性能与运转均正常；③对鉴定过程和鉴定结果的记录准确。[1]在法院命令鉴定人鉴定的场合，应当根据《刑事诉讼法》第 321 条第 4 款的规定对声纹鉴定书证据能力进行判断。在侦查机关委托进行鉴定的场合，声纹鉴定书的证据能力准用该款的规定。

3. 笔迹鉴定书

笔迹鉴定，是指对人通过书写活动形成的字迹进行的鉴认、识别活动。对于笔迹鉴定的证据能力，日本最高法院判示如下："传统的笔迹鉴定方法，在很大程度上依赖鉴定人的经验和直觉，从性质上看，其证明力本身存在着界限，但是并不能因此直接判定该鉴定方法是不科学、不合理的。在笔迹鉴定过程中鉴定人依据积累的经验所进行的判断，也不能简单认定为是个人的主观判断。因此，由事实审法院根据自由心证，确定其是否能够作为罪证，本身就属于其专有权限范围的职责"。[2]由此，日本最高法院肯定了笔迹鉴定书的证据能力。在法院命令鉴定人进行鉴定的场合，根据《刑事诉讼法》第 321 条第 4 款的规定对证据能力进行判断。在侦查机关委托进行鉴定的场合，笔迹鉴定书的证据能力同样准用该款的规定。

4. 毛发鉴定书

毛发鉴定是综合不同毛发的形态学检查、血型检查、成分元素检查结果进行异同识别（同一性）的鉴定活动。[3]例如，将犯人遗留的毛发与被告人

---

〔1〕 参见東京高判昭 55・2・1 判時 960・8.

〔2〕 参见最決昭 41・2・21 判時 450・60.

〔3〕 ［日］幕田英雄：《搜查法解説（第 4 版）——搜查手続・証拠法の詳説と公判手続入門》，日本東京法令出版 2019 年版，第 579 页。

的毛发进行对比，以识别、判断二者是否属于同一人。毛发鉴定的证据能力并不存在问题。记载鉴定过程和结果的鉴定书，在满足《刑事诉讼法》第321条第4款规定要件的情况下，具有证据能力。但是，与指纹鉴定不同，毛发鉴定所得出的异同判定结果的信用性并不具有绝对性，因此不能作为认定被告人为犯人（犯人性）的关键证据。[1]

5. 足迹鉴定书

足迹鉴定，是将犯罪现场或者被害物品发现地点遗留的足迹与被告人的鞋底进行比对，以确定是否一致的鉴定方法。在司法实务中，测量比较法、照片集合法、照片重合法作为比对手段被普遍使用。[2] 一般认为，足迹鉴定的可信赖度不如指纹鉴定和血型鉴定。然而，不容否认的是，鞋底在制造过程中即会形成不同的花纹（原有特征），而且在使用过程中所造成的磨损状态、损伤痕迹等又形成了该鞋底特有的外部特征。当从犯罪现场等地点发现的足迹与被告人所穿鞋子在上述特征上高度吻合时，该证据将成为将被告人与犯罪人联系到一起的关键证据。加之鉴定过程的高度客观性，司法判例肯定了足迹鉴定书作为证据的必要性，并认为其在满足《刑事诉讼法》第321条第4款规定要件的情况下具有证据能力。[3]

6. 醉酒·饮酒鉴别卡

司法警察职员在取缔饮酒驾驶过程中制作的醉酒·饮酒鉴别卡分为不同的栏目。栏目内容不同，证据能力也不相同。日本最高法院认为，"化学判定栏"（记录被告人呼气中酒精浓度的检查结果）与"嫌疑人外在状态记录栏"（记录对嫌疑人言语、动作、酒气、外貌、态度等的观察结果），作为对嫌疑人状态进行检查、观察结果的记载，与文书下端的调查日期、制作者签名盖章相结合，构成勘验笔录，根据《刑事诉讼法》第321条第3款规定进行证据能力判断；"嫌疑人问答记录栏"（记载饮酒时间、饮酒动机、饮酒量等的内容）具有侦查报告书的性质，根据《刑事诉讼法》第321条第1款第3项的规定进行证据能力判断。[4]

---

〔1〕 参见福井地判平2·9·26判时1380·25.

〔2〕 参见［日］幕田英雄：《捜査法解説（第4版）——捜査手続·証拠法の詳説と公判手続入門》，日本東京法令出版2019年版，第578、579页。

〔3〕 参见東京高判昭59·4·16判时1140·152.

〔4〕 参见最高裁判所判决昭47·6·2刑集26·5·317.

7. 警犬气味鉴别书

所谓警犬气味鉴别，是指具有警犬指导、训练相关专业知识与经验的训导员让具有气味识别能力的警犬在数个物品中找出具有某种特定气味的物品。近年来，警犬常被用于以下场合：其一，足迹追踪，即追踪在实施犯罪后从犯罪现场逃跑的犯人；其二，物品发现，即搜索、发现隐藏的毒品、兴奋剂、爆炸物等物品；其三，气味识别，即确认犯罪现场遗留的物品与被告人之间的联系。在实务中，使用警犬进行足迹追踪与物品发现，已经成为侦查机关常用的侦查手段之一。问题主要集中于以确认犯人为目的的气味鉴别是否具有证据适格性（证据能力）与信用性（证明力）。地方法院的判决对警犬气味鉴别的态度各异，大致有以下几种观点：一为不具有证据适格性；[1]二为具有证明力，但是证明力极低；[2]三为承认具有证据适格性但是否定其证明力；[3]四为既承认其证据适格性也肯定其证明力。[4]其中，第四种观点是多数地方法院的观点，也得到了学者的普遍支持。日本最高法院则认为，满足一定条件的警犬气味鉴别书具有证据适格性（判例2-3）。

判例2-3：警犬气味鉴别报告书的证据适格性（最决昭62·3·3刑集41·2·60）

事实概要： 在强奸致伤案件的侦查过程中，以在犯罪现场附近发现的疑似犯人留下的足迹中使用纱布收集的气味为原气味，以从现场附近遗留的车辆把手上使用纱布收集的气味为对照气味，以从当日进行侦查的警察官的手上收集的气味为诱惑气味，让警犬进行了数次气味鉴别。警犬每次均选出了对照气味。之后查明在犯罪现场放置车辆的是X（被告人），于是对其予以逮捕并提起公诉。第一审法院以上述警犬气味鉴别结果报告书为证据作出有罪判决。控诉审对此予以支持。

裁定要旨： "根据记录，本案的各次气味鉴别，均是具有鉴别专门知识和经验的训导员，使用气味鉴别能力优秀、在进行鉴别时身体状态良好且鉴别

---

[1]　参见京都地判昭55·2·6判夕410·151.

[2]　参见東京地判昭62·12·16判时1275·35.

[3]　参见広島高判昭56·7·10判夕450·157.

[4]　参见東京高判昭54·1·24判时936·135.

能力得到很好维持的警犬所实施的，而且气味的采取、保管过程及气味鉴别的方法并无不适当之处，因此将本案气味鉴别结果用于有罪认定的原判断是恰当的。（记载上述气味鉴别经过和结果的报告书，是由在场的司法警察员对气味鉴别经过和结果的正确记载的事实，已由该司法警察员的证言加以证明，因此根据刑诉法第321条第3款的规定赋予其证据能力亦是恰当的。）"。

在司法实践中，记载上述具有证据适格性的警犬气味鉴别结果的文书分两类：一类是除了记载气味鉴别过程及结果之外还附加有一定评价内容的文书。此种文书作为受托鉴定者出具的鉴定书，适用《刑事诉讼法》第321条第4款的规定进行证据能力判断。[1]另一类是在场的警察对训导员指挥警犬鉴别气味的过程和结果进行客观、准确记载的文书。此类文书作为实况勘察笔录（实况见分调书）的一种，适用《刑事诉讼法》第321条第3款的规定对证据能力进行判断。[2]

8. 测谎检查结果回答书

所谓测谎检查，是指警察局内的检查人员，接受侦查人员的委托，将嫌疑人作为被检查者，向其提出与被疑事实相关的问题，并通过测谎仪测量、记录其呼吸、皮肤电流反射、血压、脉搏等情况，进而对被检查者回答内容的真实性进行判定的活动。记载测谎过程与结果的文书，被称为测谎检查结果回答书。在判断测谎检查结果回答书的证据能力时，首先需要面对的问题是：通过测谎检查能否对被检查者回答内容的真伪作出相当程度的确实性判断。如果无法作出此种判断，测谎检查结果回答书不具有证据适格性（过去，地方法院曾因怀疑测谎检查结果的信用性而否定了该文书的证据适格性[3]）。在日本，随着测谎机器的改良与统一检查技术的推广，测谎检查结果的可靠性已经得到了该领域专家的普遍承认。因此，在具备以下条件时，检查人员制作的测谎检查结果回答书被认为具有证据适格性：检查所使用的仪器符合一定规格，且运行正常；检查人员具有进行正确检查所需要的必要技术和经验。日本最高法院亦从此观点出发，认为当事人根据《刑事诉讼法》第326

---

〔1〕 参见広島高判昭56·7·10判夕450·157.

〔2〕 参见最决昭62·3·3刑集41·2·60.

〔3〕 参见東京地判昭35·7·20判時243·8.

条第 1 款的规定表示同意的测谎检查结果回答书，在检查人员的技术经验、测谎仪器的性能足以保障检查结果的可靠性，且检查过程与结果被如实记载的情况下，具有证据能力。[1]

问题在于：在当事人不同意的场合，测谎检查结果回答书的证据能力该如何判断。地方法院认为，如果测谎结果的可靠性要件得到确保，应当将检查人员视为鉴定人，进而将该回答书作为被检查者心理状态的鉴定书，适用《刑事诉讼法》第 321 条第 4 款的规定，让该检查人员于庭审期日作为证人接受询问，在陈述该文书制作真实后，对该文书的证据能力予以肯定。[2]

当测谎检查结果回答书认为被告人撒谎时，例如认为被检查人对于"你是否杀了被害人"之问题的否定回答为虚假时，并不能以此直接认定犯罪事实，即被检查人杀了被害人。测谎检查结果回答书并不具备此种效果，而只能作为侦查人员判断自白信用性或者否认虚假性的资料，必须与其他证据相结合方可认定犯罪事实。

9. DNA 鉴定书

DNA 鉴定，是指以机体某种组织、毛发、血液或其他体液作为检材和样本，运用免疫学、生物学、生物化学、分子生物学等的理论和方法，利用遗传学标记系统的多态性对生物学检材的种类种属及个体来源进行鉴定。与血液检查相比，DNA 鉴定的个人识别的精度更高，因此被广泛用于亲子关系确认及侦查活动中。在司法实践中，将记载 DNA 鉴定结果的鉴定书或者检查报告书作为证据提交到法庭上时，其证据能力时常成为控辩双方争论的焦点。为此，包括日本最高法院在内的各级法院对此作出了不少判例。

记载 DNA 鉴定结果的文书，与测谎检查结果回答书、声纹鉴定书相同，可以视为具有特别知识经验和技术的专业人员所制作的鉴定书，根据《刑事诉讼法》第 321 条第 4 款的规定进行证据能力判断。具体而言，制作该鉴定书的人员于审理期日作为证人接受询问，在陈述该文书制作为真实时，该鉴定书具有证据能力。日本最高法院认为，在 DNA 鉴定是由专业人员根据科学且可信赖的方法进行的场合，DNA 鉴定结果能够作为证据使用（判例 2-4）。在围绕 DNA 鉴定的证据能力产生争议的场合，除了让鉴定书的制作者（鉴定

---

〔1〕 参见最决昭 43·2·8 刑集 22·2·55.
〔2〕 参见東京高判昭 41·6·30 高刑集 19·4·447.

的实施者）接受证人询问并陈述该文书制作真实外，还应当按照日本最高法院的判示，对科学原理的理论正确性、实施者及实施方法的可信赖性等证据能力要件进行全面考量、综合确认。

判例 2-4：DNA 鉴定（最决平 12·7·17 刑集 54·6·550）

事实概要： 警察在河川开阔地发现一具全裸的女孩尸体，并在附近的河底发现了被丢弃的该女孩的内裤，内裤上附着有精液。之后，警察扣留了 X（被告人）丢弃的附着有精液的手纸，并委托科学警察研究所（NRIPS）对内裤与手纸进行鉴定。经鉴定，两份精液样本的血型和 DNA 型（MCT118）具有同一性。第一审法院认可了本案 DNA 鉴定结果的证据能力，将 MCT118 DNA 型一致的事实作为重要的间接事实对 X 的犯人性进行了认定，并宣告被告人 X 有罪。控诉审对此予以支持。被告人 X 不服控诉审判决，向日本最高法院提出上告。

裁定要旨： 日本最高法院基于以下理由驳回了被告人的上告："本案中作为证据之一予以采信的 MCT118 DNA 鉴定，所采用的基本原理是科学的，并且是由掌握该技术的人采用科学、可靠的方法进行的。因此，对该鉴定的证据价值，虽然有必要……进行慎重检讨，但是允许将其作为证据的原判断是适当的"。

10. 医生诊断书

医生制作的诊断书，与鉴定人、受托鉴定人制作的鉴定书不同，通常仅记载诊断结论，因此能否视为《刑事诉讼法》第 321 条第 4 款规定的"记载鉴定经过和结果的文书"存在疑问。但是，日本最高法院认为，综合考虑制作者（医生）为专业人员、一般具有可信赖性、[1]难以让对患者进行诊断的医生凭借记忆进行口头报告等因素，医生诊断书可以准用《刑事诉讼法》第321 条第 4 款的规定。[2]基于同样的理由，医生制作的尸体检验报告、病情询问回答书同样适用该款的规定。另外，仅记载医师以外的专业人员根据特

---

〔1〕《刑法》第 160 条规定："医师在应当向公务机关提交的诊断书、死亡检验报告或者死亡证明上进行虚假记载的，处三年以下禁锢或者三十万日元以下罚金。"

〔2〕 参见最高裁判所判决昭 32·7·25 刑集 11·7·2025.

别知识所作判断结果的文书，也适用《刑事诉讼法》第 321 条第 4 款的规定。例如，柔道正骨师制作的"手术证明书"、[1]税收人员制作的"酒精容量检查书"、[2]航空事故调查委员会委员制作的"航空事故调查报告书"、[3]具有特别学识和经验的公司职员（原消防员）制作的"燃烧实验报告书"[4]等。医生诊断书与其他适用《刑事诉讼法》第 321 条第 4 款规定的文书，在制作者于审判期日作为证人接受询问并陈述诊断书或其他文书制作为真实的情况下，可以作为证据。

11. 容貌鉴定

容貌鉴定，是指将被认为是犯人的容貌照片与嫌疑人的容貌照片进行对比，判别是否为同一人的鉴定活动。容貌鉴定通常采用两种方法进行个人识别：一为形态学检查，即将脸部细节特征进行分类，在考虑其出现频率的同时进行比较对照以确定特征的吻合程度；二为照片叠印方法，即将从同一角度拍摄的照片予以重叠，以确定具体部位和轮廓线是否吻合。在犯人的照片不清晰或者只拍到部分面部的场合，可以通过三维面部画像识别系统进行比对。[5]由此形成的记载鉴定过程和结果的容貌鉴定书，满足《刑事诉讼法》第 321 条第 4 款规定要件的，具有证据能力。

四、不良品格与类似事实

（一）不良品格的证明

1. 不良品格证明的原则禁止

被告人的不良品格对所要证明的犯罪事实具有必要、最小限度的证明力，也即存在自然的关联性。但是，被告人的不良品格等事实存在导致法院产生不当预断偏见、形成错误心证的危险。从刑事政策的角度考量，有关被告人不良品格的证据被当做欠缺法律关联性的证据而不具有证据能力，是为不良品格证明的原则禁止。一般情况下，被告人的同种前科、未被起诉的犯罪

---

〔1〕 参见福冈高判平 14·11·6 判时 1812·157.

〔2〕 参见广岛高松江支判昭 30·8·1 裁特报 2·15·794.

〔3〕 参见名古屋地判平 16·7·30 判时 1897·144.

〔4〕 参见最决平 20·8·27 刑集 62·7·2702.

〔5〕 参见［日］幕田英雄：《搜查法解说（第 4 版）——搜查手続·証拠法の詳説と公判手続入門》，日本東京法令出版 2019 年版，第 582 页。

（余罪）、不良行为等类似事实不得用以证明犯罪事实。

2. 不良品格证明原则禁止的例外

不良品格的证据因欠缺法律关联性而原则上被禁止使用。但是，如果对不良品格的证明并不违反上述政策目的的话，作为例外可以肯定其证据能力。不良品格证明原则禁止的例外主要包括以下情形：

第一，用于对被告人善良品格的立证进行反证的场合。在被告方针对被告人的善良品格进行证明的场合，作为反证，检察官可以提出证明被告人具有不良品格的证据。但是，检察官的反证应当与公诉事实具有关联性。在暴力犯罪中证明被告人不正直或者在盗窃案件中证明被告人不忠诚的做法，则是不被允许的。

第二，前科、惯习等为犯罪构成要件事实组成部分的场合。该事实的立证并不会对法官的心证形成产生不当影响，因而应当肯定其法律关联性。在这种场合下，前科、惯习等事实不必作为被告人具有不良品格的表现，而直接当做犯罪构成要件事实进行立证即可。

第三，被起诉的行为与同种前科（余罪）在时间、场所上具有密切关联的场合。在被告人的同种前科等与公诉事实在日期、场所上具有密切关联的，可以推定为系同一人所为。但是，这种推定只不过是一种事实上的推定，作为例外加以处理是存在风险的。因此，除了时间、场所上的密切关联外，还应当结合犯罪手段、犯罪次数进行综合考量。

第四，犯罪手段等具有某种显著特征的场合。与前科相关的犯罪事实具有某种显著的特征，而且其与被起诉的犯罪事实具有相当程度的相似性，据此可以合理推论两起犯罪事实系同一人所为的场合下，前科证据可以作为证据采用（判例 2-5）。

判例 2-5：同种前科（1）（最判平 24·9·7 刑集 66·9·907）

事实概要： 在以盗窃、放火罪为公诉事实的被告案件中，检察官请求对被告人于 17 年前犯盗窃罪、放火罪的前科证据进行调查。第一审法院以该前科证据与本案放火事实无关联性为由，驳回了检察官的证据调查请求。控诉审法院认为，前科证据与本案中的放火事实具有特征相似性，有关犯罪动机以及犯罪方法、手段部具有关联性，驳回检察官证据调查请求的处置违法，并以此为理由撤销了第一审判决。

判决要旨：日本最高法院认为："前科也是一种事实，前科证据（证明前科存在及内容的证据），对犯罪事实而言具有多方面的证据价值（自然关联性）。然而，前科，尤其是同种前科，容易与被告人的犯罪倾向这一缺乏实证依据的人格评价联系在一起，具有误导事实认定的可能性，而且，为避免此种情况，将同种前科的证明力限定在合理推论范围的话，当事人有必要围绕前科内容进行攻击防御，这也可能导致证据调查过程中争点的扩散。因此，前科证据，不能仅凭是否具有证据价值也即自然关联性而决定其证据能力，对于前科证据所欲证明的事实而言，只有在认为不会因缺乏实证根据的人格评价而导致错误认定事实的场合下，才可以作为证据。诸如本案，在前科证据用以证明被告人与犯人的同一性的场合，只有在前科事实具有显著特征，且与被起诉的犯罪事实具有相当程度的相似性，能够由此对两者犯人的同一性进行合理推论时，才可以作为证据予以采用"。本案中的前科证据不符合上述要件，因此不得用于对本案犯人性的立证。

第五，仅对犯罪的主观要素进行立证的场合。在犯罪的客观要素已经得到证明的前提下，用被告人同种前科的内容来认定其犯罪的主观要素，因不存在导致误认事实的危险而作为例外被允许（判例 2-6）。

判例 2-6：同种前科（2）（最决昭 41·11·22 刑集 20·9·1035）

事实概要：被告人为解决自身的生活困难，多次冒充社会福利组织的人员进行募捐活动，并将所得款项（共计 20 多万日元）作为自己的生活费用。第一审法院认定被告人有罪，并将被告人同种欺诈案件的书面判决作为认定故意的证据。在控诉审中，被告人提出自己为了充实宗教活动的资金而接受了上述捐款，因而不存在欺诈犯意的主张。控诉审判决认为："被告人因与本案手段相同的欺诈罪而被判处惩役刑且目前处于该刑的执行犹豫期间，由此可以认为其具有知晓本案的行为构成欺诈罪的主观认识"。除此之外，控诉审法院对犯罪动机（生活贫困）、犯罪手段（使用虚构的团体名称进行募捐）以及将所得资金用作自己的生活消费等事实进行了认定，并否定了被告人不具有犯意的主张。辩护人认为："对被告人关于公诉事实的有罪证明，不应允许将被告人实施的其他犯罪作为证据，即使它们具有同一性质"，并以此提出上告。

裁定要旨：日本最高法院认为："在犯罪的客观要素已经根据其他证据予以证明的本案中，原判决根据被告人的同种前科的内容对诸如被告人欺诈的故意等犯罪的主观要素进行认定，并不构成违法"。

第六，某一行为与该当起诉行为存在密切不可分之关系的场合。某一行为与该当起诉行为存在密切不可分之关系的，本来应当按照结合犯、包括的一罪、科刑上的一罪而一并起诉。因此，对该行为进行证明的证据自然应当予以允许。

（二）余罪与量刑

未被起诉的余罪不得作为认定犯罪事实的依据，是刑事诉讼的基本原则。问题是，余罪是否可能作为认定犯罪之后的量刑资料加以考虑呢？对于余罪与量刑的关系问题，日本最高法院将其分成了两种类型：一为对余罪进行实质处罚；二为将余罪作为量刑情节。以下具体分析：

第一种类型——对余罪进行实质处罚。通说和判例均认为，在拟对余罪进行实质处罚的目的之下，不得将余罪作为量刑资料加以考虑。[1]理由在于：其一，违反了不告不理原则；其二，违反了《宪法》第31条之"对任何人不经法律规定的程序，不得剥夺其生命或自由，或者处以刑罚"的规定，构成对正当程序的悖反；其三，违背了证据裁判原则；其四，违反了《宪法》第38条第2款"对于任何人，不利于自己的唯一证据是本人口供时，不得认定有罪或者判处刑罚"之自白补强法则；其五，违反了《宪法》第39条"对于实行当时为合法的行为或者已经被判定为无罪的行为，任何人不负刑事责任。此外，对于同一犯罪，不得重复追究刑事责任"之双重处罚禁止原则。

第二种类型——余罪能否作为量刑情节。为了保证量刑的适当性，法院有必要收集尽可能多的量刑资料。然而，以余罪为理由处以更重的刑罚很容易构成对余罪的实质处罚。因此，对于余罪能够作为量刑资料，日本理论界与实务界存在两种截然相反的观点。

日本最高法院持肯定的观点并认为："刑事裁判中的量刑，是法院在考虑被告人的性格、经历及犯罪动机、目的、方法等所有事情的基础上，在法定

---

[1] 最高裁判所判决昭42·7·5刑集21·6·748.

刑范围内作出适当的决定。因此，作为量刑的一个情节，对所谓余罪加以考虑，并不一定需要予以禁止"。[1]有学者认为，与起诉所有罪行相比，聚焦起诉事实，对其他事实不予起诉并作为量刑情节加以考虑能够避免审理迟延、减轻审判负担；而且，既然不禁止将未达到犯罪程度的不当行为作为量刑资料，那么比其恶性程度还要高的余罪从量刑资料中排除是非常不自然的。[2]反对的观点认为，余罪不应作为量刑情节，理由有三：其一，最高法院对两种类型进行区分的标准并不明确；其二，余罪的证据可能会导致法官在起诉事实的认定上形成预断、偏见，并误导事实认定；其三，在缺乏补强证据的情况下，将余罪作为量刑资料缺乏法律依据。[3]对比而言，肯定说更具合理性，也是主流的观点。基于上述肯定说的立场，为了防止以量刑之名行实质处罚之实，需要从以下方面作出调整：其一，立证趣旨（举证目的）的明确化；其二，事实认定程序与量刑裁判程序的严格区分；其三，遵守补强证据规则；其四，明确一事不再理的效力涵盖余罪。[4]另外，在余罪是重大犯罪案件、余罪数量较多或者被告人否认余罪的场合，作为第一种类型的余罪进行考虑，应当予以禁止。

---

〔1〕　最高裁判所判决昭41・7・13刑集20・6・609.

〔2〕　［日］LEC 総合研究所司法試験部編著：《C‐Book 刑事訴訟法Ⅱ（公訴・公判）（第 3 版）》，日本東京リーガルマインド2012 年版，第 290 页。

〔3〕　［日］平野龍一：《刑事訴訟法》，日本有斐閣 1958 年版，第 181 页。

〔4〕　［日］LEC 総合研究所司法試験部編著：《C‐Book 刑事訴訟法Ⅱ（公訴・公判）（第 3 版）》，日本東京リーガルマインド2012 年版，第 300 页。

法条索引：《宪法》第37条第2款：刑事被告人享有询问所有证人的充分机会，并有使用公费通过强制程序为自己寻求证人的权利。

《刑事诉讼法》第320条：（1）除第321条至第328条规定的情形以外，不得将替代审判期日陈述的文书作为证据，也不得将以审判期日外他人陈述为内容的陈述作为证据。

（2）对于已经作出第291条之2裁定的案件的证据，不适用前款的规定。但是，检察官、被告人或者辩护人对作为证据提出异议的，不在此限。

第321条：（1）被告人以外的人制作的陈述书，或者记录该人陈述且有陈述人签名或盖章的文书，仅在下列场合，可以作为证据：

一、对于记录在法官面前（包括采用第157条之6第1款、第2款规定方法）陈述的文书，陈述人因死亡、精神或身体障碍、下落不明或者现在国外而不能在审判准备或审判期日中进行陈述，或者陈述人在审判准备或审判期日中作出与以前陈述不同的供述时；

二、对于记录在检察官面前陈述的文书，陈述人因死亡、精神或身体障碍、下落不明或现在国外而不能在审判准备或审判期日进行陈述，或者在审理准备或者审判期日作出与先前陈述相反或者有实质差异的陈述时。但是，以先前陈述比审理准备或审判期日的陈述具有更可信赖的特别情况为限；

三、对于前二项文书以外的文书，陈述人因死亡、精神或身体障碍、下落不明或者现在国外而不能在审判准备或审判期日进行陈述，并且，其陈述对证明犯罪事实是否存在必不可少的。但是，以该陈述是在特别可以信赖的情况下作出的为限。

（2）记录被告人以外的人在审判准备或审判期日所作陈述的文书，或者记载法院或法官勘验结果的文书，不受前款规定的限制，可以作为证据。

（3）记载检察官、检察事务官或者司法警察职员勘验结果的文书，陈述人在审判期日作为证人接受询问，陈述该文书制作为真实时，不受第1款规定的限制，可以作为证据。

（4）鉴定人制作的记载鉴定过程及结果的文书，依前款规定。

第321之2：（1）在被告案件的审判准备或审判期日以外的刑事程序或者其他案件的刑事程序中，以记录采取第157条之6第1款、第2款规定的方法进行的证人询问和陈述以及具体状况的记录媒体为部分内容的笔录，不受前条第1款规定的限制，可以作为证据。在此场合，法院在该笔录进行调查后，应当给予诉讼关系人对陈述人进行证人询问的机会。

（2）根据前款规定对笔录进行调查的场合，不适用第305条第5款但书的规定。

（3）根据第1款规定调查完毕的笔录中所记录的证人陈述，适用第295条第1款前段和前条第1款第1项、第2项的规定，视为在被告案件的审判期日作出的陈述。

第322条：（1）被告人制作的陈述书或者记录被告人供述且有被告人签名或盖章的文书，以该陈述内容为对被告人不利益事实的承认，或者是在特别值得信赖的情况下作出的为限，可以作为证据。但是，以承认对被告人不利益事实为内容的文书，即使该承认不构成自白，适用第319条的规定，怀疑该承认可能不是任意作出的，不得作为证据。

（2）记录被告人在审判准备或者审判期日所作陈述的文书，以认为该陈述系任意作出的为限，可以作为证据。

第323条：前三条所列文书以外的文书，只在下列情形下，可以作为证据：

一、户籍副本、公证证书副本，以及其他公务员（包括外国的公务员）就其职务上可以证明的事实所制作的文书；

二、商业账簿、航海日志，以及在其他业务的通常情况下形成的文书；

三、除前两项的情形外，其他在特别值得信赖的情况下形成的文书。

第 324 条：（1）被告人以外的人在审判准备或者审判期日的陈述是以被告人的陈述为内容的，准用第 322 条的规定。

（2）被告人以外的人在审判准备或者审判期日的陈述是以被告人以外的人的陈述为内容的，准用第 321 条第 1 款第 3 项的规定。

第 325 条：依照第 321 条至前条的规定可以作为证据的文书或者陈述，法院如果事先未对该文书中记载的陈述或者审判准备或审判期日所作陈述中包含的他人陈述是否的任意性进行调查，不得作为证据。

第 326 条：（1）检察官和被告人同意作为证据的文书或者陈述，以考虑该文书制作及陈述作出时的情况而认为适当时为限，不受第 321 条至前条的限制，可以作为证据。

（2）在被告人不到场也能进行证据调查的场合，被告人不到场的，视为存在前款的同意。但是，代理人或者辩护人在场时，不在此限。

第 327 条：检察官和被告人或者辩护人在合意的基础上，将文书内容或者在审判期日到场预计陈述的内容记载于文书并提出时，法院即使不对文书或者应当陈述者进行调查，也可以将该文书作为证据。在此场合，不妨碍对该文书的证明力进行争辩。

第 328 条：根据第 321 条至第 324 条的规定不得作为证据的文书或者陈述，为了争辩被告人、证人或者其他人在审判准备或者审判期日中陈述的证明力，可以作为证据。

一、传闻法则概述

（一）传闻法则的根据

《刑事诉讼法》第 320 条第 1 款规定："除第 321 条至第 328 条规定的情形外，不得将替代审判期日陈述的文书作为证据，也不得将以审判期日外他人陈述为内容的陈述作为证据"，是为传闻法则。从条文表述上看，传闻法则禁止的情形有二：一为将替代当庭陈述的文书（陈述代用文书）作为证据；二为将以他人法庭外陈述为内容的陈述（传闻陈述）作为证据。就本质而言，无论是陈述代用文书，还是传闻陈述，均是将法庭外所形成的陈述作为证据。因此，作为被禁止对象的传闻证据，可以被理解为替代当庭陈述而作为证据使用的庭外陈述。[1]

毋庸置疑，传闻证据必定是言词证据。事实亲历者对于亲历事实的陈述（直接陈述）因能对该事实的存在进行合乎逻辑的推论而具有证据价值。通常情况下，人们通过视、听、嗅、味、触等方式感知某一事实并将之存储于记忆之中（此时形成对该事实的认识），进而通过语言表达出来，即外化为言词。与此同时，危险因素也蕴藏于言词形成的各个环节。首先，感知环节。人们常于感知过程中产生错误而不自知。观察能力、事件发生的突然性甚至个人的喜好都会影响感知的全面性、准确性。其次，记忆环节。所谓记忆"乃重新复制过去，人将过去所发生的一切，依自己的主观重新复制"。[2]记忆会随着时间的推移而变得模糊，也可能受所感知的其他事实的影响而改变。再次，表现环节。实践中，由于种种利害关系的掣肘，故意夸大、隐藏记忆内容甚至作伪证者不乏其人。最后，陈述环节。在某些场合，即使是感知、记忆均无错误且性格诚实之人，也可能受外部环境（诱导询问、暗示等）而作出与事实不符之陈述。[3]

为确保言词证据的真实性、可靠性，《刑事诉讼法》规定了三种担保方法：其一，以真实陈述为主旨的宣誓以及伪证罪的警告（法154）。宣誓和伪证罪警告会对陈述者形成心理强制，使其不愿、不敢作虚假陈述。其二，反对询问。反对询问权由控辩双方当事人平等享有，尤其被告人的反对询问权更受宪法保护。对方当事人行使反对询问权，能有效揭露出陈述过程各环节存在的错误。其三，观察。作为事实认定者的法官直接听取陈述并对陈述者的态度、表情进行观察，是对陈述的证据价值、真实性作出准确判断的前提，也是直接主义的基本要求。[4]显然，法庭外陈述的真实性无法得到上述有效保障：一为对方当事人无法通过反对询问对该陈述内容的真实性进行检验；二为原陈述者不用宣誓亦不受伪证罪的约束；三为法院无法对陈述者陈述时

---

〔1〕　参见［日］後藤昭：《伝聞法則に強くなる》，日本評論社2019年版，第2页。

〔2〕　王兆鹏等：《传闻法则：理论与实践》，台湾元照出版有限公司2004年版，第6页。

〔3〕　［日］裁判所職員総合研修所監修：《刑事訴訟法講義案（四訂版）》，日本司法協会2011年版，第283页。

〔4〕　参见［日］安西温：《刑事訴訟法（下）》，日本警察時報社2013年版，第421页。

的态度、状态等进行观察，并对陈述内容的真实性判断。这也是立法设置传闻法则的核心理由所在。

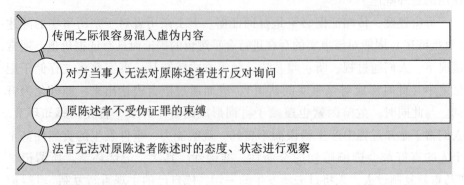

传闻之际很容易混入虚伪内容

对方当事人无法对原陈述者进行反对询问

原陈述者不受伪证罪的束缚

法官无法对原陈述者陈述时的态度、状态进行观察

图一　传闻证据的问题性

（二）《宪法》第 37 条第 2 款与传闻法则

《宪法》第 37 条第 2 款前段"刑事被告人享有询问所有证人的充分机会"的规定，赋予并保障了被告人的证人询问权。证人询问权自然包含在法庭上于事实认定者面前对证人进行询问的权利。这一规定并不单是给予被告人询问证人的机会，以检验、确保证人陈述的正确性（信用性），更在于保障被告人通过证人询问参加决定自己命运之重要程序的机会。[1]

理论通说认为，从《宪法》第 37 条第 2 款可以推导出排除庭外陈述（仅限于对被告人不利的庭外陈述）的结论。法庭审判使用庭外陈述，意味着剥夺被告人在法庭上对信息提供者（原陈述者）进行询问的机会，因此构成对该款规定的悖反。就此而言，《刑事诉讼法》第 320 条第 1 款规定的传闻法则与《宪法》第 37 条第 2 款的规定确实有相通之处，或者可以认为前者是后者的反映和具体化。[2]当然，也有观点认为，《宪法》第 37 条第 2 款的规定所保障的仅是对出庭证人进行询问的机会，与庭外陈述的容许性问题并不存在直接关联。[3]

---

〔1〕 参见［日］宇藤崇、松田岳士、堀江慎司：《刑事訴訟法（第 2 版）》，日本有斐閣 2018 年版，第 376 页。

〔2〕 ［日］平野龍一：《刑事訴訟法概説》，日本東京大学出版会 2005 年版，第 166 页。

〔3〕 参见［日］後藤昭：《伝聞法則に強くなる》，日本評論社 2019 年版，第 29 页。

对此问题，判例的立场并不甚明确。日本最高法院早期判例认为，《宪法》第 37 条第 2 款前段所规定的"证人"仅指实际上传唤到庭的证人，因此不包含排除庭外陈述的意旨。[1] 但是，之后日本最高法院改换了立场，认为从《宪法》第 37 条第 2 款保障被告人之证人询问权的目的考量，在某些场合下应当排除庭外陈述。[2]

当然，通说也并非认为《宪法》第 37 条第 2 款前段的辐射范围与《刑事诉讼法》第 320 条第 1 款是完全相同的。二者的区别表现在三个方面：其一，根据前者的规定应当排除的庭外陈述仅限于对被告人不利的陈述，而后者适用于全部庭外陈述，不论是否有利于被告人。其二，前者明显不适用于被告人自身的庭外陈述，但是后者的适用范围包含被告人自身的庭外陈述。其三，在证人于主询问结束后反对询问开始前死亡的场合，根据前者的规定可以得出排除该证人（至少是控诉方证人）陈述的结论，但是根据后者却难以得出清晰的结论。

（三）传闻证据的定义

如前所述，《刑事诉讼法》并未使用"传闻证据"的表述。实际上，传闻证据是指理论学说与司法实务为指称《刑事诉讼法》第 320 条第 1 款所原则禁止的证据而使用的概念。立法规定的模糊，也为理论上对传闻证据的多元界定提供了可能与空间。在理论上，有关传闻证据的定义有三种代表性观点：其一，间接来源说。该说认为，传闻证据是指"并非由体验者本人直接于法庭上陈述，而通过其他间接方法将作为事实认定基础的体验呈现在法庭之上的证据"；[3] 其二，形式定义说。该说认为，传闻证据是指"被用以证明自身所包含法庭外陈述内容之真实性的陈述或者文书"；[4] 其三，实质定义说。该说认为，传闻证据是指"未经反对询问的言词证据"，[5] 而言词证据

---

〔1〕 参见最高裁判所判决昭 24·5·18 刑集 3·6·789.

〔2〕 参见最判平 7·6·20 刑集 49·6·741.

〔3〕 ［日］裁判所職員総合研修所監修：《刑事訴訟法講義案（四訂版）》，日本司法協会 2011 年版，第 283 页。

〔4〕 参见［日］宇藤崇、松田岳士、堀江慎司：《刑事訴訟法（第 2 版）》，日本有斐閣 2018 年版，第 376 页。

〔5〕 ［日］平野龍一：《刑事訴訟法概説》，日本東京大学出版会 2005 年版，第 161 页。

是指"用于证明陈述内容真实性的陈述"。[1]

在一般情况下，上述观点对于传闻证据的判断是相同的。但是，进一步考量会发现，它们也存在着微妙的差别。以下结合具体情形进行分析。情形一：目击证人甲未到庭，而乙出庭作证言称"甲对我说丙拿枪射杀了被害人"。根据间接来源说或形式定义说，乙的当庭陈述为传闻证据；而根据实质定义说，甲的庭外陈述则为传闻证据。情形二：在法庭上回答完主询问的证人甲因死亡等理由无法接受反对询问的。根据实质定义说，甲的证言属于明显的传闻证据，应当根据申请将其排除。[2]根据间接来源说或形式定义说，甲的证言不是传闻证据。但是，依然不能以此直接肯定其证据能力，而应进一步区分。如果甲为控诉方证人，无法接受反对询问意味着剥夺了被告人的反对询问权，除非控诉方为保证甲出庭作证尽了最大努力而最终未果，否则应当否定甲在主询问环节所作陈述的证据能力。如果甲为被告方证人，由于与《宪法》第37条第2款的规定不产生关联，可以证人进行了宣誓、法官对证人陈述态度进行了观察为理由，承认其陈述的证据能力。情形三：被告人甲在法庭上所作关于共同被告人乙的陈述。根据第三种观点，甲的陈述则构成传闻证据；而根据前两种观点，甲的陈述不构成传闻证据，"但是，这仅限于被告人乙通过质问被告人的方式对共同被告人甲进行质问，以达到与反询问类似之实质效果的场合"。[3]

（四）传闻与非传闻

《刑事诉讼法》第320条第1款原则上禁止将陈述代用文书与传闻陈述作为证据。在诸如用以推论庭外陈述存在的场合，虽然在形式上符合该款的规定，但是实质上并无传闻法则的适用空间。这一般被称为"非传闻"。以庭外陈述为内容的同一份证据，是否适用传闻法则（传闻抑或非传闻），取决于该证据所欲证明的对象是什么（立证事项）。当然，以庭外陈述为内容的陈述或者文书是否能够用作非传闻，还取决于在特定使用方法上是否具有自然关联性。即使用于证明原陈述存在，如果这对于该当案件的事实认定并无任何意义（证据价值）的话，该陈述或者文书将因无自然关联性而被否定证据能力。

---

[1] ［日］平野龍一：《刑事訴訟法》，日本有斐閣1958年版，第203页。

[2] 参见［日］平野龍一：《刑事訴訟法》，日本有斐閣1958年版，第224页。

[3] ［日］光藤景皎：《刑事訴訟法Ⅱ》，日本成文堂2013年版，第205页。

从类型上看，非传闻包含两种类型：一为用以证明庭外陈述的存在。在此场合，证明对象并非陈述内容的事实真实性，原陈述的陈述过程也不会成为问题，因此属于纯粹的非传闻（庭外陈述的非言词证据用法）。二为虽用于证明原陈述内容所包含事实的真实性，但是该陈述的陈述过程不完整的，可以此为理由，将其视为非传闻。[1]具体而言，非传闻主要包括下列具体情形：

第一，原陈述为待证事实的场合。以甲在法庭上作出的"乙曾说过：'A是小偷'"的证言为例。在用甲的证言证明A实施了盗窃行为的场合，需要对甲进行反对询问以检验其发言的真实性，因此甲的证言为传闻证据。在用乙的证言证明甲实施了诽谤行为的场合，对直接听过甲上述发言的乙进行反对询问则是可能的。此时，乙的证言为非传闻证据。也就是说，在原陈述本身成为证明对象时，所需要验证的并非原陈述内容的真实性，而是原陈述者是否发表过相关言论。此时，对作为实际体验者的证人进行询问即可，无需适用传闻法则加以排除。

第二，原陈述为行为的言词部分的场合。所谓行为的言词部分，是指与行为相伴而生并赋予其以法律意义的言词。在用以评价行为属性的场合，此类言词原则上应被作为非言词对待。例如，传递现金的同时说"还你钱"。单从现金传递行为本身无法判断该行为的属性，但是结合"还你钱"的言词我们可以认定该行为属于债务偿还行为。此时，在现场的第三者对于该言词的转述，实际上是该债务偿还行为的目击证言，为非传闻证据。鉴于自身的言词性质，对原陈述是否构成行为的言语部分要结合三个条件进行综合判断：一是行为作为争点的重要性；二是行为属性的模糊性与言词的有用性；三是言词与行为的伴随性。[2]当然，在有必要对行为人的真实意思进行确认的场合，目击证人的证言则为传闻证据。[3]

第三，原陈述为情况证据的场合。在将原陈述本身而非陈述内容的真实性作为推定其他事实之基础事实（也即情况证据）的场合，包含原陈述的言词证据为非传闻证据。一般认为，将原陈述作为情况证据使用的情形有三：

〔1〕　参见［日］宇藤崇、松田岳士、堀江慎司：《刑事訴訟法（第2版）》，日本有斐閣2018年版，第376、378、379页。

〔2〕　参见［日］田宮裕：《刑事訴訟法（新版）》，日本有斐閣1996年版，第371页。

〔3〕　参见［日］白取祐司：《刑事訴訟法（第8版）》，日本評論社2015年版，第406页。

其一，证明原陈述对听者所造成影响的。例如，在机动车肇事案件中，证人在法庭上作证："事发前，汽修厂工人曾经告诉车主：'这辆车的刹车系统故障'"。在证明对象为该车的刹车系统存在故障的场合，因需要确认汽修厂工人陈述内容的真实性，此时该证人证言为传闻证据。但是，在证明对象为车主曾经收到汽修厂工人关于刹车系统故障的提示，并将证人证言作为情况证据之一推定车主已经意识到刹车故障的场合下，因证明对象与汽修厂工人的陈述内容真实性无关，该证人证言为非传闻。其二，证明原陈述者精神状态异常的。例如，在法庭上，证人言称："曾经多次听到甲说：'我是织田信长转世'"。在用甲的陈述证明甲精神状态异常的场合，因为该陈述并非被用来证明陈述内容的真实性，而只是作为证明陈述自身存在这一间接事实的情况证据，所以该证人证言为非传闻证据。其三，证明原陈述者认知的。例如，机动车肇事案件中，证人陈述："在事发当日、事故发生之前，车主曾跟我说过：'刹车好像不怎么灵了'"。在证明对象为车辆刹车系统失灵这一事实时，需要确认车主陈述内容的真实性，因而证人证言为传闻证据。但是，当该证人证言用以证明车主知晓刹车系统故障这一事实时，车主的主观认知可以由本人的言论进行推论，而该言论是否存在可以通过对证人进行询问加以确认。是故，此种场合下的证人证言为非传闻证据。

第四，原陈述为弹劾证据的场合。《刑事诉讼法》第 328 条规定："根据第 321 条至第 324 条的规定不得作为证据的文书或者陈述，为了争辩被告人、证人或者其他人在审判准备或者审判期日中陈述的证明力，可以作为证据。"据此，弹劾证据可以被解读为用以争辩证人等于（广义）审判程序中所作陈述之证明力的证据。但是，立法对于弹劾证据的范围、争辩的具体含义等关键问题语焉不详，有待进一步厘清。首先，弹劾证据的范围不明确。立法仅明确弹劾证据应当是不符合传闻规则例外规定的书面或者口头陈述，而对证据提供者未作出限制。有观点认为，凡是能动摇证人等于审判程序中所作陈述之证明力的证据，都可以作为弹劾证据，不论该证据的提供者是本人还是他人。[1]客观地讲，这种解释虽然具有形式合法性，但是欠缺实质正当性。一方面，将他人陈述纳入弹劾证据范围，势必会导致大量本为法律所禁止的

---

〔1〕 参见［日］小林充：《刑事訴訟法（第 5 版）》，日本立花書房 2015 年版，第 263 页。

传闻证据借"弹劾"之名涌入法庭，使得传闻法则沦为具文。另一方面，他人陈述成为弹劾证据必须满足一个前提条件：陈述内容具有真实性。内容真实的他人陈述充斥于法庭的结果便是，法官不得不依赖传闻证据形成犯罪事实是否存在的心证。这显然是不妥当的。在将证人等的自相矛盾的陈述作为弹劾证据的场合，陈述内容的真实性在所不问，只要能够证明该陈述存在即可降低当庭证言的证明力，达成弹劾目的。综上，本条规定的能成为弹劾证据的他人陈述应当限制为陈述者本人所作的自相矛盾的陈述（判例 3-1）。在此概念界定下，弹劾证据并非被用以证明自身内容的真实性，因而在性质上属于非传闻证据。其次，争辩的含义不明确。有观点认为，"争辩"包括弹劾（削减）、增强、恢复三种含义不明确。[1] 弹劾（削减）自不待言，问题在于争辩能否被理解为增强或者恢复。将争辩理解为增强即意味着允许用证明力较强的传闻证据对证明力较弱的当庭陈述进行补强。这不仅违背传闻法则的立法意图，更导致法官心证对于传闻证据的依赖，同样是不妥当的。与此不同，将传闻证据作为恢复证据提出的目的并非证明事实，而是通过对弹劾证据进行再弹劾以恢复被弹劾陈述的证明力。因此，本条规定的"争辩证明力"只应包含削减证明力和恢复证明力两种情形。

判例 3-1：争辩证明力的证据（最判平 18·11·7 刑集 60·9·561）

事实概要： 被告人与内妻（非正式结婚的妻子）共谋，为骗取内妻子女（被保险人）的保险金，在自己车家中放火，伪造保险事故。在这场人为的火灾中，被告人的房屋被全部烧毁，当时在房屋内的内妻子女被烧死。被告人在向保险公司索赔保险金时被逮捕。被告人辩称并未实施放火的行为。在火灾当日，临近居民 A 向消防员 B 进行了陈述，消防员 B 对 A 的陈述进行了记录并签名、盖章，但是未将记录内容向 A 宣读，也未要求其在记录文书中签名、盖章。在第一审法庭审理中，临近居民 A 作为证人出庭作证，并提供了与先前陈述相反的陈述。作为对 A 之当庭证言的弹劾证据，辩护人请求根据《刑事诉讼法》第 328 条的规定对消防员 B 制作的文书进行证据调查。检察官对此发表了不同意的意见。法院则以不构成该条规定的证据为由驳回了辩护

---

[1] 参见［日］後藤昭、白取祐司编：《新·コンメンタール刑事訴訟法（第 2 版）》，日本評論社 2013 年版，第 898 页。

人的证据请求。针对辩护方提出的第一审法院的驳回裁定属于对《刑事诉讼法》第 328 条的错误解释与适用的观点，原审法院依据以下理由驳回了控诉："刑诉法第 328 条所允许的证据仅限于同现在欲争辩其证明力的陈述相矛盾的陈述或者记载该陈述的文书，……B 制作的文书所记载的是 B 的陈述（B 的陈述书），因此不属于本条所允许的证据"。被告方提出了上告。

判决要旨： 日本最高法院的判示如下："刑诉法第 328 条的立法目的应当理解为，在被告人、证人或者其他人于审判准备或者审判期日的陈述与其在其他时间所作陈述相矛盾的场合，通过允许对作出矛盾陈述这一事实进行立证，以削弱该人在审判准备或者审判期日所作陈述的信用性，对于在其他时间作出矛盾陈述这一事实的立证，应当采取刑诉法规定的严格证明方式进行。由此，刑诉法第 328 条所允许的证据，虽然是指与欲争辩其证明力的陈述相矛盾的陈述，但是其仅限于同一人的陈述书、记录其陈述的文书（以满足刑诉法规定要件者为限）以及听到同一人陈述的人在审判期日的陈述或者与其等同视之的证据中所呈现的部分。本案中书证，虽然是记录 A 之陈述的文书，但由于没有 A 签名盖章因而不属于上述记录陈述的文书，而且不存在将其等同视之的理由，因此，不属于刑诉法第 328 条允许的证据"。

第五，原陈述为心理状态陈述的场合。所谓心理状态的陈述，是指陈述者对陈述当时自己内心主观心理状态，诸如意图、计划、动机、情感等的陈述。鉴于心理状态陈述是探知陈述者主观心理状态最为重要的客观依据，理论通说将其界定为非传闻证据。理由在于：其一，陈述的对象为陈述者本人的心理状态，而非外部事件。相应地，在陈述过程上该陈述仅包含表现和陈述环节，而无感知和记忆过程。因此，此类陈述虽然存在撒谎、说错的可能性，但是绝无听错、看错、记忆错误的机会。就此点而言，此类陈述与普通言词证据相比具有较高的可靠性。其二，就表现与陈述而言，固然有必要对是否存在谬误及谬误程度进行斟酌，但是，这种斟酌并非必须通过询问原陈述者的方式进行，对听到该陈述的传闻证人进行询问或者对文书内容及制作过程进行审查亦可。其三，就表现的真挚性而言，此类陈述确实容易出现人为改变、伪造的问题。但是，这是所有证据都存在的共通性问题，因而作为一般的关联性问题处理即可。其四，证明人主观心理状态的最好证据无疑是听到过该陈述的证人的证言。然而，现行法并未对此设置专门的例外规定。

一旦将其定性为传闻证据，传闻证言会因缺乏可适用的例外规定而无法被呈现于法庭之上。[1]

　　经过仔细斟酌会发现，非传闻说的观点及论证理由存在明显的缺陷。其一，误解陈述的判断标准。判断一个证据是否为陈述的根本标准是该证据是否以自然人的言词为载体。而陈述的形成过程会因陈述内容的差异而有所不同：陈述内容为外部事件的，形成过程自然包括感知、记忆、表现、叙述四环节；陈述内容为陈述者本人心理状态的，形成过程则仅包含表现、叙述两环节。当然，形成过程的差异性本身并不会导致陈述性质的异化。该观点以心理状态陈述欠缺感知、记忆环节为由将其排除于陈述之外，显然是误解了陈述的本质。其二，忽略对原陈述者进行反对询问的重要性。该观点意识到心理状态陈述依然存在发生谬误的风险，并主张通过对传闻证人进行询问、对文书内容及外部情况进行审查的方式加以防范。显然，这两种方式在对陈述内容真实性的确保能力上无法与对原陈述者进行询问同日而语。其三，无视言词证据与实物证据在稳定性上存在的本质差异。的确，所有的证据都可能被人为篡改、伪造。但是，与实物证据相比，对言词证据进行改变不仅容易而且难以被发现。正因为如此，《刑事诉讼法》要求除有特殊规定的外，证人、被告人等应在法庭上以口头方式陈述并接受各方询问以检验陈述内容的真实性。该观点将言词证据的稳定性问题当作一般关联性问题，显然是不妥当的。其四，不当抬高了传闻证据的证据地位。该观点以心理状态陈述不可再现为由将传闻证据作为最优证据。然而，陈述不可再现并非陈述者本人不可再现。既然心理状态陈述用以证明陈述内容的真实性，那么恐怕没有比原陈述者本人更好的证据来源了。因此，确保心理状态陈述内容真实性的最优选择应当是在法庭上对原陈述者进行证人询问。其五，规避了法律有关传闻法则的规定。法律没有设置专门的例外、适用现有规定可能导致绝大部分心理状态陈述被排除是客观现实，也是该观点将其人为界定成非传闻证据的核心理由。这种对策虽然具有一定程度的现实合理性，但是作为法律解释却严重违背了形式合法性原则，构成"违法解释"。综上，笔者认为，心理状态陈述在性质上依然属于传闻证据，应当受传闻法则的调整；对于现行立法的疏

---

　　[1]　参见［日］宇藤崇、松田岳士、堀江慎司：《刑事訴訟法（第2版）》，日本有斐閣2018年版，第382、383页。

漏，应当通过修改法律的方式加以弥补，明确心理状态陈述作为证据使用不必满足陈述不能之要件（判例 3-2）。

判例 3-2：被害人感情的陈述（最高裁判所判决昭 30·12·9 刑集 9·13·2699）

事实概要：被告人欲强奸被害人而掐住被害人的脖子，导致被害人窒息死亡。被告人因此被判处无期惩役。第一审法院将"之前抱有与被害人私通的野心"作为推定强奸犯意存在的重要根据。然而，证明"抱有野心"的证据仅有传闻证人 A 所作的"被害人曾经说过：'我不喜欢那个人，净干让人恶心的事'"的证言。第一审法院及控诉审法院均将 A 的证言认定为非传闻证据。被告人以该证言为传闻证据、上述法院根据无证据能力的证据认定犯罪事实构成重大违法为由，提出上告。日本最高法院认为，A 直到案件发生前日依然与被害人保持有肉体关系，而且被当做犯罪嫌疑人接受过调查，对其陈述的信用性应当进行慎重调查。与此同时，将 A 之陈述当做非传闻证据并肯定其证据能力，是对证据法则的误用，并导致事实认定存在重大疑问。因此，日本最高法院裁定撤销原判、发挥重审。

判决要旨："第一审判决，将被告人'曾经抱有与被害人私通的野心'作为本案犯罪行为的动机予以揭示，并将传闻证人的证言作为对此立证的证据。原判决虽然对该证言进行了如下说明：'与被害人针对被告人基于野心的异常言行举止所表达自己的嫌恶之情的事实具有关联性，因此不构成传闻证据'，但是就其与要证事实（作为犯罪行为之间接事实的动机的认定）的关系而言，很明显构成传闻证据。因此，欲肯定该陈述的证据能力，需要根据刑诉法第 324 条第 2 款、第 321 条第 1 款第 3 项的规定，对其必要性与信用性的情况保障进行调查。"

在心理状态陈述中有一种特殊情况值得关注：共同犯罪计划记录。例如，甲和乙在共谋的基础上实施了抢劫银行的犯罪行为。在本案的庭审过程中，对于乙所制作的共同犯罪计划记录该如何处理？依据前述通说和判例的立场，在乙具有实施该记录所记载犯罪的意图、计划为证明对象时，该记录构成心理状态陈述，为非传闻证据，具有证据能力。但是，该记录只能用以证明乙的犯罪意图、计划，即使该记录记载了"准备与甲一起实施该犯罪"的内容。换言之，如欲对参加者全员（甲、乙）在共谋过程中形成共通的意图、计划的事实进行证明，除了该记录之外，还需要其他证据加以补充（判例 3-3）。根据前文论述，在此种情形下将共同犯罪计划记录作为非传闻证据显然是不正当的。该记录实际上是传闻证据，只有在符合传闻法则例外的情形下才具有证据能力。然而，在共犯关系存在这一事实的证明上法官要求提供其他证据，无疑是合理的。

判例 3-3：犯罪计划陈述（東京高判昭 58·1·27 判夕 496·163）

事实概要： 打短工的被告人（20 余人）因与违法的短工职业介绍人发生矛盾，在共谋的基础上，于 1980 年 9 月 29 日，闯进工棚，对数名职业介绍人进行监禁，要求其道歉，并对其进行了殴打、胁迫，导致职业介绍人受伤，并以获取赔偿金为名目从职业介绍人处强制取得了金钱。之后，上述被告人被起诉至法院。在审理过程中，被告人对恐吓行为有无事前共谋成为争点。第一审判决将记载有"（25）确认点——道歉与赔偿金"内容的笔记作为证据之一，认定了恐吓的事前共谋。虽然该笔记的制作者与制作过程并不清楚，但是检察官以"记载有关策略会议及犯罪行为准备内容的笔记存在"为立证趣旨请求对该笔记进行证据调查，法庭在辩护人没有异议的意见基础上对该证据进行了调查。在之后的法庭审理中查明，该笔记是 A 于 9 月 27 日对出席会议的 B 有关同月 25 日的会议所确认事项的陈述的记录。被告方认为，该笔记是以 B 为原陈述者的再传闻证据，由于不存在因 B 死亡等而陈述不能的证据和该笔记具有特信性的证据，因此应当否定其证据能力，并以此为由提出控诉。

判决要旨： "记载人的意思、计划的记录，在对该意思、计划进行立证时，存在不适用传闻禁止法则的可能性。这种记录与以感知、记忆、表现、陈述为前提的言词证据不同，缺少感知、记忆的环节，只要制作的真挚性得到证明，不必对原陈述者进行证人询问，并通过反对询问对其信用性进行检验。这一结论，不仅可以适用于个人的单独犯罪行为，也适用于数人共谋的共犯案件。但是，在此场合，有关犯罪计划的记录应当建立在如下前提之上：该记录与共犯者全员关于共谋的最终意思表示相一致。"在此基础上，东京高等法院认为，只要确认本案关于事前共谋的记录与共犯者的意思表示一致，当然可以肯定其证据能力；即使未得到确认，在该记录的制作人及制作过程已经明确的情况下，辩护人虽然申请将该记录予以排除，但是并未申请对 B 进行证人询问，对此应当理解为其放弃了对 B 的反对询问权；因此，肯定该记录证据能力的第一审诉讼程序并未构成违反法令。

（五）传闻法则的例外体系

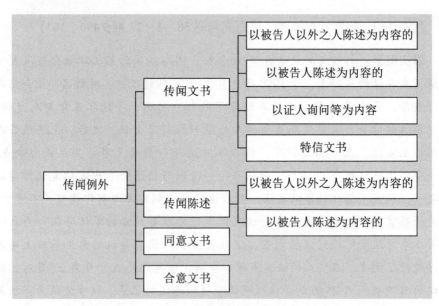

图二　传闻法则例外体系

如前所述，之所以否定传闻证据的证据能力，主要是因为无法通过反对询问对其形成过程进行检验，证据本身的可信性存在疑问。相反，在存有可信性之情况保障及作为证据使用的高度必要性的情况下，传闻证据则可以作为传闻法则的例外而获得证据能力。所谓可信性之情况保障，是指"即使不通过反对询问对可信性进行检验，也足以保证该陈述可信的外部情况"。[1] 所谓必要性，则是指"在证明犯罪时，因无法从原陈述者处获得其他证据，而

---

〔1〕　参见［日］平野龍一：《刑事訴訟法概説》，日本東京大学出版会 2005 年版，第 164 页。

有必要使用原陈述"。[1]《刑事诉讼法》也正是在力图兼顾两者的基础上设置了传闻法则的例外体系。

从整体上看，《刑事诉讼法》规定的传闻例外有三种类型：一为不可能进行反对询问的，例如被告人陈述、证人传唤不能的；二为已经给予反对询问机会的，例如庭审笔录、法院勘验笔录、鉴定书等；三为没有必要进行反对询问的，例如特信性文书、同意文书、合意文书。以下按照《刑事诉讼法》的条文顺序对传闻例外进行解读。

二、传闻文书

根据《刑事诉讼法》第 321 条至第 323 条的规定，传闻文书包括被告人以外之人的陈述代用文书、被告人的陈述代用文书、特信文书。其中，被告人以外之人的陈述代用文书，又分为法官面前笔录（一号文书）、检察官面前笔录（二号文书）、一般性陈述代用文书（三号文书）、特定的证人询问笔录、审判准备或者审判期日的陈述笔录、法院（法官）勘验笔录、检察官（检察事务官、司法警察职员）勘验笔录、鉴定书。被告人的陈述代用文书分为审判准备或者审判期日的陈述笔录、其他场合下的陈述笔录。

（一）被告人以外之人的陈述代用文书

1. 陈述书与陈述笔录——签名盖章的意义

《刑事诉讼法》第 321 条第 1 款、第 322 条第 1 款将陈述代用文书分为陈述书与陈述笔录。陈述书是陈述者本人制作的文书。陈述笔录是记录者对陈述者的陈述予以记录所形成的文书。与陈述书为单纯的传闻不同，陈述笔录由于包含了陈述者、记录者的陈述过程而具有二重传闻（再传闻）的性质。[2]为了保证记录的正确性（陈述与记录一致），此两款规定均要求陈述笔录应当有原陈述者的签名、盖章，并以此作为陈述笔录具有证据能力的必备要件之一。然而，立法的绝对性表述并未带来"循规蹈矩"的理论解读与司法适用。

---

〔1〕　参见［日］反町勝夫编：《刑事訴訟法Ⅱ（公訴·公判）》，日本東京リーガルマインド株式会社 2012 年版，第 335 页。

〔2〕　最高法院据此认为陈述书不需要陈述者本人签名、盖章。参见最决昭 29·11·25 刑集 8·11·1888.

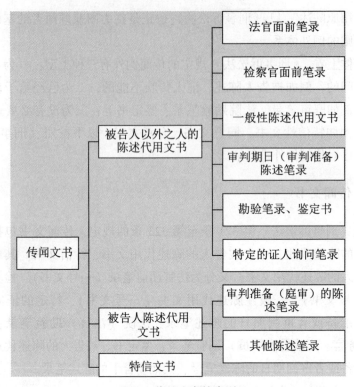

图三　传闻文书的类型

　　就条文字面含义而言，陈述笔录只要欠缺陈述者的签名、盖章，不论其他要件是否具备，一律不具有证据能力。然而，有观点认为，对于庭审笔录、证人询问笔录而言，陈述者的签名、盖章并无必要。原则上，法院或者法官在询问证人或者听取被告人或者嫌疑人陈述并予以记录之后，法院书记官应当向陈述人宣读或者让其阅览，询问记载是否有误，并在回答记载无误后要求其签名、盖章。[1]但是，在下列情形下，前述程序是可以省略的：对于庭

――――――――――

　　〔1〕《刑事诉讼规则》第38条："……（3）笔录（根据刑诉法第157条之4第2款规定记录询问证人和陈述以及其他状况的记录媒体除外。下项和第5项同），应当让法院书记官向陈述人宣读或者让陈述人阅览，并且询问上述记载是否有误。（4）陈述人申请增删或者变更陈述内容的，应当将该陈述记入笔录。（5）询问时在场的检察官、被告人、犯罪嫌疑人或者辩护人对笔录记载的正确性提出异议时，应当将异议要旨记入笔录。在该情况下，审判长或者进行询问证人的法官，可以把对该异议的意见记入笔录。（6）应当由陈述人在笔录上签名、盖章。……"；第39条第2款规定："前款的笔录，准用前条第2款第3项前段、第3款、第4款及第6款的规定"。

审笔录，陈述者未提出请求的；对于证人询问笔录，被告人或者辩护人在询问时在场，且陈述人表示同意的；速记笔录为笔录一部分的；录音翻译为笔录一部分的。[1]对于此类庭审笔录、证人询问笔录，《刑事诉讼法》第 321 条第 2 款、第 322 条第 2 款均未将陈述者的签名、盖章作为证据能力要件加以规定。究其理由，形式上，这些笔录欠缺陈述者的签名、盖章为法律所规定、所允许；实质上，当事人在审判准备或者庭审时均在场，不仅可以听取证人等的陈述，还可以阅览陈述笔录以确认记载的正确性，无须再要求陈述者自身签名、盖章。既然如此，在将其他案件的庭审笔录、审判准备程序中的证人询问笔录作为《刑事诉讼法》第 321 条第 1 款第 1 号、第 322 条第 1 款规定的文书加以使用时，自然不必将其作为证据能力要件。[2]笔者认为，此种解读虽然违背了形式合法性原则，构成"违法解释"，但是具有证成自身的正当性依据，契合了实质合法性原则。实际上，出现这种"违法解释"的根源在于前述两款规定与其他相关条款规定之间的不协调甚至冲突。因此，消除解释违法性的路径并非对此解释加以否定，而是应当对条文表述本身进行修正，将陈述人的签名、盖章从前述陈述笔录的证据能力要件中剥离。

在司法实务中，陈述人的签名、盖章也未被当成陈述笔录应当具备的绝对性要件。其一，存在无法要求陈述人签名、盖章的正当理由且陈述的正确性得到保证时，视为已经签名、盖章。例如，陈述者为幼儿或者重病患者的场合，因陈述人本人无法确认笔录记载的正确性，笔录制作者不得要求其签字、盖章。但是，在陈述过程中在场之人可以代为签字、盖章。[3]又如，陈

---

〔1〕 参见《刑事诉讼规则》第 45 条规定："（1）对于审理笔录，不需要履行第 38 条第 3 款、第 4 款及第 6 款规定的程序。（2）陈述人提出请求时，应当让法院书记官向陈述人宣读笔录中有关其陈述部分的内容。被询问人提出增删或者变更的申请时，应当记载该陈述"；第 52 条之 2 第 1 款规定："对于在审判准备程序中法院、受命法官或者受托法官询问证人、鉴定人、口译人或者笔译人的笔录，被告人或者辩护人在询问时在场，且在场的诉讼关系人及陈述人表示同意的，可以依照下列规定办理：……二、不运用第 38 条第 3 款至第 6 款规定的程序……"；第 52 条之 5 第 1 款规定："依照前条正文的规定将速记证人、鉴定人、口译人或者笔译人的询问及其陈述的速记笔录作为笔录的一部分时，不适用第 38 条第 3 款至第 6 款规定的程序……"；第 52 条之 15 第 1 款："依照前条规定将录制证人、鉴定人、口译人或者笔译人的询问和陈述的录制资料整理成笔录时，不进行第 38 条第 3 款至第 6 款规定的程序"。

〔2〕 参见［日］石井一正：《刑事实务证拠法（第 5 版）》，日本判例タイムズ社 2011 年版，第 229-230 页。

〔3〕 参见福冈高判昭 29・5・7 高刑集 7・5・680.

述者虽然可以确认笔录记载的正确性但因客观原因无法签名、盖章的场合，作为替代由他人代书或者捺指纹的，[1]视为陈述者签名、盖章。[2]其二，使用虚假姓名签字、盖章的，视为有前两款规定的签字、盖章。[3]其三，仅有签字、盖章而未对记录正确性进行确认的，视为欠缺签字、盖章。例如，未让陈述者阅览也未向其宣读以至于陈述者完全无机会了解记载内容的笔录，即使形式上有签字、盖章，也视为不具备前两款规定的签字、盖章。[4]从立法意图考量，法律将陈述者的签名、盖章作为证据能力要件的目的在于保证陈述笔录记载的正确性。如果陈述笔录记载的正确性不存在问题，仅因签字、盖章这一形式要件有所欠缺即否定其证据能力，显然是不妥当的。当然，如果陈述笔录记载的正确性未经确认，仅凭签字、盖章这一形式要件即肯定其证据能力，同样是不妥当的。因此，前述判例虽然与立法条文的文意不符，却契合立法条文背后的立法意图。司法判例对于条文文义的"僭越"根源在于"僵化"的立法条文在多样化的司法现实面前的无力与苍白。

2. 法官面前笔录（一号文书）

法官面前笔录，即记录被告人以外之人（例如被害人、目击者等参考人、共犯或者共同被告人）在法官面前陈述的文书，分为审判准备或者审理程序中的文书与上述程序外的文书两类。前者包括审判准备程序中证人等询问笔录、记录审判期日证人等陈述的庭审笔录、法庭审理程序更新前或发回重审前的庭审笔录中证人等的陈述部分。根据《刑事诉讼法》第 321 条第 2 款前段的规定，这些文书无条件具有证据能力。这是因为，在上述场合下对证人等的询问，均保障了当事人的在场权、询问权（法 157、158、171、178、280），具备信用性的情况保障。而且，这些文书在性质上均有明显的作为该当被告案件证据的必要性。

除上述文书以外的记录被告人以外之人在法官面前陈述的书面，为一号文书。这主要包括《刑事诉讼法》第 226 条至第 228 条与第 179 条规定的证

---

　　[1]《刑事诉讼规则》第 61 条："（1）官吏或其他公务员以外的人应当署名、盖章时，但本人不能签名的（可以依照前条第 2 款记名、盖章的除外），应当让他人代书，不能盖章时应当捺指纹。（2）让他人代书时，代书人应当记载该事由，署名、盖章。"

　　[2] 参见最决平 18·12·8 刑集 60·10·837.

　　[3] 参见東京高判昭 31·12·19 高刑集 9·12·1328.

　　[4] 参见浦和地决平 4·1·6 判夕 79·2·258.

人询问笔录、《少年法》第 14 条规定的证人询问笔录、其他案件审判准备中的询问笔录或者庭审笔录〔1〕、被告人以外之人案件的庭审笔录中记录该被告人陈述的部分〔2〕、民事案件的口头辩论笔录或者证人询问笔录。这些文书是对在公正的法官面前经宣誓所作陈述的记录，具有高度的信用性。也正因为具有信用性的情况保障，这些文书存在作为该当案件证据的必要性时，法官应当肯定其证据能力，并对是否应予采信进行自由判断。根据《刑事诉讼法》第 321 条第 1 款第 1 项的规定，在以下两种场合下，上述文书具有作为证据的必要性：其一，原陈述者因死亡、精神或身体障碍、下落不明或者现在国外而无法在审判准备或法庭审理中进行陈述的（即陈述不能，下文专门论述）；其二，原陈述者在审判准备或法庭审理中作出与先前陈述不同的陈述的。这里的"先前陈述"是指作为传闻例外有待判断的一号文书。所谓"不同"，是指当庭陈述与先前陈述在证明力或者其他方面存在差异，至于差异程度在所不问。〔3〕

　　3. 检察官面前笔录（二号文书）

　　根据《刑事诉讼法》第 321 条第 1 款第 2 项的规定，记录被告人以外之人在检察官（包括《检察厅法》第 36 条规定的检察事务官）〔4〕面前陈述的笔录，在以下两种情形下可以作为证据使用：一为该陈述者因死亡、精神或身体障碍、下落不明或者现在国外而无法在审判准备或者法庭审理中进行陈述的（陈述不能）；二为该陈述者在审判准备或者法庭审理中作出与先前陈述相反或者有实质性差异之陈述的（相反性陈述），且以先前陈述比审判准备或者法庭审理中的陈述更为可信的特别情况为限（相对信用性）。

　　一般认为，相反性陈述是指内容相互冲突并能推导出完全相反之事实认定结论的陈述；存在实质性不同的陈述，则是指陈述重要部分存在内容上的差异，可能导致不同事实认定结果的陈述。〔5〕日本最高法院认为，检察官面前陈述比当庭陈述在内容上更加详细绵密也构成实质性差异。〔6〕笔者认为，

---

〔1〕　参见最决昭 29・11・11 刑集 8・11・1834.
〔2〕　参见最决昭 57・12・17 刑集 36・12・1022.
〔3〕　参见［日］白取祐司：《刑事訴訟法（第 8 版）》，日本評論社 2015 年版，第 413 页。
〔4〕　参见最高裁判所判决昭 31・6・19 刑集 10・6・853.
〔5〕　参见［日］安西温：《刑事訴訟法（下）》，日本警察時報社 2013 年版，第 431 页。
〔6〕　参见最决昭 32・9・30 刑集 11・9・2403.

在这种情况下不存在将检察官面前陈述作为传闻例外的必要。理由在于：其一，检察官面前陈述内容更加详细绵密隐含着两份陈述内容基本相同的事实；其二，原陈述者即然已经出现于法庭之上，意味着检察官面前陈述的内容完全是可以再现的；其三，更为详细绵密的部分，可以通过证人询问的方式加以呈现。需要注意的是，此时能作为证据使用的，并非检察官面前笔录全部，而是其中与当庭陈述相反的部分。[1]另外，对于相对信用性要件的判断，日本最高法院认为，除了陈述的时间、环境等外部情况以外，还可以考虑陈述的具体内容。[2]有观点从传闻法则为证据能力规则的角度出发，坚持相对信用性要件的判断只能结合陈述的外部情况进行而不得涉及陈述内容，否则就构成证据能力和证明力的混同。[3]客观而言，事实认定者从外部情况与陈述内容两个方面对可信性进行判断并无不妥。这是因为：一方面，完全依靠外部情况通常很难完成对可信性的举证、认证；另一方面，陈述内容本身往往也是外部情况的间接证据。[4]

对于二号文书（一号文书、三号文书）而言，至关重要的问题是对陈述不能要件的理解与适用。这一问题可以分解为两个具体问题：其一，陈述不能与信用性要件的关系应如何定位。该问题的争议焦点在于：信用性要件在陈述不能的场合下是否适用？日本最高法院判例认为，在陈述不能的场合，可以直接承认检察官面前笔录的证据能力，而无须考虑该项但书规定的信用性要件。[5]理由在于：一方面，本项对此并未作出明确规定；另一方面，检察官基于客观立场负有正确记录陈述的义务。如此一来，检察官面前笔录就获得了与法官面前笔录相同的地位。但是，有观点认为，对于作为当事人的检察官而言，无法期待其能保持客观公正的立场，因此应当在陈述不能要件之外附加信用性要件，否则将构成对《宪法》第37条第2款的悖反。[6]笔者

---

〔1〕 参见大阪高判平 10·12·9 判夕 1063·272.

〔2〕 参见最高裁判所判决昭 30·1·11 刑集 9·1·14.

〔3〕 参见 [日] 池田修、前田雅英：《刑事訴訟法講義（第 5 版）》，日本東京大学出版会 2014 年版，第 451 页。

〔4〕 参见 [日] 安西温：《刑事訴訟法（下）》，日本警察時報社 2013 年版，第 433 页。

〔5〕 参见最高裁判所判决昭 36·3·9 刑集 15·3·500.

〔6〕 参见 [日] 後藤昭、白取祐司编：《新·コンメンタール刑事訴訟法（第 2 版）》，日本評論社 2013 年版，第 873 页。

认为，检察官面前陈述应当在陈述不能与信用性两要件同时具备的情况下方具有证据能力。除了检察官无法保持客观公正外，还因为：其一，从文义解释的角度看，将信用性要件附加于陈述不能要件并未超出立法条文的可能文义范围；其二，从目的解释的角度看，在检察官调查程序中不存在宣誓程序、被告人也无权在场，仅因陈述不能而承认检察官面前笔录的证据能力，剥夺了被告人的反对询问权；其三，从体系解释的角度看，在侦查阶段，检察官在必要的情况下可以请求法官进行证人询问，因此承认陈述不能情况下检察官面前笔录证据能力的必要性不足。

陈述不能要件如何理解。对于该要件的解读可以从局部、整体两个视角着手。局部视角聚焦要件解构，即析出陈述不能事由的判断基准。在前述四种法定事由中，需要明确判断基准的是精神或者身体障碍、下落不明、现在国外。此三类事由被用以揭示因询问证人不可能或者很困难而例外使用传闻证据的必要性，因此应当具备相当程度的存续性特征。换言之，一时的身体障碍、下落不明或者在国外不构成陈述不能。具体而言：其一，精神或者身体障碍。诸如强奸案被害人因泣不成声而无法陈述的情形，并不当然构成精神障碍，除非"努力用尽各种方法而其陈述依然不可得"。[1]其二，下落不明。这是指"在寻找下落的过程中虽然穷尽了所有认为适当的手段方法，但是下落依然不明"。[2]单单邮政包裹无法送达或者诉讼关系人不知证人等的地址并不足以构成下落不明。[3]其三，现在国外。对于此事由的判断应当以穷尽可能手段依然无法让证人出庭为要。[4]值得关注的是，在知悉陈述者即将被驱逐出境以致无法在审判准备或者庭审中陈述而有意对此加以利用，或者明知法院或者法官已经对该陈述者作出了证人询问的裁定而依然强制驱逐出境的情况下，检察官以现在国外为由申请调查检察官面前笔录的行为是否合法？对此，日本最高法院从本项规定为传闻例外的定位及《宪法》第 37 条第 2 款保护被告人反对询问权的宗旨出发，在考虑笔录制作完成到提出申请的过程、陈述者在国外的原因的基础上，认为该证据调查请求是违反程序正义的，

---

〔1〕　参见札幌高函館支判昭 26・7・30 高刑集 4・7・936.

〔2〕　［日］石井一正：《刑事实务证拠法（第 5 版）》，日本判例タイムズ社 2011 年版，第 159 页。

〔3〕　参见福岡高判昭 26・2・23 高刑集 4・2・130.

〔4〕　参见東京高判昭 48・4・26 高刑集 26・2・214.

并否定了检察官面前笔录的证据能力（判例 3-4）。

判例 3-4：强制驱逐出境与检察官面前笔录（最判平 7·6·20 刑集 49·6·741）

事实概要：经营餐厅的被告人 3 人，经合谋，让以服务员名义雇佣的数名泰国女性在自己管理的场所居住并从事卖淫活动。第一审法院将上述泰国女性的检察官面前笔录当做《刑事诉讼法》第 321 条第 1 款第 2 项规定（以下简称该规定）的文书进行了证据调查，并将其作为认定被告人构成犯罪的证据。辩护人以该规定违反了《宪法》第 37 条第 2 款的规定、该规定欲具有合宪性需要具有信用性的情况保障、应当否定上述检察官面前笔录的证据能力为由，提出了上告。日本最高法院认为，该规定不违反《宪法》第 37 条第 2 款的规定，已经由本法院的判例（最决昭 27·4·9 刑集 6·4·584）所明确，上述论点并无理由，而且其他主张并未构成合法的上告理由。在此基础上，日本最高法院作出了如下职权判断。

判决要旨：第一，该规定"是法 320 条之传闻证据禁止的例外规定，鉴于宪法第 37 条第 2 款保障被告人之证人询问权的宗旨，根据检察官面前笔录形成到提出证据请求之间出现的情况或者陈述者在国外等事由，时常根据该规定肯定检察官面前笔录的证据能力并作为事实认定的根据，是有待商榷的。"第二，"本案的场合，陈述者在国外的事由是由强制驱逐出境造成的。强制驱逐出境，是为了达成对出入境进行公正管理的行政目的，由入境管理局根据《出入境管理法》及《难民认定法》的规定在一定要件下强制驱逐外国人出境的行政处分。同作为国家机关的（1）检察官在明知该外国人被强制出境而无法在审判准备或者审判期日进行陈述的情况下有意对此情况加以利用的场合自不待言，（2）虽然法官或者法院已经作出了对该外国人进行证人询问的裁定而依然被强制遣返的场合等，从程序正义的观点出发认为对该外国人的检察官面前笔录提出证据请求有违公正时，不应当允许将其作为事实认定的证据"。第三，"（本案的场合）并不构成上述第一种事由，而且，本案中，根据辩护人的证据保全请求，法官对与上述 13 名泰国女性同时期被收容的另外 1 名泰国女性作出了证人询问的裁定，并进行了询问，辩护人针对上述 13 名泰国女性中的 1 人向法官提出了证据保全请求，但是请求时该名女性已经被强制遣返，另外 12 名女性在未提出证据保全请求的情况下被强制遣返。因此，对本案中检察官面前笔录进行证据请求，从程序正义的观点出发并不能认为欠缺公正性，将其用作事实认定的证据亦无问题"。

整体视角关注要件辐射范围。从条文表述上看，立法对于陈述不能要件的规定为典型的完全列举。而且，本项原本就是对传闻法则例外的规定，理应避免扩大解释。然而，判例与通说认为，第 321 条第 1 款各项是对原陈述不可再现且具有极高的使用必要性的传闻证据的规定，因此缺乏将陈述不能限定在法定事由的理由。[1] 从实务层面考察，至少下列情形被解释为"陈述不能"：证人有诸如外交特权等正当理由拒不出庭的；证人出庭但拒绝宣誓的；证人行使拒绝作证权；共同被告人行使沉默权的（判例 3-5）；证人丧失记忆的。[2] 就形式合法性而言，这些解释显然已经超出了立法条文的可能文义范围，构成对立法的僭越。就实质正当性而言，如此解释不仅与立法设置传闻法则的目的相悖，还会带来一系列的负面效果。首先，无论是拒绝出庭、拒绝作证、行使沉默权，均是陈述者的主动选择，与因客观原因而无法陈述的立法本意冲突。其次，因陈述者拒绝作证或者保持沉默而允许使用传闻证据，很有可能磨灭拒绝作证权、沉默权的存在空间与利用价值。最后，这些判例等于在陈述不能这一闭合式要件上撕开了口子，给新的违法解释的出现创造了空间。

判例 3-5：陈述不能（東京高判平 22·5·27 高刑集 63·1·8）

事实概要：被告人因在与共犯者 A 共谋的基础上，杀害了被害人并将被害人尸体予以遗弃的事实被提起公诉。本案虽然发生在裁判员裁判制度实施以前，但是原审法院将本案交付了审判前整理程序，在对争点与证据进行整理的基础上，制定了为期两个月的审理计划，并确定了七次开庭审理的具体时间。检察官以"杀人及尸体遗弃的共谋情况、犯罪行为情况"为立证趣旨请求对共犯者 A 进行证人询问。共犯者 A 在第四次开庭审理时出庭，虽然进

---

〔1〕　参见最高裁判所判决昭 27·4·9 刑集 6·4·584.

〔2〕　参见東京高判昭 50·3·6 東高時報 26·3·59、東京高判昭 63·11·10 判夕 693·246、最決昭 44·12·4 刑集 23·12·1546、札幌高判昭 25·7·10 高刑集 3·2·303、最決昭 29·7·29 刑集 8·7·1217.

行了宣誓，但是仅陈述了自己未参与杀人的主张并回答了极少一部分询问。对于大部分询问，共犯者 A 以自己作为本案的共犯被起诉并在自己案件的审判中对杀人事实予以否认、不想让自己的证言成为对自己不利益的证据为理由拒绝提供证言。检察官在第四次法庭审理中，将共犯者 A 的检察官面前笔录作为《刑事诉讼法》第 321 条第 1 款第 2 项规定的文书请求进行证据调查，原审法院在第六次法庭审理时采信了该笔录。

判决要旨：根据日本最高法院的判例（最高裁判所判决昭 27·4·9 刑集 6·4·584），在证人拒绝作证的场合，根据《刑事诉讼法》第 321 条第 1 款第 2 项的规定可以采用该证人的检察官面前笔录。"但是，该项前段规定的陈述不能要件，以因证人询问不可能或者困难而作为例外使用传闻证据的必要性为前提，并非是指一时的陈述不能，而意在强调这种状态应当具有相当程度的持续性。在证人拒绝提供证言的场合，证人拒绝罪证的立场很坚决，即使改变期日、考虑询问场所和方法，也难以使证人改变立场提供证言时，符合陈述不能的要件。当然，即使改换期日有可能获得证人证言，但同样要考虑迅速审判的要求，并统合考虑案件的内容、证人的重要性、对审理计划造成的影响、拒绝证言的理由及态度，进而对是否构成陈述不能作出判断"。"在本案中，A 只不过是由于自身案件正在审理当中，经与辩护人商量，现阶段拒绝提供证言，……在合理期间内放弃拒绝作证的理由，并提供证言的可能性是很高的"。"原判决，将 A 在自己案件的法庭审理终结后提供证言的意思不明确作为陈述不能的理由之一。但是，陈述不能的举证责任由检察官承担，A 的证言意思也即拒绝证言的意思表示不明确时，应当催促对此进行立证"。

在本案的审判前整理程序中，检察官在对侦查报告书等请求证据调查时，已经对 A 不会提供证言的考虑进行了释明。原审应当对 A 拒绝提供证言有所预判，并"要求检察官对 A 拒绝提供证言的理由进行释明，在确认对 A 的审理计划的基础上，弄清楚 A 拒绝提供证言的可能性最低的时期，并采取灵活的应对措施，然而，原审在未采取上述措施的情况确定了审理计划"。"合并考虑本案是杀人与遗弃尸体的重大案件、被告人全面否认罪行、A 作为共犯者是极为重要的证人等情况，虽然经过了审判前整理程序，但是在 A 只是因为上述理由暂时拒绝提供证言的情形下，直接根据刑诉法第 321 条第 1 款第 2

项的规定采用检察官面前笔录，并以此为基础作出有罪认定的原审及原审判决构成诉讼程序违反法令。"

4. 一般性陈述代用文书。一般性陈述代用文书，是指除法官面前笔录、检察官面前笔录之外的所有陈述书、陈述笔录。此类文书大体分为三类：司法警察面前笔录、被告人以外之人的陈述书、程序性文书。

首先，司法警察面前笔录。根据同款第 3 项的规定，此类笔录在同时具备陈述不能、不可欠缺性、绝对可信性三项要件（一般性陈述代用文书的通用要件）时可以作为证据使用。陈述不能前文已述，不再赘言。所谓不可欠缺性，也即"该陈述对于查明犯罪事实是否存在必不可少"，是指"在犯罪事实的证明上不存在与该陈述同种属性、同等价值的其他合法证据"。[1]例如，东京高等法院认为，与被害人陈述相比，共犯的陈述笔录具有不可欠缺性。[2]所谓绝对可信性，是指该陈述是在特别可以信赖的情况下作出的。一项陈述是否具有绝对可信性需要结合具体情况加以判断。学说上，被认为具有绝对可信性的陈述有临终陈述、无利害关系的目击证人的即时陈述、以不利益事项为内容的陈述、条理清楚的自然陈述及外国法院受托制作的询问笔录等。[3]司法判例则肯定了以下文书的证据能力：记录每次交易情况的备忘录、[4]基于国际侦查协助于美国经告知沉默权、伪证罪制裁并在公证人在场的条件下形成的陈述书、[5]记载在韩国法院被起诉的共犯者在任意性得到保障的程序中所作陈述的韩国审判笔录、[6]中国侦查机关基于国际侦查协助请求在对沉默权进行实质性告知的情况对共犯者进行讯问所得陈述的笔录（判例3-6）。

〔1〕　〔日〕石井一正：《刑事実務証拠法（第 5 版）》，日本判例タイムズ社 2011 年版，第 174 页。
〔2〕　参见東京高判昭 29・7・24 高刑集 7・7・1105.
〔3〕　参见大阪高判昭 26・2・24 判特報 23・34、東京地判平 7・9・29 判夕 920・259、最決平 12・10・31 刑集 54・8・735.
〔4〕　参见最高裁判所判决昭 31・3・27 刑集 10・3・387.
〔5〕　参见最決平 12・10・31 刑集 54・8・735.
〔6〕　参见最決平 15・11・26 刑集 57・10・1057.

判例 3-6：基于国际侦查协助请求制作的陈述笔录（最判平 23・10・20 刑集 65・7・999）

事实概要： 被告人为中国留学生，与另外两名中国人共犯合谋之后，闯入被害人家中，将被害人一家四口全部杀害并将尸体扔进海中。随后，被告人因涉嫌侵入住宅、抢劫杀人、遗弃尸体罪被提起公诉。由于两名共犯者在中国处于审前羁押状态，日本警察为得到两人的陈述而发出国际侦查协助请求。接受该请求的中国当局，在日本警察官和检察官在场的情况下对两名共犯者进行了讯问，制作了陈述笔录并转交日方。两名共犯陈述笔录的证据能力成为问题。第一审法院以中国侦查机关进行的询问并未违反刑诉法的理念、上述陈述笔录具有《刑事诉讼法》第 321 条第 1 款第 3 项规定的特信性为理由，根据该项规定将上述陈述笔录采纳为证据，并判处被告人有罪。控诉审维持了原判断，被告人因此提出上告。日本最高法院在作出如下职权判断的基础上驳回了被告人的上告

判决要旨： "上述陈述笔录等，是基于国际侦查协助制作而成，……可以认为是为证明犯罪事实不可缺少的证据，中国侦查机关收到了日本侦查机关对两人进行讯问等请求，在讯问时，对两人进行了实质性的沉默权告知，而且，在讯问过程中并没有对二人施加肉体与精神的强制。对此，原判决和第一审判决均予以确认。以上述两份判决认定的本案具体事实关系为前提，根据刑诉法第 321 条第 1 款第 3 项的规定采用上述陈述笔录的第一审处理并无错误"。

其次，被害申报书、控告状。被害申报书是被害人对因犯罪所遭受的损害情况的报告，应当根据本项规定对其证据能力进行判断。[1]控告信、检举信因包含对犯罪事实的陈述，在用以证明该犯罪事实时为传闻证据，同样应当根据本项规定进行证据能力判断。但是，如果仅表达对该事件的意见或者主张，该控告信、检举信为意见证据，不得作为认定案件事实的根据。此外，根据法律，对于亲告罪案件中告诉、控告这一诉讼条件事实的证明为自由证明。因此，控告信、检举信被用以证明此事实时可以直接作为证据使用。

最后，程序性文书。程序性文书是指在侦查过程中侦查人员记录相关侦查行为的文书，以逮捕程序书、搜查扣押笔录、侦查报告书为代表。此类文

---

〔1〕 参见札幌高判昭 24・9・16 高刑集 2・2・156.

书在用以证明犯罪事实存在的场合，为被告人以外之人的陈述代用文书，应当根据本项规定对其证据能力进行判断。但是，此类文书在用以证明诸如程序合法等程序性事实时，可以直接作为证据。

5. 勘验笔录

《刑事诉讼法》第 321 条第 2 款、第 3 款规定了两类勘验笔录的证据能力：一为记载法院（法官）勘验结果的勘验笔录。根据该条第 2 款后段的规定，此种勘验笔录无条件具有证据能力。理由有三：一为当事人具有在场权（法 113、142）；二为当事人具有相当于反对询问的检验机会；三为报告勘验结果的是公平的法院或者法官，内容具有特信性。[1]二为记载检察官、检察事务官、司法警察职员勘验结果的勘验笔录。根据该条第 3 款的规定，该陈述者（勘验人）"在法庭审理时作为证人接受询问，并陈述该文书制作为真实时，不受第一款规定的限制，可以作为证据"。这种勘验笔录不仅包括记载通过强制手段进行勘验所得结果的笔录，还包括实况勘察笔录（实况见分調書）（判例 3-7）。[2]勘验笔录所添附的照片、图纸[3]及在嫌疑人不在场的情形下制作的现场示意图，[4]作为勘验笔录的一部分而具有证据能力。勘验笔录中添附的现场照片不需要署名。所谓"陈述该文书制作为真实"时勘验笔录方具有证据能力，意味着勘验人不仅要提供勘验笔录或者实况勘验笔录并非伪造、对勘验或者实况勘验的结果进行了准确记录的证言，而且该证言经受住了反对询问的考验之后，勘验笔录才具有信用性保障而获得证据能力。[5]

判例 3-7：记录犯行等再现结果的实况勘察笔录（最决平 17·9·27 刑集 59·7·753）

事实概要：在电车内痴汉案件的第一审法庭审理中，检察官以被害人再现状况为立证趣旨，请求对侦查阶段记录被害人再现被害状况的实况勘察笔录（本案实况勘察笔录），以犯行再现状况为立证趣旨请求对侦查机关记录被

---

〔1〕 参见［日］安西温：《刑事訴訟法（下）》，日本警察时报社 2013 年版，第 436 页。
〔2〕 参见最高裁判所判决昭 35·9·8 刑集 14·11·1437.
〔3〕 参见福冈高判昭 25·3·27 判特报 10·101.
〔4〕 参见東京高判昭 44·6·25 高刑集 22·3·392.
〔5〕 参见［日］安西温：《刑事訴訟法（下）》，日本警察时报社 2013 年版，第 437 页。

告人再现犯行状况的照片摄影报告书（本案照片摄影报告书）进行证据调查。本案实况勘察笔录，记录了被害人再现被害的相关内容，添附了根据被害人的说明所拍摄的反映姿势、动作的照片，并在最后的说明中记录了被害人的陈述。本案照片摄影报告书，记录了被害人对事实的承认以及再现犯罪行为的状况。被告方在审理中主张无罪，并不同意将上述两份书证作为证据。法院在对制作该两份书证的警察官进行证人询问之后采信了该两份证据（法321）。第一审法院作出了有罪判决（罚金40万），原审法院驳回了被告方的控诉。辩护人提出上告。

裁定要旨："第一审判决，在证据目录栏中对该两份书证进行了记载，并将其作为有罪认定的证据。……本案两份书证是对侦查官以明确被害人、嫌疑人的陈述内容为主要目的而让其再现被害、犯行状况之结果的记录，立证趣旨虽然是'被害再现状况''犯行再现状况'，但是本质上与再现的犯行相同的犯罪事实存在是为要证事实。以此为内容的实况勘察笔录、照片摄影报告书等的证据能力，在不存在刑诉法第326条规定的同意的场合下，满足同法第321条第3款所规定的要件是必要的。对于记录再现者陈述的部分与照片，再现者为被告人以外之人的，应当满足同法第321条第1款第2、3项所规定的要件；再现者为被告人的，应当满足同法第322条第1款所规定的要件。另外，对于照片，由于摄像、显像等记录过程由机械操作进行，因此并不需要再现者进行签名盖章。本案两份书证虽然均满足了刑诉法第321条第3款规定的要件，但是各再现者的陈述部分，均没有再现者的签名盖章，因此即使不对其他要件进行检讨也可认定其没有证据能力。另外，本案照片摄影报告书中的照片，由于记录中已经明确被告人系任意进行犯罪行为再现，具有证据能力。本案实况勘察笔录中的照片，除了签名盖章外由于未满足刑诉法第321条第1款第3项所规定的要件，因而不具有证据能力（第一审法院、原审法院的诉讼程序中，将本案两份书证之当做证据构成违法，但并未对裁判结论产生影响）。"

在实务上，勘验笔录记录在场参考人或者犯罪嫌疑人发言（指示说明）的情形较为普遍。从性质上看，指示说明是明确勘验事项的必要手段，且仅限与勘验或者实况勘验对象直接关联的事项（例如"X就是在这个地方杀害了Y，这是当时留下的血迹"的指示说明），对其予以记载与勘验或者实况勘验结果的记载并无二致，应当视为与勘验笔录具有一体性的内容，在与勘验笔录相同的条件下可以作为证据使用。[1]但是，勘验笔录中记载的超过上述限度的陈述，则不能作为勘验笔录的一部分。对于被告人为此种陈述的，在法院（法官）进行勘验的场合，应当根据《刑事诉讼法》第 322 条第 2 款的规定；[2]在侦查机关进行勘验（实况勘察）的场合，应当根据《刑事诉讼法》第 322 条第 1 款的规定，进行证据能力判断。被告人以外之人为此种陈述的，在法院（法官）进行勘验的场合，应当根据《刑事诉讼法》第 321 条第 1 款第 1 项或者第 2 项前段的规定；在侦查机关进行勘验（实况勘察）的场合，应当根据《刑事诉讼法》第 321 条第 1 款第 2 项或者第 3 项的规定，进行证据能力判断。

6. 鉴定书

《刑事诉讼法》第 321 条第 4 款规定："鉴定人制作的记载鉴定过程及结果的文书，依前款规定"。也即，鉴定人在法庭上作为证人接受询问，并陈述该文书制作为真实时，鉴定书可以作为证据。之所以如此规定，是因为：一方面，鉴定书由专业人员基于客观立场出具；另一方面，与口头陈述相比，书面文件更容易传递严密的信息。[3]一般认为，本款规定的鉴定书，是指接受法院或者法官鉴定命令的鉴定人制作的正规鉴定书。问题在于：接受侦查机关委托的鉴定受托人制作的鉴定书是否包含其中。在前者的情况下，鉴定人的能力、适当性经过法院的公正审查且在宣誓的基础上进行鉴定，因而鉴定书具有高度的信用性情况保障。在后者的情况下，作为诉讼一方当事人之辅助者的鉴定人无需宣誓即可进行鉴定，因此信用性的情况保障未必充足。就此而言，二者似乎不应被同等对待。然而，即使是委托鉴定人，当他在法庭上作为证人陈述鉴定书制作为真实时，当事人或者法官具有对其鉴定能力、适当性、公正性等进行审查的机会，而且可以借此斟酌鉴定过程和结果的信用性。因此，与正规的鉴定书在相同要件下作为证据并无不合理之处。日本最高法院同样认可对于接受侦查机关委托的鉴定人所制作的鉴定书适用《刑

---

[1] 参见最高裁判所判决昭 36·5·26 刑集 15·5·893.
[2] 参见福冈高判昭 26·10·18 高刑集 4·12·1611.
[3] 参见［日］後藤昭、白取祐司编：《新·コンメンタール刑事訴訟法（第 2 版）》，日本評論社 2013 年版，第 876 页。

事诉讼法》第 321 条第 4 款的实务操作。[1]在实务中，适用本款的鉴定书包括笔迹鉴定书[2]、车辆速度测定装置精度确认书[3]、医生诊断书[4]、足迹鉴定书[5]、声纹鉴定书[6]、具有特别学识和经验的公司职员（原消防员）制作的"燃烧实验报告书"（判例 3-8），等等。

判例 3-8：私人制作的燃烧实验报告书（最决平 20·8·27 刑集 62·7·2702）

事实概要：被告人在自己担任董事长的公司店铺中放火并将店铺烧毁，以骗取保险公司的火灾保险金（未遂）。之后，被告人因在非现住建筑物等放火与欺诈未遂的事实被提起公诉。被告人对参与放火的事实予以否认。民间调查公司的代表人 A 接受委托实施了燃烧试验，并制作了燃烧实验报告书。在第一审审理过程中，检察官将该燃烧实验报告书作为推定被告人参与的间接事实证据请求进行证据调查。由于辩护人发表了不同意的意见，检察官随即改为请求对该报告书的抄本（客观记载实验结果的内容）进行证据调查。第一审法院对该抄本予以采信，并将其作为事实认定的基础作出有罪判决。被告人提出控诉，主张将私人作成的本案报告书当做《刑事诉讼法》第 321 条第 3 款所规定的文书的第一审判决构成诉讼程序违反法令。原审维持了第一审的判断。对此，被告人提出上告。日本最高法院在驳回上告的同时，依职权作出了如下判示。

裁定要旨："根据记录，在本案第一审法庭审理中，与本案非现住建造物等放火之火灾原因相关的'燃烧试验报告书'的抄本（……以下称'本案报告书抄本'）"，是在对制作者进行证人询问之后，根据同法（刑诉法）第 321 条第 3 款予以采用的，该制作者为私人的事实是明确的。原审判决基于以下理由认为本案报告书抄本，具有相当于侦查机关实况调查的客观性、专业

---

[1] 参见最高裁判所判决昭 28·10·15 刑集 7·10·1934.

[2] 参见最决昭 41·2·21 判时 450·60.

[3] 参见東京高判昭 52·1·26 東高時報 28·1·5.

[4] 参见最高裁判所判决昭 32·7·25 刑集 11·7·2025.

[5] 参见東京高判昭 59·4·16 判时 1140·152.

[6] 参见東京高判昭 55·2·1 判时 960·8.

性，因此准用同一款规定肯定其证据能力是适当的：本案报告书抄本，是对多次进行火灾原因调查的公司，在接受福冈县消防学校的委托进行了燃烧实验，并将以此为基础的观察结果进行的报告；实际负责实验者具有 15 年的消防员勤务经验，总计进行了大约 20 年的火灾原因调查并具有相当判断能力。但是，同款规定的文书制作主体为'检察官、检察事务官或者司法警察职员'，对照相关规定的文言及立法目的可知，本案报告书抄本这种私人作成的文书无法适用同款的规定。在这一点上，原判断存在明显的法令解释与适用的错误。但是，根据上述证人询问的结果可知，报告书制作者具有调查、判定火灾的特别学识经验，本案报告书抄本系对制作者根据相关的学识经验进行燃烧试验及分析结果的报告，而且制作的真实性已经得到了立证。综上，本案报告书抄本应当作为同法第 321 条第 4 款规定的文书并根据该款规定具有证据能力；前述法令违反并未对判决产生影响。"

7. 证人询问录音录像记录媒体

《刑事诉讼法》第 321 条之 2 针对记录以同法第 157 条之 6 第 1 款、第 2 款规定的视频方式进行的证人询问情况的记录媒体（录音录像资料）设置了特殊规定。如果无此规定，包含此种记录媒体的证人询问笔录，应当适用《刑事诉讼法》第 321 条第 1 款第 1 项之规定进行证据能力判断。但是，为了减轻证人多次、反复作证的负担，也由于录音录像资料比书面记录包含更为丰富的信息，本条针对包含上述记录媒体的询问笔录，设置了较为缓和的证据能力要件。通常情况下，在进行宣誓后所作的陈述本身，即是将其作为传闻例外的理由之一。[1]

本条的适用对象，是在其他案件中根据《刑事诉讼法》第 157 条之 6 第 1 款、第 2 款的规定对证人询问进行录音录像并将该记录媒体作为一部分内容的询问笔录。对于在同一被告案件的法庭审理或者审判准备程序形成的询问笔录，不适用本条的规定，而应当适用《刑事诉讼法》第 321 条第 2 款的规定，无条件具有证据能力。

根据本条规定，包含记录媒体的询问笔录，无需具备陈述不能等要件即

---

〔1〕 ［日］後藤昭、白取祐司編：《新・コンメンタール刑事訴訟法（第 2 版）》，日本評論社 2013 年版，第 878 页。

可构成传闻例外。但是，法院在对该询问笔录进行调查后，应当给予诉讼关系人对陈述者进行询问的机会。在此场合，根据《刑事诉讼法》第295条第1款及本条第3款的规定，不得对已经记录的证言进行重复询问。因此，与一般情形下的证人询问相比，此时的证人询问相对简单、询问内容也比较集中，但是证人询问程序本身不能省略。在无法给予这种附加证人询问机会的场合，应当根据《刑事诉讼法》第321条第1款第1项进行证据能力判断。根据《刑事诉讼法》第305条第4款及本条第2款的规定，对于适用本条第1款规定的证人询问笔录，应当通过播放录音录像的方式进行证据调查。对于已经采取上述方法进行证据调查的场合，根据本条第3款的规定，证人询问笔录视为在被告案件的法庭审理中形成的。在同一人作出与录音录像中所记录的陈述内容不同之陈述的场合，可能构成《刑事诉讼法》第321条第1款第1项后段或者第1款第2项后段规定的传闻例外。

（二）被告人的陈述代用文书

《刑事诉讼法》第322条第1款对被告人书写的陈述书与记录被告人陈述的文书之证据能力进行了规定。一般而言，本款调整的对象是被告人陈述文书，只要是该当被告案件的法庭审理中被告人的陈述即可，对于陈述时间及当时（诉讼）身份、陈述相对方或者陈述形式在所不问。典型的例子是被告人在侦查阶段作为该当案件的嫌疑人接受讯问时形成的陈述笔录。除此之外，以参考人身份所作的陈述，作为其他案件的被告人、嫌疑人、证人、参考人所作的陈述，对辩护人或其他人所作的陈述，均构成本款规定的被告人陈述。被告人本人所书写的信件、日记、备忘录（メモ）等，亦构成本款规定的被告人陈述书。根据本款规定，在以下两种情形下，被告人的陈述书或者陈述笔录具有证据能力：一为陈述书或者陈述笔录的内容为被告人对不利益事实的承认的；二为陈述书或者陈述笔录是在特别值得信赖的情况下作出的。无论哪种情形，陈述笔录均应当有被告人签名、盖章。

第一，承认不利益事实的场合。被告人对不利益事实的承认，除自白（对犯罪事实的承认）外，还包括对作为认定犯罪事实基础的间接事实的陈述（例如，否认犯罪行为但是承认去过犯罪现场的陈述）。所谓不利益，意味着与该当被告案件的犯罪事实存在与否的认定有关联性的、对被告人不利益的全部或者部分事实,[1]而不包括单纯量刑上的不利事实和与刑事责任无关的民事责任事实。《刑事诉讼法》第 322 条但书对于此类文书设置了任意性要件，即 "适用第 319 条的规定，怀疑该承认不是任意作出的，不得作为证据"。由此，自白法则被扩大适用到了被告人庭外陈述中所有对不利益事实的承认之上。以承认不利益事实为内容的被告人庭外陈述，只要满足任意性要件即具有证据能力。

立法如此规定的理由有二：其一，在此种场合下，无需考虑对反对询问权的保障。毕竟被告人对自身进行反对询问不合常理，而且与传闻法则的立法目的不相符合；其二，从经验法则的角度考量，此种类型的陈述具有很高的信用性。一般情况下，人不会违背客观事实而承认在刑事责任上对自己不利益的事实。[2]然而，作为传闻法则基础的法庭询问程序的构成要素，不仅仅包含对方当事人进行反对询问的机会，还包括事实认定者对陈述者的态度、表情等进行观察等内容。就此而言，第一种理由在正当性上是存在问题的，至少是不全面的。

第二，具备特信性的场合。对于不构成承认的陈述，即以对被告人有利的事实为内容的陈述或者以对犯罪事实的认定不具影响的中立性事实为内容的陈述，只有在满足特信性要件的情况下才具有证据能力。

《刑事诉讼法》第 322 条第 2 款针对记录被告人在审判准备或者法庭审理程序中陈述的文书设置了特殊规定，也即不论其是否有利于被告人，只要该陈述系任意作出的，无需满足其他要件（亦不要求被告人签名、盖章），陈述笔录即具有证据能力。司法经验表明，被告人在审判准备或者庭审之上的陈述缺乏任意性的情况极其少见，立法基本上等于无条件承认了此项传闻例外。[3]需要注意的是，本款所规定的审判准备、法庭审理仅限于该当被告案件。

（三）特信性文书

《刑事诉讼法》第 324 条无条件地承认了形成过程值得特别信赖且制作者

---

〔1〕　最决昭 32·9·3 刑集 11·9·2403.

〔2〕　［日］宇藤崇、松田岳士、堀江慎司：《刑事訴訟法（第 2 版）》，日本有斐閣 2018 年版，第 401 页。

〔3〕　［日］後藤昭：《伝聞法則に強くなる》，日本評論社 2019 年版，第 111 页。

接受传讯事实上不能、困难、不妥的书面材料的证据能力。根据该条的规定，特信性文书分为三类：其一，公务文书。所谓公务文书是指公务员（不限国别）就其履行职务上可以证明的事实所制作的书面材料。公务文书应当具备两项基本特征；公务员在履行职务过程中制作的；以公务证明为目的。[1]除了户籍副本、公证书副本之外，公务文书还包括户口抄本、居住证明、身份证、公证证书摘录誊本、不动产登记簿誊（抄）本、印章证明书、商业登记簿誊（抄本）、前科记录[2]、指纹书面答复[3]等书面材料。其二，业务文书。业务文书是指在通常的业务过程中所形成的能够确保记载准确性的书面材料。例如商业账簿、航海日志、病历、商人在被怀疑犯罪之前记录贸易关系的备忘录[4]等书面材料。对是否为"在通常的业务过程中"形成，可以结合该书面的形式、内容以及制作者证言等资料进行判断。[5]其三，其他在特别可以信赖的情形下形成的书面材料。日本最高法院将此解释为：在制作和内容上与公务文书、业务文书具有同等程度正确性而可以信赖的书面材料，[6]以被广泛使用的人名簿、数表、年表、学术著作、家谱为代表。[7]

另外，还有两类书面材料值得关注：一是日记、书信、备忘录（判例3-9）。对于日记而言，在具备与航海日志同等程度信用性的场合下，可以依据本条规定承认其证据能力；除此之外应当根据《刑事诉讼法》第321条第1款的规定进行判断。对于书信而言，以从书写过程、形式、内容上考量具有高度信用性的场合为限，可以作为第三类特信性文书肯定其证据能力。[8]至于备忘录，事实认定者必须对其特信性进行实质判断。备忘录只有同时满足陈述内容为制作者亲身经历、在印象鲜明的情况下书写、记录内容正确三项条件时，方可作为第三类特信性文书。否则，同样应当根据《刑事诉讼法》第321条第1款的规定处理。另外，一般认为，侦查机关在侦查过程中制作

---

〔1〕 [日] 安西温：《刑事訴訟法（下）》，日本警察時報社2013年版，第456页。

〔2〕 名古屋高判昭25·11·4判决特报14·78.

〔3〕 大阪高判昭24·10·21判决特报1·279.

〔4〕 最决昭32·11·2刑集11·12·3047.

〔5〕 最决昭61·3·3刑集40·2·175.

〔6〕 最高裁判所判决昭31·3·27刑集10·3·387.

〔7〕 [日] 三井誠、酒卷匡：《入門刑事手続法（第6版）》，日本有斐閣2014年版，第246页。

〔8〕 最高裁判所判决昭29·12·2刑集8·12·1923.

的书面材料，例如逮捕程序文书、搜查扣押笔录、查封笔录、侦查报告，并非本条规定的特信性文书。[1]

判例 3-9：特信性文书（東京地決昭 53·6·29 判時 893·3）

事实概要：被告人因涉嫌违反所得税法、外汇及外贸管理法（当时）的犯罪而被起诉。本裁定是该被告人案件中的证据裁定之一。在本案中，存在争议的书证有三：一为银行分行副行长 A，在每天营业结束后对当天的业务要点进行客观、分条记录并将其作为自身业务资料一部分的日志；二为该银行分行行长 B，记载私生活事项、主观的感想与意见等，并非用作业务资料而只是方便自己回忆的日记；三为拥有护岸用六角水泥预制板特别许可的公司设计部员工 C，基于私人委托，对护岸工事所需要的预制板重量、个数进行计算所形成的预算书。本裁定认可了第一份证据的证据能力，而否定了后两份证据的证据能力。

裁定要旨："法第 320 条第 1 款原则性否定了被告人以外之人的陈述代用书面（陈述书以及记录该人陈述的文书）的证据能力。法第 321 条以下对例外情形进行了规定。例外情形的最基本形态是法第 321 条第 1 款第 3 项规定的文书。作为特殊规定，同款第 1、2 项，同条第 2 款至第 4 款、第 323 条针对各自规定的文书，根据制作时的情况以及文书自身的性质，设置了渐次缓和的证据能力要件（并非与条文排列顺序一致）。法第 323 条各项规定的书面，……被无条件地肯定了证据能力。综合考虑各种事项，本条第 3 项之'除前两项的情形外，其他在特别值得信赖的情况下形成的文书'应当理解为从制作时的状况及文书自身的性质考量具有与前两项所列文书具有同等程度之信用性情况保障的文书。"根据 A 的陈述，该日志是银行副行长的个人备忘录，因而难以构成《刑事诉讼法》第 323 条第 2 项规定的业务过程文书。但是，该日志"从制作目的、制作方法上考虑，混入错误的空间是非常小的，具有高度的信用性。……抛开个人目的（但并非私生活事项而是业务上的内容）作成而不具有公开性这一点，……应当认为其具有与业务过程文书相同的高度信用性的情况保障，因此构成法第 323 条第 3 项规定的'在特别值得信赖

---

[1]　[日]小林充：《刑并事訴訟法（第 5 版）》，日本立花書房 2015 年版，第 259 页。

的情况下形成的文书'"。本案的日记,是 B "为方便个人记忆所进行的记载,不具有作为行长进行业务记载的性质,……该记述混杂着日语、中文、俄语,……而且主要是有关私生活的事项和主观感受、意见……,无论如何也无法认为其具有与法第 323 条第 1 项、第 2 项所规定文书相同的性质"。本案的预算书具有鉴定书的性质,"但是,并非所有具有鉴定书性质的文书,均构成法第 321 条第 4 款规定的文书,……基于私人委托所形成的文书(即不包含在内)……法第 323 条第 3 项所规定的文书,应当理解为具有比法第 321 条第 4 款所规定的鉴定书更高的信用性情况保障的文书。本案的预算书,…不仅不符合法第 321 条第 3 款规定的鉴定书的要件,也不构成法第 323 条第 3 项所规定的文书"。

三、传闻陈述

传闻陈述是指以审判外陈述为内容的当庭陈述。以陈述主体为标准,传闻陈述分为被告人陈述与被告人以外之人陈述。对于被告人以外之人的传闻陈述,根据《刑事诉讼法》第 324 条的规定,以被告人陈述为内容的,适用第 332 条第 1 款的规定;以被告人以外之人陈述为内容的,适用第 321 条第 1 款第 3 项规定。对于被告人的传闻陈述,法无明文规定,通说主张应当参照本条的规定处理:原陈述者为被告人本人的,适用第 322 条的规定;原陈述者为其他人的,适用第 312 条第 1 款第 3 项的规定。[1]

在传闻陈述中,再传闻的证据能力问题有待厘清。所谓再传闻,言指传闻陈述所引用的他人庭外陈述亦为传闻陈述。通说与判例对此持相同立场:对再传闻的每个陈述过程进行分析,只要具备法定要件,可以承认再传闻的证据能力(判例 3-10)。笔者认为,在现行法下以否定其证据能力为宜:首先,从形式合法性角度考量,除了检察官笔录等陈述笔录外,立法并未针对再传闻作出任何规定,如此解释于法无据;其次,从立法目的考量,传闻例外的设置不代表立法将传闻证据与当庭陈述等同视之,也非允许对例外要件的机械、反复适用;[2]再次,从证据属性考量,由于包含两个以上的陈述过

---

〔1〕[日]後藤昭、白取祐司編:《新·コンメンタール刑事訴訟法(第 2 版)》,日本評論社 2013 年版,第 887 页。

〔2〕[日]岩下雅充等:《刑事訴訟法教室》,日本法律文化社 2013 年版,第 241 页。

程，再传闻出现虚假的可能性非常高并且无法通过例外规定的叠加适用完全消除。[1]

判例 3-10：再传闻的证据能力（最高裁判所判决昭 32·1·22 刑集 11·1·103）

事实概要： 本案存在以抢劫杀人未遂为主的复数诉因，但是再传闻的判旨主要针对现住建筑物放火未遂的事实，也即被告人 X、Y 与其他 4 人合谋向 A 地点投掷燃烧瓶进行放火，Y 和其他 4 人前往 A 地点朝着防雨窗投掷了燃烧瓶并将防雨窗的一部分烧坏，但是由于火情立即被发现并被扑灭，防雨窗并未完全烧毁。第一审法院将 X 所作的以"我决定让 Y 他们去实施，但是我并未参与实施，第二天早上，听 Y 讲了 Y 与其他四人朝 A 地点投掷了燃烧瓶的事"为内容的检察官面前笔录作为认定事实的证据。被告方提出控诉，认为"向检察官作出的传闻事项的陈述，与针对审判期日陈述中的传闻有刑事诉讼法第 324 条的规定不同，并不存在直接肯定证据能力的规定"，并无证据能力，因此原判决将其作为证据构成违法。控诉审法院驳回了该主张，并作出了如下判示："存在刑事诉讼法第 321 条第 1 款各项规定的事由时，肯定该陈述笔录的证据能力，是指允许将代替审判准备或者审判日期陈述的文书作为证据。因此，根据刑事诉讼法第 321 条第 1 款第 2 项应当肯定证据能力的陈述笔录中针对传闻的陈述应当理解为与审判准备或者审判期日的陈述具有相同的证据能力。换言之，检察陈述笔录中的非传闻部分根据刑事诉讼法第 321 条第 1 款第 2 项决定证据能力，而对于传闻部分除该条外还应当类推适用第 324 条，进而根据该条适用同法第 322 条或者第 321 条第 1 款第 3 项判断证据能力的有无，以传闻为内容的陈述要比以非传闻为内容的陈述在证据能力上接受更为严格的限制，但是这并不意味着检察官面前笔录中的传闻内容一定无证据能力"；"对只是作为已经根据刑事诉讼法第 321 条肯定其证据能力的陈述笔录之一部分的传闻事项，进行反对询问并无任何实际意义，即使让被告人 Y 或其辩护人进行反对询问，由于被告人经常在原审法庭中在场，其一直具有在适当时期进行反对询问的机会，因此没有必要担心反对询问权无法

---

〔1〕　〔日〕白取祐司：《刑事訴訟法（第 8 版）》，日本評論社 2015 年版，第 431 页。

得到有效保障"。被告人提出上告。

判决要旨：日本最高法院对再传闻的判旨如下："根据原审对辩护人论旨的判断以及说明的理由，根据刑诉法第 321 条第 1 款第 2 项以及第 324 条肯定该陈述笔录中的所论部分的证据能力是正当的。而且，该法院判例的趣旨中已经明确，以被告人 X 的陈述笔录未经过反对询问为由，根据宪法第 37 条第 2 款规定不应允许其作为证据的主张并不成立"；"至于对该传闻陈述之原陈述者的反对询问权，该场合应当进行反对询问的是被告人 Y，而应当被反对询问的原陈述者同样是被告人 Y。因此，被告人 Y 并不具有宪法第 37 条第 2 款规定的对原陈述者的反对询问权。显然，不存在对该权利的侵害事实也是明确的（被告人 Y 完全可以通过任意的陈述对这一作为自白的陈述进行否定或者辩解，而这与对自己进行反对询问具有相同的效果）"。

四、传闻证据的相关问题

（一）任意性调查

根据《刑事诉讼法》第 325 条的规定，根据第 321 条至第 324 条规定可以作为证据的文书或者陈述，如果事先未对该文书中记载的陈述或者审判准备或法庭审理中所作陈述中包含的他人陈述是否系任意作出的情况进行调查，不得作为证据。日本最高法院对该条的含义、任意性调查的时期、与作为证据能力要件的任意性调查的区别作出了解释。[1] 根据判示，本条规定的目的在于通过对所列的文书或陈述进行任意性调查，尽可能防止对任意性程度低因而缺乏证明力、因非任意而欠缺证据能力或者证明力的文书或者陈述进行证据调查并形成不当的心证。也即，本条通过课以法院调查义务，要求在对证据证明力进行判断时应当考虑陈述的任意性。

从证明力角度考量，本条规定的任意性调查与被告人自白的任意性调查并不相同。以往，普遍将被告人自白的任意性调查作为本条规定的问题加以考虑。因此，有必要对二者加以明确区分。自白任意等作为证据能力要件的任意性调查，应当在证据裁定作出之前进行，根据《刑事诉讼法》第 321 条

---

[1] 最决昭 54·10·16 刑集 33·6·633.

至第 324 条的规定具有证据能力的证据，同样有必要适用《刑事诉讼法》第 325 条的规定进行任意性调查。当然，《刑事诉讼法》第 321 条至第 324 条规定的要件中直接或者间接与任意性相关的场合很多。在这些场合中，对前者规定要件的有无进行调查时可以合并对本条规定的任意性进行调查。因此，实务中，本条规定的任意性调查并无独自发挥功能的余地。如果要单独进行本条规定的任意性调查，这种调查不一定非得在对文书或陈述进行证据调查以前进行，也可以在证据调查结束后的证明力评价环节进行（判例 3-11）。

判例 3-11：任意性调查的时期（最决昭 54·10·16 刑集 33·6·633）

事实概要：被告人在第一审中以违反公职选举法被判决有罪。被告人以该判决中作为证据的被告人陈述笔录未进行《刑事诉讼法》第 325 条规定的任意性调查为由，提出控诉。控诉审法院认为在证据调查之后再进行任意性调查亦可，而且原审进行了任意性调查，并以此为由驳回了控诉。被告人提出上告。日本最高法院在作出如下判示的基础上，肯定了控诉审的结论。

裁定要旨："刑诉法第 325 条的规定应当理解为，……对于根据同法第 321 条至第 324 条规定应当肯定其证据能力的文书或者陈述……尽可能防止将任意性程度低因而缺乏证明力或者无任意性而无证据能力或者证明力的文书或者陈述作为证据进行调查，而形成不当的心证。因此，……由于任意性与证据能力存在关联，通常情况下，在对该文书或者陈述进行证据调查之前，有必要对其证据能力连同任意性一并进行调查。但是，这并不意味着必须在证据调查之前进行，法院在对该文书或者陈述进行证据调查之后进行证明力评价时再进行任意性调查亦无不可。"

（二）同意文书

《刑事诉讼法》第 326 条规定，检察官和被告人同意作为证据的文书或者陈述，以考虑该文书制作或者陈述作出时的情况而认为适当时为限，不受第 321 条至第 325 条的限制，可以作为证据。在被告人不到场也能进行证据调查的场合，被告人不到场的，视为存在前款的同意。但是，代理人或者辩护人在场时，不在此限。由此可知，同意是当事人赋予根据《刑事诉讼法》第 321 条第 1 款第 1 项规定不得作为证据之传闻证据以证据能力的极为重要的诉讼行为。当然，当事人同意并不能直接赋予传闻证据以证据能力，还必须同时满足"认为适当"的要件。司法实务中，法院时常对控辩双方表示同意的传闻证据作出欠缺适当性要件的判断。[1]

1. 同意的法律性质

同意的法律性质，意在明确在当事人同意的情况下传闻证据可以作为证据的根据。对此有两种不同的观点：一为反对询问权放弃说（通说）。该观点认为，当事人同意意味着对反对询问权的放弃。理由在于：传闻法则是指排斥未经反对询问的言词证据，只有在《刑事诉讼法》第 321 条至第 325 条规定的要件下作为例外承认传闻证据的证据能力。然而，反对询问权可以根据当事人意思予以放弃。在当事人放弃反对询问权时，自然可以将传闻证据作为证据。因此，《刑事诉讼法》第 326 条应当理解为：形式上是被告人对传闻证据作为证据的同意，实质上是对反对询问权的放弃。二为证据能力赋予说。该说认为，从当事人主义的角度考虑，当事人具有处分诉讼行为的权限。当事人对传闻证据的同意，是对传闻证据欠缺证据能力之责问权的放弃（处分权的行使）。因此，同意应当视为是当事人基于程序处分权而赋予传闻证据以证据能力的行为。

以上观点的差异主要体现在对两个问题的处理上：其一，被告方对检察官请求的传闻证据表示同意的场合，在该证据被调查之后，被告方是否可以为了争辩该证据的证明力而请求对原陈述者进行证人询问？根据反对询问权放弃说，既然放弃了放弃反对询问权，自然也就不允许提出证人询问请求，对证明力的争辩只能通过其他方式进行。根据证据能力赋予说，同意的功能在于赋予传闻证据以证据能力，因此为争辩该传闻证据的证明力而请求对陈述者进行询问并无不可。其二，在被同意的证据系违法收集证据的场合，当事人的同意是否包含对违法收集证据的同意？根据反对询问权放弃说，同意仅意味着反对询问权的放弃，对违法收集证据的同意则是另外的问题。根据证据能力赋予说，同意赋予证据能力的效果可以扩大适用于违法收集证据排除法则。[2]

---

〔1〕 最决昭 29·7·14 刑集 8·7·1078.

〔2〕 ［日］宇藤崇、松田岳士、堀江慎司：《刑事訴訟法（第 2 版）》，日本有斐閣 2018 年版，第 406 页。

2. 同意（不同意）的确认

对于同意文书，法院不仅无需考虑《刑事诉讼法》第 321 条至第 324 条所规定的证据能力要件，也不用进行《刑事诉讼法》第 325 条规定的任意性调查。[1]司法实务中，当事人会对请求调查的所有文书有无同意进行确认。对于未获得同意的文书，请求者通常会予以撤回并请求对原陈述者进行证人询问。由此，同意成为传闻法则例外的第一道"关口"，同意的确认也成为决定当事人尤其检察官立证方针的重要程序。在事前准备的阶段，当事人应当尽快作出同意、不同意的意思表示并通知对方当事人（规 178 之 6）。对于审前整理程序中的证据调查请求，在证据开示后，当事人应当明确同意、不同意的意见；法院可以确定明确意见的期限（法 316 之 16）。当然，只有在被请求的证据为传闻证据的场合，才需要向对方确认是否同意。作出适用简易审判程序或者即决裁判程序审理之裁定（法 291 之 2、350 之 22）的案件，由于不适用传闻法则，即使请求调查文书证据，也没有必要确认对方当事人是否同意。但是，被告人或者辩护人对证据提出异议的，传闻法则恢复适用，此时确认有无异议成为必要。

3. 同意的程序

同意程序的内容包括：其一，同意主体。根据法律，同意主体为检察官和被告人。在一方请求对传闻证据进行调查的场合，只需对方当事人同意。问题在于：辩护人是否有权作出同意的意思表示（判例 3-12）。实务上，辩护人基于特别授权，在不违反被告人明示意思表示的限度内，可以表示同意。[2]其二，同意对象。同意对象除了一般的传闻文书、传闻陈述（包括自白笔录）之外，还包括没有签字、盖章的陈述笔录。当事人也可以选择仅同意传闻文书的一部分。其三，同意形式。原则上，同意需要以明示的方式作出。但是，在请求证据调查时陈述无异议且在证据调查完毕后申明不请求调查反证的，视为同意。[3]就传闻陈述而言，在未提出异议且已经询问完证人的场合，只要不存在无法直接提出异议的特殊情况，视为默示同意。[4]同意

---

[1]　最决昭 26·6·7 刑集 5·7·1243.

[2]　最决昭 26·2·22 刑集 5·3·421.

[3]　最决昭 30·1·25 刑集 9·1·74.

[4]　最决昭 59·2·29 刑集 38·3·479.

以向法官作出为必要。其四，同意撤回。证据调查结束后，由于案件实体已经形成，不允许撤回同意。[1]在以错误为理由的场合，同样不允许撤回同意。[2]在法庭辩论终结之前，当事人可以撤回不同意的意见而表示同意。其五，同意效力。同意的效力仅存在于同意者与对方当事人之间，不涉及其他当事人。就传闻证据而言，同意仅赋予其证据能力，并非认可其证明力。因此，作出同意表示的当事人依然可以对证据的证明力进行争辩。同意的效力并不会因审判程序更新或者移送上诉法院而有所消减。[3]另外，诉因变更不会对被告方的同意效力产生影响，法院无需对同意或者不同意进行再次确认。

判例 3-12：辩护人对证据的同意（大阪高判平 8·11·12 判時 1603·151）

事实概要：被告人在接受警察官的职务质问时因兴奋剂持有罪而被作为现行犯逮捕。之后，被告人因兴奋剂自己使用罪及兴奋剂持有罪的公诉事实被提起公诉。在第一审的第一次法庭审理中，被告人作出了如下陈述："不存在使用兴奋剂的事实"，"虽然确实持有兴奋剂，但是并不知道它就是兴奋剂"。辩护人发表了相同的辩护意见，但是对检察官请求的证据全部表示同意。对于持有兴奋剂的事实，被告人辩称："在附近的公用电话亭中捡到了数张千元面值的纸币并将其放进自己的上衣口袋中，本案的兴奋剂就夹在折成两折的纸币中，在接受警察职务质问时才发现"。第一审法院对检察官请求的全部证据进行了证据调查，在对被告人进行质问的基础上，依据上述证据认定了全部公诉事实，并宣告被告人有罪。被告人以事实误认与量刑不当为由，提出控诉。

判决要旨：本判决陈述了以下内容，并依职权撤销了一审判决而自行作出有罪判决："在被告人否认公诉事实的场合，即使辩护人对检察官请求证据中的关系证据表示同意，对于导致被告人否认陈述的意旨变得毫无意义的证据，仅有辩护人的同意意见不能视为被告人对这些证据的同意"。"在本案中……对于持有兴奋剂的事实，被告人以当时未发现有兴奋剂为由予以争辩，对照上述辩解内容，以使被告人否认陈述的意旨变得毫无意义的证据，也即，……

---

〔1〕 大阪高判昭 63·9·92 判時 1314·152.

〔2〕 東京高判昭 47·3·22 判夕 278·393.

〔3〕 名古屋高判昭 25·7·29 判特報 11·97.

在与持有兴奋剂事实相关的证据中，用以证明被告人知道有兴奋剂的司法巡查作证的现行犯逮捕程序书……，对被告人进行现行犯逮捕的警察官 A 与 B 的检察官面前笔录，……不得因为辩护人的同意而视为被告人的同意，因此，原判决在未对被告人的意思进行确认的基础上，直接将这些证据作为同意证据进行证据调查并作为事实认定的资料，构成错误适用刑诉法第 326 条第 1 款规定的违法。""另外，被告人对自己使用兴奋剂的事实进行了否认，但是，考虑到其否认并未提出具体的主张，被告人表示同意的被告人尿液鉴定书在内的关系证据……，由于并不是使上述否认陈述的意旨变得无意义的证据，仅凭辩护人的同意意见而视为被告人同意，是合法、适当的。"

4. 拟制同意

《刑事诉讼法》第 326 条第 2 款规定了特定场合下的拟制同意。所谓拟制同意，是指在被告人不到场也能进行证据调查的场合，被告人不到场的，视为同意。之所以如此规定，原因有二：其一，拟制同意能够有效防止因被告人不到场所造成的诉讼障碍；其二，将被告人不到场视为已经作出同意的意思表示并无问题。但是，代理人或者辩护人在场时，需要向他们确认是否同意，而不得进行拟制同意。被告人不到场也能进行证据调查的场合，是指由于案件轻微、被告人放弃权利或者不到场不会给被告人带来显著的不利益而免除被告人到场义务的情形，即《刑事诉讼法》第 283 条、第 284 条、第 285 条、第 286 条之 2[1]规定的情形。问题在于：拟制同意能否适用于被告人无正当理由拒不到场、未经许可退庭或者因维护法庭秩序需要而被命令退出法庭的场合。有判例以同意是赋予传闻证据以证据能力的重要诉讼行为，因而

[1]《刑事诉讼法》第 283 条规定："被告人是法人的，可以让其代理人到场"；第 284 条规定："相当于 50 万日元（《刑法》、《关于处罚暴力行为等的法律》及《关于调整经济关系罚则的法律》规定之罪以外的犯罪，为 5 万日元）以下罚金或者科料的案件，被告人在审判期日不需要到场。但是，被告人可以让代理人到场"；第 285 条规定："（1）相当于拘役案件的被告人，在宣告判决的场合，应当于审判期日到场。在其他场合，法院认为被告人到场对保护其权利并不重要时，可以许可被告人在审理期日不到场。（2）相当于最高刑期 3 年以下惩役或禁锢或者超过 50 万日元（《刑法》、《关于处罚暴力行为等的法律》及《关于调整经济关系罚则的法律》规定之罪以外的犯罪，为 5 万日元）罚金的案件被告人，在进行第 291 条规定的程序及宣告判决的场合，应当在审理日期到场。在其他场合，依照前款后段之例处理"；第 286 条之 2 规定："在被告人不到场就不得开庭的场合，被逮捕的被告人，在审判期日被传唤，无正当理由而拒绝到场，由监管人员带送有显著困难时，即使被告人不到场，法院也可以进行该期日的审理程序"。

应当向法院作出积极的意思表示为理由，反对将拟制同意适用于前述场合。[1]从条文本意上讲，本款规定并非是对被告人之同意表示的推定，而是为了保障审判程序的顺利进行。毕竟，在被告人不到场的情况下，审判程序会因法官无法确认同意的有无而受到影响。有鉴于此，拟制同意适用于前述两种情形并无不当。对于被告人被命令退庭的场合，日本最高法院认为本款规定同样可以适用。[2]但是，被告人收到退庭命令本身即显示着被告人争辩的态度，适用拟制同意将造成对被告人意志的漠视，因而不应当适用《刑事诉讼法》第 326 条第 2 款的规定。

（三）合意文书

《刑事诉讼法》第 327 条规定，检察官和被告人或者辩护人在达成合意的基础上，将文书内容或者在法庭审理时到场所预计陈述的内容记载于文书并提出时，法院即使不对该文书或者陈述者进行调查，也可以将该文书作为证据。在此情况下，不妨碍对该文书的证明力进行争辩。与同意文书是在同意之前已经存在的书面材料不同，合意文书是在双方合意的基础上制作的新的书面材料。从内容上看，合意文书主要是对双方无争议的文书或者陈述内容的总结、简化。一般而言，合意文书只是证据的一种，并不具有将自身内容从证明对象中去除的功能，也无法约束法院的事实认定。然而，从现实层面考量，对陈述内容的真实性存在争议的当事人是不可能达成合意的。就此而言，合意文书在一定程度上也可以认为是对事实的合意。只要不存在特别的反对证据，法院对于该合意文书所揭示的事实可以进行认定。需要注意的是，合意文书不得作为自白的补强证据。[3]

---

〔1〕 東京高判昭 42·7·27 高刑集 20·4·513.

〔2〕 最決昭 53·6·28 刑集 32·4·724.

〔3〕 ［日］後藤昭、白取祐司編：《新·コンメンタール刑事訴訟法（第 3 版）》，日本評論社2018 年版，第 949 页。

第四章　违法收集证据排除法则

所谓证据禁止，是指"对于有关联性的证据，诸如违法收集的证据，在对其加以利用将损害程序公正的场合，或者有必要保护某种更为优先之利益的场合，禁止对其加以利用的原则"。[1]在日本刑事诉讼中，证据禁止主要针对两种证据：一为无任意性的自白。根据《刑事诉讼法》第319条的规定，被告人的自白或者对不利益事实的承认在欠缺任意性的场合不具有证据能力，不得作为证据使用。二为违法收集的证据。除欠缺任意性的自白外，如果证据收集程序（行为）存在重大违法，所获的证据同样不具有证据能力。在司法实务中，违法收集的证据主要是指违法收集的非言词证据（实物证据）。需

---

〔1〕〔日〕池田修、前田雅英：《刑事訴訟法講義（第5版）》，日本東京大学出版会2014年版，第481页。

要注意的是，在日本，违法收集证据排除法则是由司法判例创设和发展的证据能力规则，《刑事诉讼法》并无明文规定。自白法则将在下章专门论述，本章仅论及违法收集证据排除法则。

一、违法收集证据排除法则概述

违法收集证据排除法则，是指在证据收集程序违法的场合，否定该证据的证据能力，将其从事实认定资料中予以排除的原则（通常称为排除法则）。从规则设置背景上考量，排除法则在司法实务中诞生的直接原因是侦查机关在办理兴奋剂自己使用罪〔1〕案件中的违法取证行为。对于兴奋剂自己使用罪的而言，被告人自己使用兴奋剂的事实除了被告人本人的自白外很难收集到其他直接证据，因此侦查机关面临着举证的难题。为破解此难题，侦查机关往往首先证明被告人尿液中含有兴奋剂成分的事实，进而证明被告人使用兴奋剂的事实。然而，侦查机关欲证明前一事实，需要采集被告人的尿液进行检测。也正因如此，检察官和被告人或者辩护人时常围绕侦查机关采集尿液的方法是否适当、合法产生争议，以至于是否应当否定尿液鉴定书的证据能力成为法院不得不面对的问题。

由于《宪法》《刑事诉讼法》并未对排除法则作出明文规定，理论界部分学者基于以下理由反对设置排除法则：其一，证据收集程序违法并不影响证据本身的证据价值；其二，如果因此将证据予以排除则可能放纵真正的犯罪人；其三，追究实施违法证据收集行为的侦查机关（人员）的刑事责任、民事责任、行政责任足矣，无需排除证据。〔2〕日本最高法院的早期判例亦认为："即使扣押程序存在所论的种种违法之处，但是扣押物品已经在法庭上经过了合法的证据调查（此事在庭审笔录中有明确记载），因此不能认为据此认定事实的原审处理是违法的。即使扣押程序违法，扣押物品自身的性质、形

---

〔1〕《日本兴奋剂取缔法》第19条规定："除下列各项的情形以外，任何人不得使用兴奋剂：一、兴奋剂制造业者为了制造而使用的；二、在兴奋剂使用机关中从事治疗业务的医生或者兴奋剂研究者使用的；三、兴奋剂研究者为研究而使用的；四、在兴奋剂使用机关从事治疗业务的医生或者兴奋剂研究者为使用而接受交付的人使用的；五、基于法令的行为而使用的"。

〔2〕［日］石井一正：《刑事実務証拠法（第5版）》，日本判例タイムズ社2011年版，第122、123页。

状并不会因此发生改变，对扣押物的证据能力并不会产生影响。"[1]

之后，由于受到美国联邦最高法院作出的包括马普案判决在内的一系列判决的影响，日本学界开始强调正当程序（宪法第 31 条）理念与对侦查机关违法侦查行为的防范，并认为否定通过违法手段获得证据的证据能力是最为行之有效的方法；法院采信违法收集的证据并作出判决，意味着继受了侦查机关的违法行为，有损司法的廉洁性。正是基于以上考量，主张否定通过违反宪法或者其他重大违法行为所获得证据的证据能力（排除法则）日渐成为学界通说。

与此同时，下级审判例中肯定排除法则的判例日渐增多。需要指出的是，在这些判例中，相当一部分判例在肯定排除法则的同时以证据收集行为合法或者违法行为未构成重大违法为由而拒绝排除相关证据。这意味着，审判实务所持观点与前述理论通说相同，将侦查行为违法程度的重大性作为排除证据的标准。在此背景下，日本最高法院一方面认为，以扣押程序违法为由直接否定证据物的证据能力将妨碍事实真相的查明，是不适当的；另一方面又认为，鉴于以下理由，在证据物的扣押程序发生湮灭令状主义精神的重大违法或者从抑制违法侦查的角度考量容许该证据不适当的场合，应当否定证据物的证据能力：其一，事实真相的查明必须保障个人基本人权、恪守正当程序；其二，为保障《宪法》第 35 条规定的公民住所不受侵犯、不受搜查与扣押的权利，《刑事诉讼法》对搜查、扣押设置了严格的程序规制。[2]由此可见，日本最高法院在承认排除法则的同时也为证据排除设置了较为严格的标准。

应当说，学界理论和审判实务肯定、采用排除法则，从证据能力而非证明力的角度对违法收集证据物进行评价，实现了从重视真实发现向重视正当程序的视点转换。当然，这也与日本刑事诉讼基本目的、诉讼构造的变迁存在密不可分的关联。

二、违法收集证据排除的理论根据

在日本以收集程序违法为由否定证据能力的理论根据主要有三：一为司

---

〔1〕　最高裁判所判决昭 24・12・13 裁判集 15・349.
〔2〕　最高裁判所判决昭 53・9・7 刑集 32・6・1672.

法廉洁性理论；二为违法侦查抑制理论；三为正当程序理论。需要注意的是，这些理论根据并非相互独立，而是相互补充、可以并用的。司法廉洁性理论认为，法院不应让违法收集的证据也即"被污染的证据"污染了自己的手。法院在刑事裁判程序中使用违法收集的证据对被告人进行处罚，将损害国民对法院（刑事司法）的信赖，并导致司法公信力的丧失。因此，应当将违法收集的证据从法庭审理中排除。但是，批判的观点认为，排除法则可能产生放纵真正犯人的效果，同样会损害国民对刑事司法的信赖，也会给法院造成不良影响。违法侦查抑制理论认为，禁止使用通过违法手段收集的证据，在将来可以对同样的违法证据收集活动产生抑制效应。侦查机关好不容易收集的证据无法在审判中使用，对其自身而言是个巨大的打击。因此，违法侦查抑制是证据排除所产生的直接效果。但是，不容否认的是，排除规则的这种抑制作用并无确凿的证据加以证明。正当程序理论认为，使用通过侵害被告人权利利益的违法手段获得的证据来惩罚该被告人这件事情本身即构成对正义（程序正义）的悖反，并有碍正当程序的保障。[1]除此之外，也有观点认为，在侦查程序违法（甚至侵害权利）的场合，作为国家机关需要进行一定的事后处理（或者救济），法院将作为违法成果的证据从审判程序中予以排除，自然应当作为其中的一种处理（或者补救）的方法。[2]

前文已提及，《宪法》《刑事诉讼法》并未对排除法则作出直接规定。但是，这并不意味着排除法则在日本法律体系中找不到实定法依据。日本最高法院判例（例如最高裁判所判决昭53·9·7刑集32·6·1672等）在论证排除法则时即援用了《刑事诉讼法》第1条的规定。[3]有观点认为，除了第1条规定之外，《刑事诉讼法》关于种种证据收集手段的规定，自然蕴含着将违反其规定收集的证据予以排除的精神。也有观点将《刑事诉讼法》第317条"认定事实，应当依据证据"的规定作为排除法则的根据。但是，无论如何，在《刑事诉讼法》并不排斥（否定）违法收集证据排除法则这一点上并不存在争议。

---

〔1〕［日］白取祐司：《刑事訴訟法（第8版）》，日本評論社2015年版，第377页。

〔2〕［日］宇藤崇、松田岳士、堀江慎司：《刑事訴訟法（第2版）》，日本有斐閣2018年版，第417页。

〔3〕《刑事诉讼法》第1条规定："本法的目的是，对于刑事案件，全力维持公共福祉和保障个人基本人权，查清案件事实真相，公正且迅速地适用、实现刑罚法令"。

除《刑事诉讼法》外，《宪法》也为排除法则提供了法律依据。这种法律依据主要有二：一为《宪法》第 31 条。该条规定："不经法律规定的程序，不得剥夺任何人的生命或自由，或者课以其他刑罚"。证据收集程序违法达到"明确且显著"程度的场合，所获得证据在审判中使用将导致审判程序的公正性受损，因此应当依照本条的规定将违法收集的证据予以排除。二为《宪法》第 35 条。该条规定："任何人的住所、文件以及所持物，享有不受侵入、搜查或者扣押的权利。除第三十三条的规定以外，没有基于正当理由签发的并且明示搜查场所及扣押物品的令状，该权利不受侵犯。搜查和扣押，依据有权限的司法官署分别签发的令状执行。"违反该条规定的程序所获得的证据不具有证据能力，被认为是该款规定的题中应有之意。[1]

三、违法收集证据排除的判断标准

(一) 违法收集证据排除的理论标准

违法收集的证据在何种场合应当予以排除呢？在日本刑事诉讼理论中，主要有三种观点：一为绝对排除说（违法基准说）。该说认为，在证据收集存在"重大违法"的场合，应当直接将该证据予以排除。但是，如果认定程序违法即直接排除证据，将导致法院对程序合法性审查尤其是对违法侦查行为的认定越来越慎重，结果便是程序违法认定及证据排除的难度将大幅度提高。[2]二为规范说。该说主张，在侵害《宪法》第 33 条、第 35 条所保障之基本权利的场合，应当将侵害的成果（证据）自动排除。然而，依照这种观点，在违法收集证据行为未达到侵犯上述基本权利程度的场合，将无法得出应当排除证据的结论。[3]因此，这两种观点在日本理论界属于少数说，并无实质性影响力。三为相对排除说（综合判断说）。此种观点认为，应当结合违法收集证据排除的理论根据对相互冲突的利益进行综合考量，进而决定是否应当排除违法收集的证据。第一，根据司法廉洁性理论，在以证据收集程序

---

〔1〕［日］宇藤崇、松田岳士、堀江慎司：《刑事訴訟法（第 2 版）》，日本有斐閣 2018 年版，第 418 页。

〔2〕［日］光藤景皎：《刑事訴訟法Ⅱ》，日本成文堂 2013 年版，第 155 页。

〔3〕［日］宇藤崇、松田岳士、堀江慎司：《刑事訴訟法（第 2 版）》，日本有斐閣 2018 年版，第 419 页。

违法为理由（不论性质、价值）排除证据的场合，如果因此导致应当判处的处罚无法实现，反而有损国民对司法的信赖。此种弊害在该证据是关键证据或者案件非常重大的场合尤其明显。第二，根据违法侦查抑制论，证据排除所产生的违法侦查抑制效果并未得到实践验证，即使其具有抑制效果，有时所造成的牺牲（"犯人必罚"无法实现）更大。第三，根据正当程序理论，刑事诉讼的基本目的是查明真相并确保处罚实现，保障被告人获得程序正义的要求并非绝对优先的原则，因此只要收集程序违法即应当排除证据的逻辑同样存在缺陷。第四，对侦查程序违法（权利侵害）的处理或者救济方法，并非只有在审判程序中排除证据一种，还可以根据准抗告程序申请救济，或者申请刑事程序外的救济（行政责任、民事责任、刑事责任）。[1]

由此看来，前述几种理论根据均不具有绝对性，单靠其中任何一种均无法妥当处理侦查程序违法问题。因此，对于违法收集的证据，法院应当在综合考量证据排除理论依据的合适强度（慎重辨别排除的必要性）与排除证据所造成弊害程度的基础上探讨排除的相当性，进而作出是否排除的决定。具体而言，法院应当综合考量违法的程度、违法行为与证据之间的因果关系、同种违法行为重复的可能性和频率、证据的重要性、案件的重大性等多种因素，在认为排除证据不仅必要而且适当时排除证据。此即相对排除说，也是目前理论上的通说。

对排除证据的判断要素有必要进行进一步说明：其一，违法程度。证据收集程序的违法程度越高，排除证据的必要性越高。具体而言，这种判断应当以违法程度、被侵害法益的性质、侵害的程度为中心。另外，也可以考虑违法的故意性（侦查人员的主观意图）。但是，对于侦查人员的主观意图的判断，并非不存在恶意（违法行为的意图）即意味着违法程度较低。即使在客观危险性较低的场合，只要确认存在恶意同样应当认为违法程度较高。其二，违法行为与该证据之间因果关系的强弱，决定着排除必要性的高低。但是，并非违法行为与证据获得之间存在直接关系才应当予以排除。即使直接的证据获取行为并无违法，但是考虑先前进行的程序是否违法以及违法程度，同样存在有必要排除的余地。其三，同种违法行为出现的频率越高，排除的必

---

〔1〕 ［日］井上正仁：《刑事訴訟法における証拠排除》，日本弘文堂1985年版，第304页。

要性越高。其四，证据的重要性越高，排除对案件事实查明造成弊害的越大，越有予以排除的必要。

（二）违法收集证据排除的判例标准

如前所述，日本最高法院通过昭和53年的判决在判例层面肯定了违法收集证据排除法则。虽然该判决最终并未否定侦查机关违法收集证据物的证据能力，但是其明确了非法证据排除的两项要件：一为违法重大性，即"在证据物的扣押等程序中，存在无视宪法第35条以及以此为据的刑诉法第218条第1款等所期待的令状主义的重大违法"；二为排除相当性，即"从抑制将来违法侦查的观点考虑，允许将其作为证据并不适当"〔1〕（判例4-1）。由此，司法判例的基本立场为：在同时符合违法重大性、排除相当性两项要件的情况下，应当否定违法收集证据的证据能力。

例4-1：违法收集证据的排除要件（最高裁判所判决昭53·9·7刑集32·6·1672）

事实概要： 巡逻中的警察官，在对举止可疑、可能为卖淫活动招揽客人的被告人进行职务质问时，从被告人心神不定的态度、苍白的脸色中推断其可能服用了兴奋剂，并因此继续对其进行职务质问。作为对A巡查出示随身携带物品要求的回应，被告人出示了部分随身物品。之后，A巡查触摸了被告人的其他口袋，感觉上衣左侧口袋内有坚硬的物品，随即要求出示。被告人随口嘟囔了几句并表现出了不服从的态度。A巡查将手伸进被告人的口袋中掏出塑料盒包装的注射器一支和卫生纸包。经检测，该卫生纸包所包的粉末为兴奋剂。被告人作为非法持有兴奋剂的现行犯被逮捕，上述证据物被扣押。第一审将兴奋剂作为违法侦查所获得证据予以排除，并因此判决被告人无罪。原审以本案兴奋剂的获得行为以及后续的扣押行为构成违反《宪法》第35条、《刑事诉讼法》第218条第1款所规定之令状主义的重大违法为由，驳回了检察官的控诉。检察官则以对《宪法》第35条的解释错误、违反先前判例（最高裁判所判决昭24·12·13裁判集15·349）为由，提出上告。日

---

〔1〕［日］幕田英雄：《搜查法解説（第4版）——搜查手続·証拠法の詳説と公判手続入門》，日本東京法令出版2019年版，第587页。

本最高法院撤销了原判并发回重审。

判决要旨："该巡查在未获得被告人同意的情况下，将手插入上衣左侧口袋取出所装物品并进行检查的行为，是严重侵害隐私权的行为，而且，就其样态而言与搜查具有类似性，……因此，属于不适当的行为，超出了附属于职务质问的所持品检查的允许限度。……正是因为违法的所持品检查以及之后进行的试剂检测才发现（被告人）持有兴奋剂的事实，被告人才因违反兴奋剂取缔法的嫌疑事实而符合现行犯逮捕要件的案件中，与该逮捕相伴而行的本案证据物的扣押程序同样是违法的。……由于宪法与刑诉法并未对违法收集证据物的证据能力作出规定，从刑诉法解释的角度考虑该问题更为妥当，……即使扣押程序违法，证据物自身的性质、形状等并不会发生改变，与其存在、形状相关的价值亦不会发生改变，鉴于证据物的这种特性，仅因扣押程序违法而直接否定证据物的证据能力，由于妨碍案件真相的查明，应当被认为是不妥当的。但是，从另一方面看，事实真相的查明，应当在保障个人基本人权的同时遵照正当程序进行，特别是，宪法第35条保障公民除宪法第33条的场合以及有令状的场合外住所不可侵犯和不受搜查、扣押的权利，以此为据的刑诉法对搜查和扣押设置了严格的规定，同时，从宪法第31条所保障的正当程序的角度考量，在证据物的扣押等程序中，存在无视宪法第35条及以此为据的刑诉法第218条第1款所期待的令状主义精神的重大违法，而且，从抑制将来违法侦查的立场考虑，允许其作为证据并不妥当的场合，应当否定其证据能力。…未获得被告人承诺而从其上衣左侧口袋取出本案证据物……的行为，在符合职务质问的要件，且具有进行所持品检查的必要性和紧急性的场合下，……，只不过略微超出了所持品检查所允许的限度，该巡查并无抹煞有关令状主义诸规定的意图，而且在进行所持品检查时并未采取强制等手段，本案证据物的扣押程序并不构成重大违法，而且将其作为证明被告人有罪的证据，从抑制违法侦查的角度考量并无不当，因此应当肯定本案证据物的证据能力"。

（三）违法收集证据排除的例外情形

1. 善意的例外

善意的例外，是指在侦查人员相信自己的行为是善意、合理的情况下，对违法收集的证据不予排除。这是因为，在侦查人员相信自己的行为是善意或者合理的而予以实施的场合，即使排除所得证据，也无法发挥抑制违法侦查的效果。由此可知，善意的例外是从违法侦查抑制理论中推导出来的一种例外。这种抑制效果并不单指对同一侦查人员将来同种行为的抑制，还包含一般预防效果。但是，将侦查人员的意图这种主观因素作为判断例外的标准，很容易出现基于侦查机关的主张而对这种"善意"进行轻易认定的情况。因此，这种例外的适用应当限定为侦查人员不存在无视法律的态度并且事发偶然的场合。

2. 不可避免发现的例外

不可避免发现的例外，是指在部分侦查人员偶尔实施了违法侦查行为的场合，其他侦查人员通过正当程序而非违法侦查行为也能找到该证据时，对该证据不予排除。如果通过其他合法方法必然能发现、收集该证据，该证据则不应被视为是违法行为的结果。由于即使排除证据也无法实现抑制违法侦查的效果，不可避免发现的例外也可以被视为从违法侦查抑制理论所衍生出的一种例外。然而，控制侦查程序的侦查机关对"采取合法的侦查行为也一定能发现证据"进行主张乃至立证是相对容易的。因此，为避免该例外的滥用，只有在不可避免发现的可能性极高的场合，才能以此为由不排除违法收集的证据。

四、违法收集证据排除法则的实务运用

从整体上看，司法判例对违法收集证据排除法则以及具体适用的探讨，主要在以下场合下进行：[1]

（一）程序存在轻微违法的场合

扣押程序即使存在违法，如果违法程度比较轻微，并不影响扣押物的证据能力。在司法令状出现错误记载或者不完备程度之错误的场合，一般也不作排除证据的处理。当然，侦查人员故意采取违法方法的，则有可能因为欠缺作为证据的适当性而将所得证据予以排除。司法判例认为以下侦查行为属于轻微违法，并不会影响所得证据的证据能力：其一，在未获得当事人同意

---

〔1〕〔日〕幕田英雄：《搜查法解説（第4版）——搜查手続・証拠法の詳説と公判手続入門》，日本東京法令出版2019年版，第589-611页。

的情况下从其上衣口袋中取出证据物等略微超出合法限度的所持品检查；[1] 其二，对搜查扣押令状记载的"被执行者"以外之人的所有物予以扣押的行为；[2]其三，对是否属于针对手枪的搜查扣押令状所记载物品不明确的猎枪予以扣押的行为；[3]其四，交通警察擅自进入交通事故被害车辆，检查被害人的名片夹并发现子弹和兴奋剂，接到报告的侦查人员根据令状对以上物品予以扣押的行为；[4]其五，在可以进行紧急逮捕及合法搜查扣押的情况下所实施的违法所持品检查（本案上告审认定所持品检查合法，参见最高裁判所判决昭53·6·20刑集32·4·670）；[5]其六，在无搜查扣押令状而根据身体检查令状和鉴定处分许可令状实施的强制采尿行为。[6]

（二）程序存在重大违法的场合

扣押程序存在重大违法，如果该违法达到无视令状主义的程度，应当将扣押的证据物予以排除，不得作为证据；[7]如果没有达到此种程度，应当综合上述违法收集证据排除的各种考虑因素，判断允许其作为证据是否妥当，并决定是否有必要排除证据。司法实务中，至少下列行为构成重大违法，所获得证据不具有证据能力：其一，接受侦查人员委托的医生，为检测血液中酒精的浓度，在未获得因酒驾受伤并处于昏迷状态的嫌疑人的同意且未获得令状的情况下所实施的采血行为；[8]其二，在离现行犯逮捕现场一公里外的警察署所实施的欠缺要件、违反令状主义的搜查扣押行为；[9]其三，在不具备所持品检查要件的情况下，突然将手伸进口袋进行身体搜检的行为；[10]其四，深夜使用暴力将拒绝职务质问者带至很远的警察署，并让其提供尿液的行为。[11]

---

〔1〕 最高裁判所判决昭53·9·7刑集32·6·1672.
〔2〕 最高裁判所判决昭31·4·24刑集10·4·608.
〔3〕 京高判昭41·5·10高刑集19·3·356.
〔4〕 大阪高判昭49·7·19刑裁月报6·7·809.
〔5〕 東京地判昭50·1·23判時772·34.
〔6〕 最決昭55·10·23刑集34·5·300.
〔7〕 東京高判昭41·5·10高刑集19·3·356.
〔8〕 仙台高判昭47·1·25刑裁月報4·1·14.
〔9〕 大阪高判昭49·11·5判夕329·290.
〔10〕 大阪高判昭56·1·12判時998·126.
〔11〕 札幌高判昭57·12·16判時1104·152.

（三）证据收集程序违反与令状主义无关之其他法规的场合

警察在驾驶警车追踪违反速度限制的车辆时速度超过了最高限速，由于未打开红色警光灯，构成对道路交通法的违反（超速）。问题在于：通过违反道路交通法规所获得的速度测定结果，应否作为违法证据而予以排除？日本最高法院认为，姑且不论警察违反速度限制的罪名是否成立，本案中并不存在"需要否定通过追踪所获得证据之证据能力的违法"，进而肯定了本案中速度测定结果的证据能力。[1]由此可知，违法证据中的"违法"，是指"无视令状主义精神的违法，换言之，是指可能给被侦查对象带来人权侵害的违法，因此，通过与被侦查对象的人权侵害毫无关系，诸如不打开警车的红色警光灯等违法行为所获得证据则不必排除"。[2]

（四）程序违法与证据收集之间不存在因果关系的场合

违法收集证据排除以证据是违法行为的结果为前提。因此，即使存在违法侦查行为，但是其与证据之间无任何关系的话，自然不存在证据排除的问题。在司法实务中，程序违法与证据收集无因果关系的典型情形有二：一为事后的违法行为，即在证据收集完毕后发生违法行为的。例如，警察在被告人家中进行合法搜查，发现并扣押了兴奋剂，后因与被告人发生口角而对其实施了暴力行为。对此场合下兴奋剂的证据能力，日本最高法院的判示如下："警察官在搜查过程中不允许对关系人施加暴力。本案中警察官的上述行为构成明显违法。但是，结合上述搜查经过对本案兴奋剂的证据能力进行考量，警察官的违法行为虽然发生在搜查现场，但是实施暴力的时间点是在发现证据物之后，且由被告人的不当言语所触发，而并非为了利用以发现证据物为目的的搜查，因此不能将该证据物作为警察官通过违法行为收集的证据而否定其证据能力"。[3]二为事先的违法行为与之后的证据收集无关的。例如，在根据搜查扣押许可状进行搜查之前，被告人由于被要求在搜查时到场而欲逃跑，警察在抓获被告人之后采取了违法的有形强制力，但是，之后的搜查活动包括对发现的兴奋剂的扣押以及对被告人所提供尿液的收集都在平稳中

〔1〕　最决昭 63・3・17 刑集 42・3・403.
〔2〕　［日］幕田英雄：《搜查法解説（第 4 版）——搜查手続・証拠法の詳説と公判手続入門》，日本東京法令出版 2019 年版，第 591 页。
〔3〕　最决平 8・10・29 刑集 50・9・683.

进行，兴奋剂扣押程序、现行犯逮捕程序、尿液收集程序均不存在违法之处，警察官并不存在规避令状主义的意图。东京地方法院在综合考虑以上情况的基础上认为兴奋剂和尿液不能视为行使有形力的结果，而是在与有形力行使毫无关系的状态下所获得的证据，因此兴奋剂和尿液的扣押程序合法。[1]

（五）先前侦查行为违法对后续证据收集行为产生影响的场合

侦查程序由具有关联性的多个具体行为构成。在利用先前违法侦查行为所造成的状态或者以违法获得信息为基础实施后续的侦查行为、收集证据的场合，该证据的证据能力将成为问题。在判断该证据的证据能力时，必须要对如何看待先行侦查行为的违法性进行探讨。对此问题，日本最高法院判例确立了两种标准：一为"同一目的及直接利用"标准，即考量后续程序是否承继先行程序的违法，在考虑后续行为与先行行为的利用关系、先行行为违法性的有无及程度的基础上作出判断（判例4-2）。[2]二为密切关联性标准，即在先前行为与后续行为之间缺乏一体性（同一目的）的场合，通过后续行为所取得的证据，如果与违法的先前行为存在密切关联，则属于违法收集的证据（判例4-3）。在前一标准下，事实认定者需要作出以下两项判断：后续行为是否承继了先前行为的违法性；通过承继了违法性的后续行为所收集证据的证据能力有无。而在后一标准下，事实认定者只需要判断违法的先前行为与后续行为所收集的证据之间有无关联性及具体程度。此后，即使先前行为与后续行为具有一体性，日本最高法院判例也开始直接根据违法的先前行为与后续行为所收集证据的关联性与具体程度对该证据的证据能力进行判断。[3]相应地，密切关联性标准也逐渐为下级法院所接受。[4]与此同时，同一目的或者直接利用事实的有无成为判断先前行为与后续证据获取手段之间有无密切关联性的要素之一。

---

〔1〕 東京地判平 15·7·31 判夕 1153·303.

〔2〕 最決昭 63·9·16 刑集 42·7·1051、最決平 6·9·16 刑集 48·6·420、最決平 7·5·30 刑集 49·5·703.

〔3〕 最決平 21·9·28 刑集 63·7·868.

〔4〕 東京高判平 19·9·18 判夕 1273·338.

判例4-2：先前行为违法与证据能力（1）（最高裁判所判决昭61·4·25刑集40·3·215）

事实概要： 奈良县生驹警察署的警察官，在获得被告人使用兴奋剂的情报后，于昭和59年4月11日上午9点半左右，身着便服开着警车前往被告人住处，在玄关处通报了警察身份、姓名并表明有事要了解，在未获得明确同意的情况下进入了房间。警察官拍了拍正在闭目养神的被告人的肩膀，并要求被告人一同前往警察署。被告人误将警察当做金融公司的职员并对他们说："刚好我也要去大阪，那就一起走吧"，随即乘坐同一辆警车于上午9点50分到达生驹警察署。被告人在生驹警察署向警察陈述了相关情况、承认了兴奋剂使用的事实，并于11点半左右，自愿提供了尿液。被告人在采尿前后至少两次申请参加下午1点半在大阪举行的出租车驾驶员地理考试。对第一次申请，警察官并未给予回应；对采尿后再次提出的申请，该警察官回复说："等尿检结果出来再说"。下午2点30分，尿液鉴定结果显示兴奋剂反应呈阳性，随即警察官向法官请求逮捕状。下午5点2分，检察官对被告人实施了通常逮捕。第一审判决认为，被告人是自愿乘坐警察官的警车前往警察署的，并未拒绝采尿和调查，而是自愿留在警察署配合调查，因此根据任意同行及后续的侦查所收集的证据具有证据能力，并判处被告人1年惩役。原判决认为，被告人的同行是否基于真实而任意的承诺存在疑问因而构成违法，同行之后（警察官）拒绝其离去亦构成违法的身体拘束，作为在违法拘束中进行的采尿程序同样具有违法性，因此否定了尿液鉴定书的证据能力，并判决被告人无罪。日本最高法院作出了如下职权判断，并撤销原判决、发回重审。

判决要旨： "进入被告人的住宅、让被告人一同前往警察署、进行留置这一连串的行为及采尿程序，均是为了对被告人进行兴奋剂搜查这一相同目的，鉴于采尿程序是直接利用前面一连串行为所造成的状态，该采尿程序是合法还是违法，应当在考虑采尿程序之前一连串行为的违法性有无及程度的基础上进行判断。如此判断的结果是，……在认为其违法的程度达到抹煞令状主义精神的重大违法，允许将该鉴定书作为证据从抑制将来违法侦查的观点考量并不妥当时，应当否定该鉴定书的证据能力。……本案采尿程序所带有的违法性，并未达到重大的程度，而且将本案尿液鉴定书作为被告人的罪证，从违法侦查抑制的角度考量并无不妥，因此不应否定本案尿液鉴定书的证据能力"。

判例 4-3：先前行为违法与证据能力（2）（最判平 15·2·14 刑集 57·2·121）

事实概要：被告人 A 因盗窃的嫌疑事实而被签发了逮捕状。平成 10 年 5 月 1 日，警察官 3 人未携带逮捕状而前往 A 的住宅。警察官虽然劝说 A 答应任意同行，但是 A 要求看逮捕状并在未获得回应的情况下逃进邻居家的空地中。之后，A 被警察追赶并于上午 8 点 25 分在 A 家附近的路上被逮捕。A 虽然进行了抵抗，但是依然被塞进警车带到了警察署。上午 11 点左右，A 一到警察署，警察官就出示了逮捕状。警察官在逮捕状中记录了当日上午 8 点 25 分在逮捕现场出示了该逮捕状的内容，并制作了相同内容的侦查报告书。下午 7 点 10 分左右，A 在警察署内答应了任意采尿，此时并未对 A 施加强制力。鉴定结果显示，A 的尿液中含有兴奋剂的成分。5 月 6 日，在 A 违反兴奋剂取缔法案件中，以 A 的住处为搜查场所的搜查扣押许可状被签发，同日，与在 A 涉嫌盗窃行为案件中已经签发的搜查扣押令状合并执行。结果，在 A 的住处发现并扣押了一袋兴奋剂。A 因持有、使用兴奋剂与盗窃的事实被起诉。在审判中，控辩双方围绕逮捕程序的合法性产生了争议。第一审认为"本案中未出示逮捕状的疑点，构成抹杀令状主义精神的违法，利用违法逮捕状态的采尿、检查结果，以及利用该结果而对被告人住处进行搜查所得的证据，均带有违法性"，进而否定了上述证据的证据能力，并在兴奋剂使用和持有案件中判决被告人无罪。检察官对此提出了控诉，原审法院支持了第一审判断，驳回了控诉。因此，检察官以违反判例等为理由提出了上告。日本最高法院针对以上各证据作出了如下职权判断，驳回了有关兴奋剂使用部分的上告，并撤销了有关兴奋剂持有与盗窃罪的判决，发回重审。

判决要旨："本案逮捕存在逮捕时未出示逮捕状，且不属于逮捕状的紧急执行……的程序违法，不仅如此，警察官为掩盖程序违法事实，……在逮捕状中记入虚假事项，制作了内容虚假的侦查报告书，甚至在法庭上提供与事实相反的虚假证言，结合司法警察职员在本案中的态度进行综合考虑，本案逮捕程序的违法程度，已经构成了悖离、抹杀令状主义精神的重大违法。因此，允许与此种违法逮捕存在密切关联的证据，从抑制将来违法侦查的角度考虑并不妥当，因此应当否定其证据能力。……本案采尿，是在逮捕当日实施的，尿液是与上述被评价为存在重大违法的本案逮捕有着密切关联的证据。

对于该鉴定书，也应当作出相同的评价。因此，原判决在否定该鉴定书证据能力这一点上是妥当的。其次，本案兴奋剂是根据已经签发的搜查扣押许可状所进行的搜查所发现和扣押的，该搜查扣押许可状以被告人使用兴奋剂为基本事实，以被告人住处为应当搜查场所。然而，该许可状是以上述尿液鉴定书为疏明资料而签发的，属于与无证据能力的证据有关联性的证据。但是，本案兴奋剂的扣押是根据经过司法审查而签发的搜查扣押许可状而实施的，……综合考虑本案的情况，本案兴奋剂的扣押与上述鉴定书之间的关联性并不紧密。因此，对于本案兴奋剂和与之相关的鉴定书而言，收集程序并不存在重大违法。另外，综合考虑这些证据的重要性等各种因素，不应否定其证据能力"。

在司法实务中，需要结合先前侦查行为的合法性对证据的证据能力进行判断的情形还包括：其一，通过违法所持品检查所扣押的兴奋剂的证据能力（最高裁判所判决昭53·9·7刑集32·6·1672）；其二，人身拘束程序违法情况下的尿液鉴定书的证据能力（判例4-4）；其三，根据伪造笔录所获得的关联证据的证据能力（判例4-5）.

判例4-4：违法人身拘束与尿液鉴定书的证据能力（最决昭63·9·16 刑集42·7·1051）

事实概要：司法警察职员违反被告人的意图将其押送至警察署，并直接利用这一状况进行了所持品检查及尿液采集，在押送过程中判断被告人掉落的纸包中的东西是兴奋剂，并以此为由对被告人进行了逮捕。

裁定要旨："……采尿程序本身虽然获得了被告人的承诺，但是直接利用了先前一连串的违法程序所造成的状态，因此，应当认为其带有违法性"。与此同时，日本最高法院综合考量职务质问中所持品检查的必要性和紧急性、实际上属于现行犯逮捕或紧急逮捕的情形因而警察行为的违法程度并不高、有形强制力的行使是为了排除抵抗而不得已为之、采尿程序基于自由意思进行等因素，判定司法警察职员的上述行为并未达到重大违法的程度，进而肯定了尿液鉴定书的证据能力。

判例4-5：伪造笔录与关联证据的证据能力（福冈高判平7·8·30判時1551·44）

事实概要：司法警察职员在对因违反《大麻取缔法》而被起诉的S进行讯问时，在已经签名、盖章的空白笔录中记入"S看到了被告人持有兴奋剂"的虚构事实，并作为令状申请的疎明资料。在获得搜查扣押令状后，对被告人的住宅进行了搜查、查封。侦查人员发现了兴奋剂，并因此获得了新的搜查扣押令状，将其予以扣押。被告人因持有兴奋剂罪被逮捕、羁押，其间对持有兴奋剂的事实予以供认。在法庭审理程序中，被告人同意将其作为证据使用。问题在于，该兴奋剂证据是否具有证据能力。

判决要旨：福冈高等法院认为：第一，内容虚假的陈述笔录"是请求第一次搜查扣押许可状时对被疑事实进行疎明的唯一证据，具有规避令状主义相关规定之意图的司法警察职员，制作了虚假的公务文书并捏造了虚假的陈述笔录，将其抛开的话，第一次的搜查扣押令状申请显然是不可能被批准的"。"其违法性，已经构成了湮灭宪法第35条及刑诉法第218条第1款规定的令状主义精神的重大违法，从抑制未来违法侦查行为的角度考量，不应当允许其作为证据"。第二，第一次搜查程序与第二次搜查扣押，均以"侦查被告人持有兴奋剂案件"为目的，考虑后者的搜查程序并未直接利用前一侦查程序发现兴奋剂的状态，扣押程序的违法性应当在充分考虑该程序之前的搜查程序违法性的有无、程度的基础上作出判断。本案中，当初搜查程序的违法性已经波及第二次的扣押程序，由此查获的兴奋剂证据不具有证据能力。另外，鉴定书是与兴奋剂具有一体性的证据，同样不具有证据能力。第三，第一审中，被告人同意对扣押笔录、鉴定书进行证据调查，并对兴奋剂证据的调查不持异议。对此，"作为其前提的搜查扣押，伴随着对当事人不得放弃的宪法权利的侵害，存在前述的重大违法，在此场合根据同意而允许将上述证据资料作为证据，将损害程序的基本公正。因此即使存在同意，上述各证据同样不得借此获得证据能力"。第四，对于逮捕羁押中的陈述笔录的证据能力，"请求逮捕状的主要证据的收集过程存在司法警察职员的重大犯罪行为，从抑制将来违法侦查的角度考量，逮捕、羁押中的陈述笔录应当作为违法收集的证据而否定其证据能力"。

五、毒树之果

所谓毒树之果理论，是指基于违法收集的第一次证据（毒树）而发现的第二次证据（派生证据＝果实）也应当予以排除。例如，根据违法扣押的文书或者违法窃听的会话内容所知悉的信息（毒树）进行搜查、扣押所发现、收集的证据（果实）不具有证据能力。多数观点认为，毒树之果的理论根据在于：将第一次证据予以排除而保留第二次证据，将使证据排除法则失去存在的意义。

确定毒树之果的适用范围，是诉讼理论与司法实务上面临的极为困难的问题。在理论上有三种观点。第一种观点认为，仅在以下两种例外场合下不用排除毒树之果：一为派生证据是独立侦查活动之成果的场合（独立来源）；二为违法证据与派生证据之间的关联性很稀薄以至于可以忽视的场合（稀释原理）。[1]第二种观点认为，从保障正当程序的角度考量，只要具备因果关系就应当予以排除；从保持司法廉洁性、抑制违法侦查的角度考量，应当在衡量违法程度、有意性、频发性、因果关系的强度、第二次证据的重要性、案件重大性等因素的基础上作出是否排除的决定。第三种观点认为，对于毒树之果，应当根据违法程度和两个证据之间的关联性进行判断；在违法程度与关联性均不高的情况下，应当考虑证据的重要性、案件的重大性（利益衡量）。[2]

在审判实务中，第一次对毒树之果理论作出回应的是大阪高等法院对基于不任意自白所发现、收集的证据物（书证）的证据能力所作出的判例。[3]该判例认为，第一，只要存在"没有不任意的自白就没有派生的第二次证据"的条件关系就应当排除该证据的见解太过于宽泛，在自白获取程序违法的情况下，不仅该当自白需要予以排除，还要追问是否达到了应当排除派生的第二次证据的重大程度。第二，在排除效果波及到派生的第二次证据的场合，如果之后通过其他任意性自白所获得的派生第二次证据与其产生关联，那么该证据恢复作为认定犯罪事实之证据的状态。日本最高法院的早期判例肯定

---

〔1〕 ［日］光藤景皎：《刑事訴訟法Ⅱ》，日本成文堂2013年版，第159、160页。

〔2〕 ［日］LEC总合研究所司法試験部编著：《C－Book 刑事訴訟法Ⅱ（公訴・公判）（第3版）》，日本東京リーガルマインド2012年版，第315页。

〔3〕 大阪高判昭52・6・28判時881・157.

了被逮捕（该逮捕令状系以违法另案逮捕中的自白为依据）的嫌疑人羁押质问笔录以及消防人员的质问笔录的证据能力（判例4-6）。但是，伊藤正己大法官提出了如下补充意见：并非第二次证据只要与违法收集的第一次证据之间存在某种关联即一律予以排除，而是应当在综合考量第一次证据收集方法的违法程度、第二次证据的重要性、第一次证据与第二次证据之间关联性程度的基础上进行判断。[1]

判例4-6：不任意自白与派生证据（大阪高判昭52·6·28判夕357·337）

事实概要： 本案被告人X被起诉的公诉事实有四：1、从S大学窃取炸弹材料；2、在派出所安装定时炸弹并引爆；3、对在交往中与A亲近的B施加暴行并致B受伤；4、在公寓内制造两枚炸弹并分别隐藏于S大学的体育器材室和K大学本部宿舍的房顶。X在侦查阶段对全部事实予以供认，对于第4个案件，根据X的自白，警察对上述地点的搜查，发现并扣押了两枚炸弹以及制造炸弹所使用的原材料。在审判中，X对全部的起诉事实予以承认。检察官在第4个案件的立证过程中，除了X的自白笔录外，还请求对炸弹、剩余的原材料等证据物，以及侦查人员制作的说明上述证据物所在场所与具体状况的勘验笔录和鉴定书进行证据调查。除自白笔录外，法官在X的同意之下对上述证据进行了调查。

但是，第一审法院基于以下理由，认为X的自白存在欠缺任意性的疑点，进而否定了该自白的证据能力：第一，该讯问是在X因第3个案件被羁押的过程中进行的余罪调查，而且是在X表示拒绝的情况下进行的；第二，侦查人员虚构了从现场的炸弹碎片中发现了X的指纹、案发当时与X同居的女性作为参考人已经向侦查人员坦白了全部事实、已经收集到了有利的证据等事实，采用欺诈方法进行讯问；第三，侦查人员虚构了X的弟弟湮灭罪证的事实，并以X只要对本案作出自白就限制对其家属的追诉等内容进行利益诱导。在此基础上，第一审法院认为，上述证据物以及与此相关的证据文书均直接来源于欠缺任意性的自白，因而不具有证据能力而应当予以排除。在第4个案件中，由于法庭上的自白缺乏补强证据，法庭宣告被告人无罪。对此，检

---

[1] 最高裁判所判决昭58·7·12刑集37·6·791.

察官提出了控诉。

本判决采纳了检察官的控诉意见，对原判决予以撤销并发回重新审判。判决理由如下：首先，对于侦查阶段自白的任意性，与采取上述违法手段进行讯问存在因果关系的是第2个案件的自白；其次，第4个案件的自白，是被告人对侦查当局不知晓的调查对象所主动作出的陈述，与上述违法行为并不存在法律上的因果关系；再次，原判决否定勘验笔录等证据的证据能力属于对有关证据能力法令的错误解释和适用。

判决要旨： "只要存在'没有不任意的自白就没有派生的第二次证据'的条件关系就应当排除该证据的见解过于宽泛，自白获取违法不仅要排除该自白，还应当考虑是否存在导致派生的第二次证据也应当予以排除的重大性"。违法获取自白的证据排除主要有三种类型：（1）排除通过强制、刑讯逼供、胁迫等方法所得自白，主要是基于人权保障的立场；（2）排除通过许诺、欺诈方式所得自白，主要是基于排除虚假自白的立场；（3）排除违法利用另案羁押所获得自白，主要是基于《宪法》第31条正当程序保障的立场。"自白获取手段，诸如拷问、暴行、胁迫等粗暴手段对人权侵害的程度越大，违法性越严重，以此为基础所得的自白的排除必要性越高，从贯彻该趣旨的必要性角度考虑，除不任意自白外，由此派生的第二次证据也应当予以排除"。与此相对，在未采取直接侵害人权的粗暴方法，而采取可能导致虚假自白或者违反正当程序保障之手段的场合，"将由此获得的自白予以排除，即满足了抑制上述违法自白获取手段的要求，不惜牺牲其他社会利益而将派生的第二次证据全部予以排除"并不妥当。《刑事诉讼法》第1条要求对犯罪解明、真实发现与基本人权、正当程序保障的关系进行慎重考虑与必要调和。有鉴于此，"对于以通过可能招致虚假自白的手段或者违反正当程序保障所获得的不任意自白为基础的派生第二次证据而言，妥当的做法是与犯罪事实解明这一公共利益进行比较衡量，进而确定排除效果的辐射范围，在派生的第二次证据是解明侵害重大法益的重大犯罪行为之不可或缺的证据的场合，不在证据排除效果的辐射范围内"。当然，如果是为了获得派生的第二次证据而一开始就有计划地采取违法手段获取自白的，证据排除的效果自然覆盖派生第二次证据。在本案中，这种情形并不存在，而且将自白获取手段的违法性与制造、持有炸弹犯罪的法益重大性进行比较衡量，与根据第4个案件中的自白所发现扣押的两枚炸弹相关的勘验笔录则不应予以排除。

另外，"即使在证据排除效果覆盖根据不任意自白这一毒树所获得的派生第二次证据的场合，之后根据别的任意性自白与该派生第二次证据存在新的关联的，该派生第二次证据恢复能够作为认定犯罪事实的证据的状态"。被告人在原审法庭上，对第4个案件的事实及与两枚炸弹的关系作出了任意自白，因此该炸弹"即使是派生的第二次证据，也根据原审法庭上的任意自白而重获作为认定犯罪事实证据的资格"。

在上述判例的基础上，日本最高法院对毒树之果问题进行了正面回应。基本案情是：在签发搜查扣押许可状时作为疏明资料的嫌疑人尿液鉴定书被当做违法收集证据并予以排除。依据该许可状进行搜查发现了兴奋剂并予以扣押，控辩双方围绕是否应当肯定该兴奋剂的证据能力产生了争议。对此，日本最高法院的判示如下："本案中的兴奋剂……应当认为与无证据能力的证据之间具有关联性。但是，本案中兴奋剂的查封，以经过司法审查而签发的搜查扣押许可状为依据，而且是与逮捕前针对被告人盗窃案件所合法签发的搜查扣押许可状合并实施的。综合考量本案情况应当认为，对本案兴奋剂的查封与鉴定书之间并不存在密切的关联性。因此，本案兴奋剂的查封及与之相关的鉴定书，在收集程序上并不存在重大违法，合并考虑证据重要性等相关因素，不应否定其证据能力"。[1]

从整体上看，日本学界和理论界的共识是：如果承认以违法收集证据为基础的派生证据的证据能力，将导致排除法则失去存在意义。但是，否定全部派生证据的证据能力同样是不合理的。因此，在一般情况下，应当从违法程度以及两份证据之间关联性的角度进行判断。关联性的判断基准有二：一为独立来源；二为稀释原理。当然，违法扣押物与相关鉴定书之间的关联性可以直接加以认定。在违法程度与关联性均不高的情况下，应当结合证据的重要性、案件的重大性进行利益衡量。

---

〔1〕 最判平 15·2·14 刑集 57·2·121.

六、其他问题

(一) 对违法收集证据的同意

在被告人同意将违法收集的证据作为证据的场合，是否可以肯定其证据能力? 对此问题有三种不同的观点：第一种观点认为，程序违法所针对的是被告人本人可以放弃的权利、利益（例如隐私利益）的场合，被告人的同意具有赋予违法收集证据以证据能力的效果。在个人无权放弃（诸如社会公共利益）或者以难以容忍的不公正方式侵害权利的场合，即使被告人同意，该证据也不具有证据能力。[1]第二种观点认为，即使被告人同意对违法收集的证据进行证据调查，也不得因此肯定该证据的证据能力。因为证据本身存在的瑕疵并不会因为被告人的同意而得以治愈。第三种观点认为，排除违法收集证据是可以放弃的宪法性保障，但是仅表明无异议并不能认为放弃上述宪法性保障，只有在被告人作出积极的明示意思表示的场合下，违法收集证据方获得证据能力。[2]日本最高法院持前述第一种观点，认为违法收集证据在被告人同意作为证据的情况下具有证据能力。[3]

(二) 违法收集证据排除的申请适格

申请排除违法收集证据的资格，是否仅限于违法侦查的受害者呢? 其他人是否可以申请排除非法收集证据呢? 对此问题同样存在三种观点：其一，肯定说。该观点认为，无论从司法廉洁性还是抑制违法侦查的角度考量，并无将申请排除非法收集证据的权利局限于违法行为受害者的理由，其他人同样可以提出排除申请。其二，否定说。该说主张，除违法侦查行为涉及超过第三人个人利害的重大利益以及以明显不公正的方式侵害权利的场合外，违法侦查受害者以外的其他人无权申请排除违法收集的证据。其三，折衷说。该说认为，从保障正当程序的角度考量，排除证据需要具备申请资格，但是从维持司法无瑕性或者抑制违法侦查的角度考量，则不需要这种资格。[4]实

〔1〕 〔日〕田宫裕：《刑事訴訟法（新版）》，日本有斐閣1996年版，第406页。

〔2〕 〔日〕LEC 総合研究所司法試験部編著：《C‐Book 刑事訴訟法Ⅱ（公訴・公判）（第3版）》，日本東京リーガルマインド2012年版，第317页。

〔3〕 最高裁判所判決昭36・6・7刑集15・6・915.

〔4〕 〔日〕LEC 総合研究所司法試験部編著：《C‐Book 刑事訴訟法Ⅱ（公訴・公判）（第3版）》，日本東京リーガルマインド2012年版，第318、319页。

际上，违法收集证据排除法则，是为隐私权或者身体自由受违法侦查侵害之人提供的一种法律救济。因此，被告人不得对侦查机关对第三者进行违法侦查所获得的证据提出排除申请。但是，从抑制将来违法侦查以及维持司法纯洁性的角度考量，并无将申请排除非法证据的主体限定为被害人的根据。因此，第三者同样是申请排除非法证据的适格主体。

在排除法则的理论根据中，如果特别强调"司法廉洁性"会得出如下结论：即使被告人一方不提出申请，法院也应当依职权进行审查判断并作出是否排除的裁判。但是，应当指出的是，在检察官从侦查阶段收集的证据群中选取必要的证据予以请求、提出的实务运用中，法院发现是否属于违法收集证据之疑点的可能性是非常小的。

（三）违法收集证据之实质证据外使用

在司法实务中，违法收集证据在两种情形下可以作为证据使用：一是作为弹劾证据。违法收集证据虽然不得作为证明被告人犯罪事实的证据，但是在以弹劾被告人陈述等证据的信用性为目的的场合可以作为证据使用。当然，根据抑制违法侦查理论，对违法收集证据之证据能力的否定应当具有彻底性，不应允许其作为弹劾证据。二是作为量刑资料。部分地方法院将被告人因违法侦查所受到的苦痛作为"犯罪后的状况"在量刑过程中予以考虑。[1]然而，笔者认为，违法侦查给被告人造成的苦痛，并不具有对被告人有利事实的性质，因此不应当在量刑中加以考虑。

（四）私人违法收集的证据

私人通过诸如擅自侵入他人住所等不正当手段收集的证据为侦查机关所掌握，检察官在审判中请求对其进行证据调查，法院是否可以采纳呢？对此，需要区分不同的情形：如果该私人是受侦查机关委托而为不正当行为，等同于侦查机关自身实施了上述不正当行为，所收集的证据应当予以排除。如果该私人系自发实施了上述不正当行为，原则上不存在证据排除的必要性。在与抑制违法侦查理论的关系上，需要抑制的侦查机关违法行为并不存在，而且即使在审理中将该证据予以排除，也不会产生抑制私人行为的一般性效果。就司法廉洁性而言，与作为国家机关的侦查机关违法侦查行为相比，私人不

---

〔1〕 浦和地判平3·9·26判時1410·121.

正当行为的危险性显然小的多。从正当程序理论的角度考量，结论也大致相同。需要注意的是，在私人行为的不正当性非常显著的场合，侦查机关接受由此收集的证据本身是存在正当性疑问的。此时，该证据应当予以排除，不得作为认定犯罪事实的根据。[1]

---

〔1〕〔日〕宇藤崇、松田岳士、堀江慎司：《刑事訴訟法（第2版）》，日本有斐閣2018年版，第432页。

第五章　自白法则

法条索引：《宪法》第38条：（1）对于任何人，不得强制其作出不利于自己的陈述。

（2）受强制、拷问或者胁迫而作出的自白以及经过不当长期羁押、拘禁后获得的自白，不得作为证据。

（3）对于任何人，不利于自己的唯一证据是本人口供时，不得认定有罪或者判处刑罚。

《刑事诉讼法》第319条：（1）受强制、拷问或者胁迫而作出的自白，不当的长期扣留或者拘禁之后的自白，以及其他任意性值得怀疑的自白，不得作为证据。

（2）不论被告人是否在审判庭上作出自白，他的自白是对自己不利益的惟一证据时，不得认定被告人有罪。

（3）前二款的自白，包括对被起诉的犯罪进行有罪自认的场合。

一、自白与自白法则

所谓自白，是指"承认自己犯罪事实之全部或主要部分的被告人供述"。[1]某一供述是否构成自白，不以供述的时间与形式为判断标准。换言之，不论被告人是在审判阶段、审前阶段还是更早的时期进行供述，也不论该供述是口头还是书面以及是否具有相对方（侦查机关抑或个人），只要该供

---

〔1〕〔日〕田口守一、川上拓一、田中利彦编集：《確認刑事訴訟法用語250》，日本成文堂2009年版，第78页。

述的内容符合前述概念要求即构成自白。另外，多数观点认为，即使被告人主张违法性阻却事由或者责任阻却事由，只要其承认犯罪构成要件事实，同样构成自白。[1]

日本刑事诉讼中还存在与自白相类似的概念：承认与自认。首先，自白与承认。承认（对不利事实的承认），泛指嫌疑人、被告人对"所有刑事上的不利益事实的供认"。[2]自白属于承认的一种，但并非所有承认均构成自白。例如，被告人仅对间接事实、部分犯罪事实（非主要事实）、前科事实予以供认，此种供认虽非自白却构成承认（狭义上的承认）。又如，被告人虽然否定杀害被害人的事实，但承认持有与凶器相同型号手枪的事实，同样构成承认。根据《刑事诉讼法》第 322 条第 1 款的规定，承认（包括自白和狭义上的承认）受第 319 条所规定的自白法则的调整与规制。

其次，自白与自认。有罪的自认是指被告人承认公诉事实，不主张阻却事由并承认自己有罪，属于自白的一种。被告人自认，既可以陈述具体的犯罪事实，也可以仅承认自己有罪。自认相当于"有罪答辩"，但是日本刑事诉讼中由于不存在诉辩交易制度，《刑事诉讼法》仍将自认作为证据的一种加以对待，并未认可其具有免除公诉方举证责任的效果，而要求同样受自白法则的规制。另外，根据《刑事诉讼法》第 291 条之 2 的规定，被告人对起诉书记载的诉因作出有罪陈述时，法官听取检察官、被告人及辩护人的意见后，故针对被告人陈述有罪的诉因，可以裁定适用简易审判程序进行审理。但是，相当于死刑、无期以及最低刑期为 1 年以上惩役或禁锢的案件，不在此限。从以上论述可知，自白与承认、目的自认之间是被包含与包含的关系，三者共同圈定了日本自白法则的调整对象范围。在司法实践中，自白法则主要适用于被告人在法庭之外作出的自白，尤其是侦查机关通过讯问所得的自白。

---

〔1〕［日］宇藤崇、松田岳士、堀江慎司：《刑事訴訟法（第 2 版）》，日本有斐閣 2018 年版，第 433 页。

〔2〕［日］宇藤崇、松田岳士、堀江慎司：《刑事訴訟法（第 2 版）》，日本有斐閣 2018 年版，第 433 页。

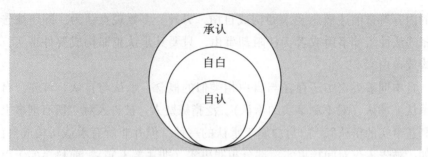

图一　自白、承认、自认

在日本刑事诉讼中，广义的自白法则包含两项内容：一为狭义的自白法则，即无任意性的自白不得作为证据的原则（通称自白法则）；二为自白补强法则，即仅有自白不得认定有罪或者判处刑罚而需要补强证据的原则。基于以下原因，自白法则在证据禁止规则中一直处于十分重要的地位，为理论研究与实务探索所关注。其一，日本大部分刑事案件中的被告人均作了有罪供述，自白是最为重要的证据形式。其二，日本理论与实务认为自白作为证明案件事实的直接证据，具有"超群的证据价值（证明力）"。[1]一方面，自白作为被追诉人的本人供述，对于要证事实具有极强的证明价值；另一方面，根据经验法则，自白尤其是不利于己的自白普遍具有很高的可信性。其三，也正是因为自白的证据价值，侦查机关（人员）比较容易产生重视、偏重自白的倾向，甚至引发强迫自白的危险。[2]其四，在审判实务中，自白的证据能力时常成为控辩双方争论的焦点。[3]

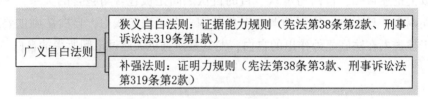

图二　自白法则·补强法则

---

〔1〕　[日] 田宮裕：《刑事訴訟法（新版）》，日本有斐閣 1996 年版，第 345 页。

〔2〕　[日] 宇藤崇、松田岳士、堀江慎司：《刑事訴訟法（第 2 版）》，日本有斐閣 2018 年版，第 434 页。

〔3〕　[日] 後藤昭、白取祐司編：《新·コンメンタール刑事訴訟法（第 2 版）》，日本評論社 2013 年版，第 856 页。

二、自白的证据能力

(一) 自白法则的根据

从规范层面分析，日本自白法则的法律根据有二：一是日本《宪法》第38 条第 2 款。该款规定："受强制、拷问或者胁迫而作出的自白以及经过不当长期羁押、拘禁后获得的自白，不得作为证据"。二是《刑事诉讼法》第 319条第 1 款。该款在承继上述条款的基础上进一步规定："受强制、拷问或者胁迫而作出的自白，不当的长期扣留或者拘禁之后的自白，以及其他任意性值得怀疑的自白，不得作为证据"。由此，日本法构建了以任意性原则为核心的自白法则。

不难看出，《刑事诉讼法》在《宪法》规定的基础上增加了"其他任意性值得怀疑的自白"的表述。日本最高法院曾经认为，《刑事诉讼法》实质上扩充了自白法则的调整范围。[1]然而，目前的通说认为，"宪法上的自白法则和刑诉法上的自白法则没有差异"。[2]诉讼理论认为，"其他任意性值得怀疑的自白"实际上与强制自白、长期拘禁自白具有同质性，为兜底性条款，而后者只是无任意性自白的典型表现。因而，《宪法》的规定亦可理解为"除强制自白、长期拘禁自白之外，其他无任意性的自白亦不具有证据能力"。[3]随后，日本最高法院也通过判例修正了之前的立场，判示如下："……在使用欺诈使嫌疑人受到心理强制而可能诱发虚假自白的场合，该自白为任意性值得怀疑的自白，其证据能力应当予以否定。将此类自白作为证据采用，不仅违反了刑诉法第 319 条第 1 款的规定，亦违反了宪法第 38 条第 2 款的规定"。[4]

前述条文明确规定无任意性自白不具有证据能力，但未揭示否定此类自白证据能力的实质性理由，也即自白法则的理论根据。对此，日本学界存在着尖锐的观点对立。而这直接影响了"任意性"原则在判断自白证据能力上

---

〔1〕　最高裁判所判决昭 24・10・13 刑集 3・10・1650.

〔2〕　[日]田口守一：《刑事诉讼法（第 5 版）》，张凌、于秀峰译，中国政法大学出版社 2010年版，第 299 页。

〔3〕　[日]岩下雅充等：《刑事訴訟法教室》，日本法律文化社 2013 年版，第 214 页。

〔4〕　最高裁判所判决昭 45・11・25 刑集 24・12・1670.

的实际作用。围绕自白法则的理论根据，日本学界主要有以下几种观点：

虚假排除说	1、自白存在虚假可能性——排除 2、有证据证明自白内容真实——不排除
人权保障说	1、守护沉默权等基本人权 2、抑制讯问等过程中的人权侵害
违法排除说	1、采用违法手段获得的自白——排除 2、脱离立法之"任意性"标准进行解释的可能性

图三　自白法则的理论根据

第一，虚假排除说。传统观点认为，缺乏任意性的自白混入虚假内容的可能性很高，一旦作为证据使用，很可能招致误判，造成重大司法不公。因此，为确保事实认定的准确性，有必要事先将此类自白从证据中排除。此时，自白的证据能力可以直接置换为自白的任意性，而判断自白任意性的标准则为自白"是否是在可能诱发虚假自白的状况下作出"。[1]不难看出，依据该说判断自白的证据能力，需要将自白内容的真实性（是否虚假）纳入考察视野。当然，该说也受到了以下批判。其一，对于通过胁迫等违法讯问行为所得的自白，是否只要能够提出其他证据证明自白内容的真实性即可承认其证据能力。如果答案是肯定的，那么将直接与前述法律规定相冲突。因为，根据该规定，不论内容是否真实，只要确认是通过拷问、胁迫等非法取证行为所得，该自白自然不具有证据能力，并不存在真实性证明的空间。其二，对自白真实性的评价必然会触及自白的具体内容，而后者显然属于证明力判断的范畴。如此一来，不仅违背了"自白证据能力的判定先于证明力判断"之基本原则，[2]也导致自白法则的规定本身失去意义。

第二，人权保障说。该说将《宪法》第38条第2款作为同条第1款之沉默权规定的担保性条款，主张否定上述无任意性自白之证据能力的目的在于保障以沉默权（供述自由）为核心的被告人基本人权。[3]其虽然同样认为自

---

〔1〕〔日〕光藤景皎：《刑事訴訟法Ⅱ》，日本成文堂2013年版，第174页。

〔2〕〔日〕光藤景皎：《刑事訴訟法Ⅱ》，日本成文堂2013年版，第174页。

〔3〕〔日〕小林充：《刑事訴訟法（第5版）》，日本立花书房2015年版，第265页。

白的证据能力等同于自白的任意性，但是与虚假排除说又有所不同。其一，虚假排除说的出发点在于事实认定的准确性，而人权保障说的着力点在于供述自由权的保障。其二，人权保障说将视野从自白内容的真实性中抽离，而重点考量讯问行为（过程）的合法性、适当性。也正如此，该说将判断自白任意性的标准界定为讯问过程"是否存在诸如侵害供述自由等违法、不当的压迫"。[1]然而，该说同样存在合理性疑问。首先，将自白法则与沉默权混同，[2]实质上压缩了自白法则的适用空间。其次，如果自白是否排除"取决于被告人的供述自由在多大程度上被剥夺"，[3]那么这种判断势必触及讯问当时被告人的心理状态。众所周知，对主观心理状态进行事实认定是极为困难的。这种困难性将极大限制自白法则的功效。再次，单从前述判断标准考量，即使存在强制等违法行为，如果未对意思决定自由造成侵害即不会排除相应自白亦与立法原意不符。

第三，违法排除说。该说主张，"比起自白的任意性，更应当关注自白获取手段的违法性"，[4]当讯问或者其他为获取自白而实施的侦查行为违法时，直接适用非法证据排除规则否定该自白的证据能力即可。具体而言，在判断是否适用自白法则时，无需关注自白内容的虚假性或者被告人供述自由受到的影响，仅看侦查行为是否违法即可。相应地，自白排除的成文法根据实际上是《宪法》第31条有关正当程序的规定，而《宪法》第38条第2款、《刑事诉讼法》第319条第1款的规定"只是对于违反正当程序而剥夺自白证据能力的典型情形所做的说明性规定"。[5]换言之，《宪法》《刑事诉讼法》中与正当程序相关的条款均可作为自白排除的具体依据。由此，应当排除的自白包括三类：一是法律明文规定排除的自白，也即《刑事诉讼法》第319条第1款规定的自白；二是违法讯问所得的自白，例如长时间、连日、彻夜讯问所得的自白；三是其他违法行为所得的自白，例如违法拘留、逮捕中的自

---

〔1〕〔日〕光藤景皎：《刑事訴訟法Ⅱ》，日本成文堂 2013 年版，第 174 页。

〔2〕〔日〕LEC 総合研究所司法試験部編著：《C-Book 刑事訴訟法Ⅱ（公訴・公判）（第 3 版）》，日本東京リーガルマインド 2012 年版，第 387 页。

〔3〕〔日〕岩下雅充等：《刑事訴訟法教室》，日本法律文化社 2013 年版，第 215 页。

〔4〕〔日〕宇藤崇、松田岳士、堀江慎司：《刑事訴訟法（第 2 版）》，日本有斐閣 2018 年版，第 436 页。

〔5〕〔日〕田宮裕：《捜査の構造》，日本有斐閣 1971 年版，第 293 页。

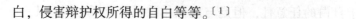

白，侵害辩护权所得的自白等等。[1]

客观地讲，违法排除说具有以下优势：其一，从解释学上看，该观点与立法列举"强制"、"不当长期留置、羁押"等手段的立法目的更为契合。[2]其二，以侦查行为的合法性作为自白证据能力的判断依据，更加客观、明确。其三，该说将非法证据排除规则与自白相结合，有助于扩大自白法则的适用范围。[3]也正因为如此，违法排除说已经成为理论界的多数说。但是，该说同样存在着不小的争议。其一，讯问等侦查行为是否合法，仍需结合供述自由是否被侵害进行判断，因而同样无法摆脱对被告人主观心理状态的探究。其二，侦查行为违法的认定标准并不明确，何种程度的违法构成自白排除的条件语焉不详。其三，在自白证据能力的判断标准上脱离任意性原则，与《刑事诉讼法》第319条第1款之规定不相符合。尤其是自白任意性存在疑问而自白获取行为未构成明显违法的场合。其四，一旦违法证据排除法则成为自白排除的根本性依据，立法关于自白法则的规定将丧失其存在必要性。[4]

前两种观点虽然侧重点各异，但均坚持自白任意性原则；第三种观点则试图超脱任意性原则，从取证行为合法性角度衡量自白证据能力。就自白法则而言，三种观点均有合理之处，亦各存缺陷，有必要进行统合考量。从《刑事诉讼法》第319条第1款之内容出发，将任意性作为自白证据能力的概括基准是合理的。所谓"任意性值得怀疑的"自白，是指被告人在受到外界不当压迫之下所作的自白。而不当压迫也就意味着被告人的供述自由权未得到有效保障。就此而言，人权保障说与前述条款之文义更加契合。而且，《宪法》第38条将沉默权与自白法则并列规定，亦强调了沉默权保障的重要性。然而，前文已述，自白集价值与风险于一身，而被告人在侦查机关"棰楚"之下很有可能作出虚假自白。一旦忽视自白的虚假可能性，在强调自白具有高证明力的法制背景下，极有可能给法官准确认定案件事实造成妨碍甚至造成误判。为了避免此种情况的发生，立法有必要对存在高度虚假可能性的自

〔1〕［日］田宫裕：《刑事訴訟法（新版）》，日本有斐閣1996年版，第350-352页。
〔2〕［日］田宫裕：《刑事訴訟法（新版）》，日本有斐閣1996年版，第350-351页。
〔3〕［日］岩下雅充等：《刑事訴訟法教室》，日本法律文化社2013年版，第215页。
〔4〕［日］宇藤崇、松田岳士、堀江慎司：《刑事訴訟法（第2版）》，日本有斐閣2018年版，第436页。

白事先加以排除。至此，《宪法》第 38 条第 2 款、《刑事诉讼法》第 319 条第 1 款所排除的自白也即是 "在侵害供述自由或者使（被告人）陷入想作虚假自白之心理状态的状况下所得的自白"。[1]当然，需要承认的是，任意性值得怀疑的自白往往与违法的讯问或其他侦查行为有着紧密的联系。因此，将以抑制违法侦查为己任的非法证据排除规则引入到自白场域，非但不违和，反而有助于自白法则之立法目的的实现。正如日本最高法院所言："对于以自白为内容的言词证据，与物证的情形相同，并不存在不能适用非法证据排除法则的理由"（判例 5-1）。因此，目前的通说认为，"将虚假排除说与人权保障说两者合并，对无任意性的自白不能作为证据的实质理由进行说明是合理的。……因而，任意性的有无应当综合虚假排除说与人权保障说的观点进行判断。当然，将违法排除说作为补充亦为必要"。[2]

需要注意的是，自白法则与违法收集证据排除法则的关系。在将违法排除理论作为自白法则根据的场合，自白法则与违法收集证据排除法则将产生交集。从一般类概念上讲，自白法则包含于违法收集证据排除法则之中。因此，应当予以排除的自白实际上包括两类：一类是强制自白、长期拘禁自白、非任意自白等《宪法》第 38 条第 2 款、《刑事诉讼法》第 319 条第 1 款明文规定的自白；另一类是通过违法讯问或其他违法侦查行为获得的依据排除法则应当予以排除的自白。

判例 5-1：讯问程序违法与自白之证据能力（東京高判平 14·9·4 判時 1808·144）

事实概要：被告人与丈夫及长女分居，而与本案被害人 A 姘居。1997 年 11 月 10 日上午 8 点 30 分左右，被告跑进 B 医院（长女在此住院）寻求帮助。B 医院的医护人员赶到 A 的住处后，在卧室床上发现了浑身沾满鲜血且已经死亡的被害人 A。当天上午 9 点 50 分，被告人作为重要参考人跟随警察去往警察署（任意同行）。从 11 月 10 日到 11 月 17 日，警察将被告人作为参考人

---

〔1〕［日］宇藤崇、松田岳士、堀江慎司：《刑事訴訟法（第 2 版）》，日本有斐閣 2018 年版，第 438 页。

〔2〕［日］池田修、前田雅英：《刑事訴訟法講義（第 5 版）》，日本東京出版会 2014 年版，第 407 页。

进行调查。17 日傍晚，被告人的嫌疑开始加深，并于 18 日被当做犯罪嫌疑人进行侦查。19 日下午，被告人承认本案犯罪事实的呈报文书制作完成，当晚 9 点 32 分被逮捕（通常逮捕）、羁押，并于同年 12 月 10 日以涉嫌杀人罪被起诉。被送至检察官之后，被告人于 11 月 20 日、24 日作出了自白，并形成了检察官面前笔录。自被告人任意同行至警察署之日起，警察从早上 9 点多到晚上 8 点半对被告人进行了长达 11 个小时的询问，而且当夜并未让被告人回家。被告人先后住在长女的病房中（2 天）、女警员宿舍（2 天）、宾馆（5 天），每处均有数名警察看守。无论是在警察署还是住处，被告人的一举一动均在警察的监视之下，并被切断了与外界的联系。在这 10 多天里，被告人每天就往返于警察署和住处之间。此间的伙食费以及 5 天的宾馆住宿费由警察负担。本案第一审法院首先从自白法则的观点出发对自白的任意性进行审查，并肯定了自白的证据能力；其次，围绕违法收集证据的排除问题，认为对被告人的讯问构成违法的任意侦查，但是否定了讯问违法的重大性和自白排除的必要性，进而肯定了自白的证据能力以及信用性；最终判决被告人有罪。被告人不同意该判决对自白证据能力的判断，遂提出控诉。控诉审法院作出了如下判断，进而否定了自白的证据能力。

判决要旨："从社会一般观点考量，本案的侦查方法存在明显的过度问题，……超越了任意侦查允许的限度，构成违法。……本案的呈报文书（自白），是任意询问的最后一日被告人作成的文书，……是任意调查的结果。……以自白为内容的言词证据，与证据物相同，并无不能适用违法收集证据排除法则的理由，在程序存在重大违法，从抑制违法侦查的立场出发认为不适宜将其作为证据的场合，应当否定其证据能力。……本案中，虽然同样存在宪法第 38 条第 2 款、刑诉法第 319 条第 1 款之自白法则的适用问题（任意性判断），但是在诸如本案程序过程存在问题的场合，首先对有无强制、刑讯逼供等调查方法进行个别、具体的判断（伴随着相当的困难），并探讨是否可以适用违法收集证据排除法则，这种考虑违法有无、具体程度、是否排除的方法，作为判断基准是明确、妥当的。……本案自白……是根据违法侦查程序所获得自白，虽然作为杀人这种重大案件有必要详细听取被告人的陈述（讯问），但是从上述案情来看，连续 10 天的调查且伴随 9 天事实上的人身拘束明显超出了必要限度，构成重大违法，即使从抑制违法侦查的立场考量，赋予其证据能力也是不妥当的。"

（二）自白法则的具体适用

"法律既为人造之物，就不可能没有缺陷，而且这种缺陷带有无法避免的先天性。"[1]这在日本自白法则上体现颇为突出。《宪法》《刑事诉讼法》各用一个条款对自白法则进行了原则性的规定，且对"强制""拷问""不当长期拘禁"以及"任意性"的含义与具体判断标准语焉不详。立法条款、词句的概括性、抽象性直接限制了条文的可操作性，尤其是在具体个案的判断中困难之处更为明显。同时，这种缺陷也昭示了法律解释存在的空间与功能，即有必要通过司法解释固化立法意图与精神，从而应对立法与实践错综复杂的关系。综观司法实践会发现，日本确实在透过法律解释（法官个案解释）对自白法则进行明确、细化，以增强其可操作性。因而，考察日本自白法则，法官个案解释成为无法回避的重要内容。鉴于《刑事诉讼法》第 319 条第 1款将应当排除的自白分为"受强制、拷问或者胁迫所做的自白""经过不当的长期扣留或者拘禁后的自白""其他任意性值得怀疑的自白"三类，下文从实践层面对自白任意性具体判断标准的考察将结合此分类展开。

1. 受"强制"的自白

虽然立法将强制、拷问、胁迫予以并列，但是"拷问、胁迫乃强制的一种，且是程度最高的肉体压迫（拷问）与精神压迫（胁迫）"。[2]因此，本书将此类自白统称为受"强制"的自白。根据法律规定，受"强制"的自白作为无任意性自白的典型，不得作为证据。在判断一个自白是否为受"强制"的自白时应当注意两点：一为是否存在强制、拷问、胁迫等非法取证行为；二为该非法取证行为与自白之间是否存在因果关系。[3]当然，从实务角度考量，更为重要的问题是：除拷问、胁迫外，还有哪些情形构成"强制"。由于"强制"与自白任意性直接相关，对前述问题的探讨，需要结合虚假排除说与人权保障说的观点进行。为此，下文将区分肉体压迫与精神压迫对实践中较为常见的非法口供获取方式进行论述。

---

〔1〕　汪海燕："刑事诉讼法解释论纲"，载《清华法学》2013 年第 6 期。

〔2〕　［日］石井一正：《刑事实务证拠法（第 5 版）》，日本判例タイムズ社 2011 年版，第 240页。

〔3〕　東京高判昭 32・12・16 高刑集 10・12・826.

（1）肉体压迫

第一，暴力讯问。在讯问时，侦查人员对嫌疑人使用暴力进行肉体压迫以逼取口供，即使暴力行为未达到拷问的程度，所得自白也不能作为证据。当然，如果仅是轻微的暴力，并不必然导致自白任意性的丧失。[1]在暴力行为与自白关系的判断上，因果关系虽为必要，但是当二者之间存在时间上的接近性时，可以推定因果关系的存在。[2]实践中，也有不少法院不对暴力行为是否构成"强制"进行考量而直接从任意性角度判断自白的证据能力。[3]

第二，手铐、跪姿讯问。毋庸赘言，合法拘禁虽然伴随着对嫌疑人身体的间接性压迫，但并不构成"强制"。[4]这是因为，拘禁本身（不当长期拘禁的场合除外）并不必然诱发虚假自白或者对陈述自由造成侵害。然而，侦查人员讯问被拘禁的嫌疑人时，如果存在其他肉体压迫行为，所获自白的任意性将受到影响。例如，侦查人员让嫌疑人戴着手铐接受讯问。对于在此种情况下获得的自白，判例区分具体情形作出了不同的认定。一种情形为嫌疑人双手均戴手铐。日本最高法院认为："处于羁押状态的嫌疑人在接受侦查官讯问时依然戴着手铐，可以推定其身心受到了一定压迫，而无法期待任意供述。只要提不出反证，就应当怀疑该供述的任意性"。[5]另一种情形为嫌疑人单手戴手铐。最高法院认为，与两手均戴手铐相比，单手戴手铐对嫌疑人造成的压迫程度较低，如无其他特殊事由，并不构成怀疑自白任意性的理由。[6]又如，讯问时侦查人员强迫嫌疑人在高低不平的地板或门槛上保持长时间的跪姿。对此，最高法院认为，跪姿已经成为造成肉体痛苦的一种手段，由此所得的自白明显属于受"强制"的自白。[7]

第三，病中讯问。一般情况下，侦查机关对生病的嫌疑人在适当照顾的

〔1〕東京地判平3・9・30判夕787・277.

〔2〕［日］石井一正：《刑事実務証拠法（第5版）》，日本判例タイムズ社2011年版，第241页。

〔3〕東京高判昭31・1・14裁特報3・1・4；最高裁判所判決昭33・6・13刑集12・9・2009；大阪高判昭60・9・24判夕589・127等。

〔4〕名古屋高判昭25・5・29判特報9・80.

〔5〕最高裁判所判決昭38・9・13刑集17・8・1703.

〔6〕最決昭52・8・9刑集31・5・821.

〔7〕最高裁判所判決昭27・3・7刑集6・3・387.

基础上进行讯问，并不存在合法性问题，亦不影响所获自白的证据能力。[1]但是，侦查人员非但不予适当照料，反而有意利用疾病对嫌疑人身体、心理造成的不利影响进行讯问，那么所得自白的任意性将成为问题。在判断此种自白的任意性时，应当综合考量以下因素：所患疾病是否导致嫌疑人无法接受讯问；侦查人员是否存在利用此状况获得自白的主观意图；讯问的其他情况。[2]在嫌疑人因疾病无法忍受讯问的场合，讯问本身意味着对其身体与精神的剧烈压迫，所获自白即为受"强制"的自白，因而不具有证据能力。例如，大阪地方法院曾经否定了侦查人员在不顾及病情的前提下对患有严重痔疮的嫌疑人进行连日讯问所得自白的证据能力。[3]即使嫌疑人病情不重尚能忍受讯问，在讯问过程中如果发生影响自白任意性的其他事情，诸如长时间的精神压迫、明显的诱导等，同样可能构成"强制"。[4]

（2）精神压迫

如今，侦查人员采用肉体压迫方法讯问嫌疑人的情形已很少见，相反，"嫌疑人提出控告的，多为精神压迫"。[5]应当承认，除自发供述的情形外，讯问活动多多少少会给嫌疑人造成精神压迫。但是，这是讯问本身的特性使然，并不在自白法则的调控范围之内。前文已述，嫌疑人在讯问时享有沉默权，有权对是否陈述以及作何陈述进行自由、理性选择。侦查人员如果剥夺嫌疑人此项权利并施加精神压迫以逼取自白，那么所获自白将作为受"强制"的自白而不具有证据能力。问题的关键在于：哪种类型、何种程度的精神压迫构成"强制"。从判例上看，至少在以下情形中，讯问所伴随的精神压迫可能构成"强制"，进而导致所获自白丧失证据能力。

第一，说理讯问、诱导讯问。侦查人员通过追问嫌疑人辩解中的自相矛盾、不合理、含混之处，或者与客观事实、证据的矛盾之处，使其无可辩解进而作出供述，是为说理讯问。这种讯问只要是稳妥的，从人权保障或虚假排除的观点看并无问题，因而不构成强制或者导致任意性丧失的精神压

---

〔1〕 最决昭 25・7・11 刑集 4・7・1190.

〔2〕 ［日］安西温：《刑事訴訟法（下）》，日本警察時報社 2013 年版，第 482 页。

〔3〕 大阪地判昭 44・5・1 判夕 240・291.

〔4〕 浦和地判平 2・10・12 判夕 743・69.

〔5〕 ［日］光藤景皎：《刑事訴訟法Ⅱ》，日本成文堂 2013 年版，第 180 页。

迫。[1]实践中，侦查人员在讯问过程中出示已经收集的证据是被允许的。例如，侦查人员在告知测谎等科学检查结果的基础上追问事实。[2]但是，判例亦认为，杀人案件中，侦查人员在展示包含被害人尸体照片在内的现场照片的同时，以谋求嫌疑人认罪为目的强迫自白的行为，就超出了说理式讯问的范畴，而构成"强制"。[3]另外，对于诱导讯问而言，诱导行为本身并不构成"强制"，[4]但当其达到足以诱发虚假自白的程度时，所获自白的任意性丧失。[5]例如，长时间、对被影响性强的嫌疑人进行诱导或者暗示，[6]或者对精神或肉体处于极度疲劳状态的嫌疑人施加精神压迫或者强烈诱导的，[7]又或者对听力、理解力存在障碍的高龄嫌疑人进行再三诱导甚至误导，以使其按照侦查人员的意图进行陈述的，[8]所获得的自白均不具有任意性。

第二，执拗、追问式讯问、彻夜（长时间）讯问。侦查人员针对同一事项进行执拗、反复讯问，在提及犯罪后果重大性及被害人情况的前提下进行追问式讯问或者对嫌疑人进行长时间连续讯问的情况时有发生。对于这三类讯问方式是否构成"强制"，应当结合对嫌疑人造成压迫的程度与其他因素进行综合判断。[9]在不考虑其他因素的场合下，除非出现极端情况，否则以上讯问方式本身难言构成"强制"。[10]应当留意的是，彻夜讯问或者深夜长时间讯问，不仅会给嫌疑人造成精神心理的压迫，还会由于疲劳、饥饿或睡眠不足而形成肉体痛苦。对于这种不考虑嫌疑人的意向、身心状况、休息及饮食的讯问行为，可以直接以对嫌疑人进行肉体压迫为由认定其构成"强制"。另外，长时间讯问往往与前述执拗型讯问、追问式讯问相伴而生。例如，侦

---

〔1〕　最高裁判所判决昭 23・11・17 刑集 2・12・1565.

〔2〕　最决昭 39・6・1 刑集 18・5・177.

〔3〕　東京高判昭 60・12・13 刑裁月報 17・12・1208.

〔4〕　最高裁判所判决昭 23・7・14 刑集 2・8・856.

〔5〕　広島岡山支判昭 28・10・29 判特報 31・82.

〔6〕　名古屋高金沢支判昭 45・12・3 刑裁月報 2・12・1261.

〔7〕　東京高判昭 53・3・29 刑裁月報 10・3・233.

〔8〕　大阪地决平 19・11・14 判夕 1268・85.

〔9〕　［日］石井一正：《刑事実務証拠法（第 5 版）》，日本判例タイムズ社 2011 年版，第 243 页。

〔10〕　参见高松高判昭 29・4・20 高刑集 7・9・1321；名古屋高判昭 25・5・8 判特報 9・67.

查人员对嫌疑人进行彻夜（从傍晚到早晨）、严厉的追问式讯问。[1]又如，侦查人员对嫌疑人进行了数十日执拗式讯问。[2]再如，侦查人员对带着手铐的嫌疑人进行连日连夜、长时间的追问式讯问。[3]诸如此类"苛酷"的讯问方式无疑构成"强制"，而应当否定所获自白的任意性（判例5-2）。

判例5-2：长时间讯问与自白任意性（最决平元·7·4判时1323·153）

事实概要： 昭和58年2月1日晚上8点48分左右，被害人V的妹妹向警方报案称V下落不明。警察官前往V的住处，发现了被杀害的V，侦查随即开始。与被害人同居的被告人于当日晚11点被要求任意同行至H警察署。警察官于当日晚11点半开始对被告人进行讯问并要求被告人合作，被告人表示愿意合作。因此，当夜警方进行了彻夜的讯问，在获得被告人同意的基础上进行了测谎检查，并对其与V分别之后的行动进行了证据调查。第二天上午9点半，被告人对在V的住处杀害V并拿走其贵重物品的事实作出了自白。之后，警察官又进行了大约1个小时的讯问，并于11点左右要求被告人制作有关犯行概要的呈报书。被告人从11点开始直到下午2点书写了详细记载从与V认识到杀害V之过程的全文6页半的上申书（1），中途仅休息了2、30分钟。由于该呈报书与警察查明的事实有所不同，而且对杀害V时是否具有强取贵重物品之意图的表达非常暧昧，因此警察官以抢劫杀人的嫌疑继续对被告人进行讯问，下午4点左右被告人作成了承认抢劫杀人的上申书（2）。警察官于当日晚7点50分左右根据两份上申书，以抢劫杀人和盗窃罪名请求对被告人签发逮捕状，晚9点25分被告人被逮捕（通常逮捕），讯问结束。3日下午2点半，被告人被送至检察官处并被请求羁押，4日上午11点23分被告人被羁押。被告人以羁押质问时并无抢劫的意思进行辩解，但是在之后的讯问中对此予以承认，同月22日以抢劫致死罪被提起公诉。昭和59年11月16日，一审法院肯定了被告人抢劫的意思并判处其无期惩役。控诉审支持了一审判决，并根据日本最高法院有关讯问的裁定（最决昭59·2·29刑集38·3·479）认为"对被告人进行的讯问，在通宵讯问这点上并非没有问题，但是无

[1]　高松地判昭39·4·15下刑集6·3·428.
[2]　宇都宫地判昭45·11·11刑裁月报2·11·1175.
[3]　東京高判昭60·12·13刑裁月报17·13·1208.

法认为其超出了社会一般观念中任意侦查所允许的限度"。被告人以本案侦查超出了任意侦查的限度构成违法侦查、所得的陈述笔录与陈述书（上申书1、2）应当予以排除、对抢劫的认定属于事实误认为理由提出了上告。日本最高法院在作出以下判示的基础上，驳回了被告人的上告。

裁定要旨："在上述事实关系中，从昭和58年2月1日晚11点被告人以任意同行的方式前往H警察署到第2天晚9点25分被逮捕这一期间对被告人的讯问，应当认为是根据刑诉法第198条规定所进行的任意侦查，作为任意侦查一环的嫌疑人讯问，应当考虑案件性质、嫌疑人被怀疑的程度、嫌疑人的态度等诸般事情，在社会一般观念认为适当的方法、状态以及限度内进行。以此立场对本案任意讯问是否适当进行考虑可知，本案任意讯问，在未让被告人有片刻休息的情况下彻夜进行，并且在被告人作出大致自白后仍然持续了半日。一般情况下，如此长时间的讯问，即使是作为任意侦查，也会给嫌疑人的身心带来巨大苦痛、疲劳，只要不存在特殊的事由，不得轻易予以认可，尤其在本案中，在被告人已经作出承认杀害被害人之自白的阶段……更应当慎重肯定其合法性。因此，如果本案讯问存在可能导致被告人的陈述任意性被怀疑的因素，则该讯问违法，并应当否定其间所获得自白的证据能力。"

"在对本案任意讯问进行进一步检讨时，应当承认存在如下特殊的事由。也即，如前所述，警察官以听取非常了解被害人生前生活状况的作为参考人的被告人的情况报告而开始本案讯问，并于开始阶段获得了被告人关于继续讯问的承诺。其次，被告人开始作出以杀害被害人为内容的自白的时间点是第二天上午9点半，之后的讯问纵然持续了很长的时间，但是对于警察官而言，并非以获取逮捕所必要的资料和强要关于抢劫犯意的自白为目的而持续讯问，……而是在根据之前的侦查已经获得逮捕所必要资料的情况下，由于被告人关于杀人和盗窃的自白缺乏客观状况的印证，可能存在虚假的内容，在抱有事实是否为抢劫杀人的怀疑的情况下所造成的结果。再次，在本案任意讯问过程中，被告人并未拒绝讯问而要求回家，或者提出休息的要求，在本案任意讯问及之后的讯问中，在受到警察追究的情况下还……作出了虚伪陈述和辩解……因此所论被告人因感冒和睡意而意识模糊不清的状态难以认定。""综合考虑以上情况与本案性质、重大性，不能认为本案讯问超出了社会一般观念中任意侦查的容许限度，因此在此情况下导致被告人自白任意性被怀疑的事情同样无法认定"。

第三，威胁、多人讯问。侦查人员在讯问过程中威胁嫌疑人的情况亦不少见。例如，侦查人员声称"不认罪就延长羁押期限"、"不认罪会加重刑罚"，或者在讯问过程中边拍打桌子边大声斥责等，均是威胁的具体表现。一般情况下，威胁的事实仅为否定自白任意性的一项理由。当然，在特殊情况下，威胁也可能直接构成胁迫，而否定所获自白的任意性。例如，侦查人员告诉嫌疑人将让暴力团成员加害其家属的情形。[1]实践中还存在多人讯问的情况。多人讯问在以下两种情形下会导致自白的任意性丧失：一是多名讯问人员守着嫌疑人并暗示将使用暴力的情形，也即胁迫嫌疑人的情形；[2]二是多名讯问人员包围嫌疑人并强迫自白的。[3]另外，多人讯问与其他情况相结合，同样会导致自白任意性的丧失。[4]

2. 不当长期留置羁押后的自白

根据法律规定，不当长期留置羁押后的自白，当然予以排除。关键问题在于对留置羁押是否为不当长期的判断上。目前比较有代表性的观点认为，"不当长期"留置羁押的情形主要包括：其一，超出法律规定期限的留置羁押；其二，虽未超出法定期限，但是从人权保障的角度考量缺乏正当性的留置羁押，尤其是在湮灭证据之可能性丧失或者应当予以保释情况下的继续留置羁押。[5]判例亦采取相同的立场。例如，最高法院在一起简单的盗窃案中否定了对无羁押必要的被告人羁押 109 日后所作自白的任意性。[6]实践中，诸如此类的不当长期留置羁押现象已经极少出现了。目前的问题主要集中在"起诉后为了侦查余罪而继续羁押，且审判亦因等待余罪起诉而有所延迟的场合"。[7]在任意性的判断上，不当长期留置羁押与自白之间需要存在因果关

〔1〕　京都地决平 13・11・8 判时 1768・159.

〔2〕　[日]石井一正：《刑事实务证拠法（第5版）》，日本判例タイムズ社 2011 年版，第 248 页。

〔3〕　[日]安西温：《刑事訴訟法（下）》，日本警察時報社 2013 年版，第 481 页。

〔4〕　最高裁判所判决昭 26・8・1 刑集 5・9・1684.

〔5〕　[日]光藤景皎：《刑事訴訟法Ⅱ》，日本成文堂 2013 年版，第 177-178 页。

〔6〕　最高裁判所判决昭 24・11・19 刑集 3・11・1732.

〔7〕　最高裁判所判决昭 27・5・14 刑集 6・5・769.

系，二者因果关系不明时，推定因果关系存在。[1]当然，以下两种情况下因果关系并不存在：一是被告人一开始就作有罪供述并贯穿程序始终的；[2]二是被告人被释放数日之后作有罪供述的。[3]

不仅如此，违法的留置羁押本身同样会引发自白的任意性问题。与前述情形的区别在于：此处所称违法留置羁押是指违反法律规定之适用条件的留置羁押。例如，对不存在逃跑、湮灭证据之可能性的嫌疑人予以逮捕，即为违法的留置羁押。在判断违法留置羁押中自白[4]的证据能力时，自白法则与非法证据排除法则是"竞合适用的"。[5]一般情况下，留置羁押是否合法与自白的任意性并无直接联系。[6]因而，对于违法留置羁押中自白的任意性，应当首先适用自白法则进行判断。此时，自白的任意性取决于在获取自白的过程中是否存在可能诱发虚假口供或者侵害供述自由的情况。但是，非法证据排除规则同样具有适用空间。这是因为，违法留置羁押本来即构成对《宪法》《刑事诉讼法》之基本原则的漠视与违反，而且与非法搜查扣押相比违法性更为重大，有必要通过非法证据排除规则加以制约。[7]

实践中，违法留置羁押主要表现为：其一，违法任意同行。违法的任意同行并不必然导致后续的留置羁押违法以及留置羁押中的自白丧失任意性。换言之，否定此类自白证据能力的前提是上述行为存在重大违法。[8]而违法性的判断应当以犯罪嫌疑的有无为实质要件。[9]当然，在任意同行之违法性并未波及后续留置羁押的场合，自白的证据能力不受影响。[10]其二，违法逮捕。违法逮捕也即欠缺法定要件的逮捕，包含现行犯逮捕与紧急逮捕两种情

---

[1] 最高裁判所判决 23·6·23 刑集 2·7·715.

[2] 最高裁判所判决 23·11·17 刑集 2·12·1558.

[3] 最高裁判所判决 23·7·29 刑集 2·9·1076.

[4] 实质上，违法留置拘禁中的自白，属于《刑事诉讼法》第 319 条第 1 款规定的"任意性值得怀疑的自白"。然而，鉴于其与不当长期留置拘禁后的自白在规制对象上的同一性，此处将二者一并论述。

[5] [日] 石井一正：《刑事実務証拠法（第 5 版）》，日本判例タイムズ社 2011 年版，第 262 页。

[6] 最高裁判所判决昭 26·3·15 刑集 5·4·535.

[7] 福岡高判昭 61·4·28 判夕610·27.

[8] 東京高判昭 54·8·14 刑裁月報 11·7（8）·787.

[9] 仙台高秋田支判昭 55·12·16 高刑集 33·4·351.

[10] 東京高判昭 54·12·11 判夕413·155.

形。违法现行犯逮捕中的自白，在嫌疑人无异议的前提下方可作为证据。[1]
但是，如果现行犯逮捕明显缺乏法定要件，且侦查人员有意利用这一违法身
体拘束状态的，即构成无视法律精神的重要违法，应当否定自白的证据能
力。[2]当然，在以下两种情况下自白的证据能力不受影响：一是虽然逮捕违
法，但是羁押乃根据法官颁发羁押令状所实施的；[3]二是虽然起诉前依据令
状所进行的羁押不合法，但是司法审查法官之判断并无明显不当或者申请人
并未针对逮捕之违法性误导法官的。[4]其三，另案逮捕羁押。另案逮捕羁押，
是指"为了调查不具有逮捕羁押要件的本案，而通过具备逮捕羁押要件的另
案逮捕嫌疑人的侦查手法"。[5]通说认为，倘若另案逮捕拘留的目的仅是为了
调查本案，即使另案具备逮捕羁押的要件，也构成对令状主义的背离，因而
属于违法逮捕羁押。[6]然而，对于在此种场合下自白的证据能力如何判断，
实践中并未形成一致意见。日本最高法院认为，以违法另案逮捕羁押中的自
白为依据签发逮捕状进而逮捕犯罪嫌疑人的场合，对嫌疑人进行羁押质询所
形成的文书，如果不存在特别事由，不应否定其证据能力。[7]而下级法院则
认为，对于此类自白，无须拘泥于任意性，而应基于非法证据排除法则的立
场否定其证据能力。[8]

3. 其他任意性值得怀疑的自白

其他任意性值得怀疑的自白，是指除前述两类自白之外，怀疑在受到相
同程度之不当外力影响而作出的自白。[9]是否构成此类自白，有必要结合具
体情况进行个别判断，尤其应当注意"自白作出的具体经过及相关情
况"。[10]从司法实践上看，其他任意性值得怀疑的自白可分为两类：一类是

---

〔1〕　大阪高判昭 40・11・8 下刑集 11・1947.

〔2〕　福冈那霸支判昭 49・5・13 刑裁月报 6・5・533。

〔3〕　東京高判昭 49・2・15 刑裁月報 6・2・126.

〔4〕　大阪高判昭 50・11・19 判夕335・353.

〔5〕　[日] 田口守一、川上拓一、田中利彦编集：《確認刑事訴訟法用語250》，日本成文堂2009
年版，第 28 页。

〔6〕　[日] 安西温：《刑事訴訟法（下）》，日本警察時報社 2013 年版，第 491 页。

〔7〕　最高裁判所判決昭 58・7・12 刑集 37・6・791.

〔8〕　東京地判昭 42・4・12 判時 486・8、東京地判昭 45・2・26 判時 591・30.

〔9〕　東京高判昭 32・4・30 高刑集 10・3・296.

〔10〕　[日] 安西温：《刑事訴訟法（下）》，日本警察時報社 2013 年版，第 486 页。

传统意义上不具有任意性的自白,主要包括许诺的自白、欺诈的自白;另一类是违反正当程序,侵害诉讼权利与基本人权所得的自白,以侵害辩护权、沉默权所得自白为代表。

第一,许诺的自白。侦查机关等对案件拥有一定处理权限的主体"通过许诺与刑事责任相关的利益(释放、不起诉处分、保释、减轻刑罚等)或者世俗利益(在羁押场所内宽松对待、金钱报酬等)"[1]加以引诱进而获得的自白,是为许诺的自白。在许诺世俗利益的场合,"应当考虑案件轻重与嫌疑人特性,但原则上不至于诱发虚假自白"。[2]实践中,问题主要集中于许诺与刑事责任相关的利益的场合。这是因为,诸如不起诉处分等利益许诺,由于其能规避起诉、审判等重大的不利益,对嫌疑人而言有极强的诱惑力,嫌疑人为获取该利益很有可能作出虚假自白。为此,传统做法是将虚假排除说作为判断自白任意性的首要标准。[3]例如,日本最高法院认为:"将嫌疑人相信拥有起诉、不起诉决定权的检察官作出的如果自白即作起诉犹豫处分的承诺,并基于对起诉犹豫处分的期待而作出的自白,理解为欠缺证据能力的任意性值得怀疑的自白是恰当的"。[4]此种情况下,应当排除的许诺的自白的构成要件有三:"①许诺的内容与刑事责任有关;②许诺者具有履行许诺内容的权限;③许诺与自白之间具有因果关系"。[5]当然,许诺者谎称具有相应权限,或者嫌疑人有合理的理由相信其有相应权限的,并不影响对前述第二个构成要件的判断。[6]

第二,欺诈的自白。欺诈的自白,是指讯问人员使用诡计(诈术)使嫌疑人陷入错误而作出的自白。一般情况下,仅有欺诈行为同样不必然导致自白丧失任意性,而应当"考量欺诈的具体内容,供述者的年龄智力、精神状况,并根据欺诈是否达到了诱发虚假自白的程度、嫌疑人是否因欺诈作出了

---

〔1〕 [日]安西温:《刑事訴訟法(下)》,日本警察時報社2013年版,第486页。

〔2〕 [日]石井一正:《刑事実務証拠法(第5版)》,日本判例タイムズ社2011年版,第251页。

〔3〕 [日]石井一正:《刑事実務証拠法(第5版)》,日本判例タイムズ社2011年版,第251页。

〔4〕 最高裁判所判決昭41·7·1刑集20·6·537.

〔5〕 [日]光藤景皎:《刑事訴訟法Ⅱ》,日本成文堂2013年版,第181页。

〔6〕 [日]石井一正:《刑事実務証拠法(第5版)》,日本判例タイムズ社2011年版,第251页。

虚假的自白作出决定"。[1]不难看出，该判例背后的理论依据为虚假排除说。但是，日本最高法院的立场已经有所转变，向人权保障说与非法排除说迈出了一步。其认为"毋庸赘言，侦查人员应当严格避免采用欺诈等使嫌疑人陷入错误而作出自白的讯问方法。采用欺诈使嫌疑人受到心理强制，进而可能诱发虚假自白的场合，应当将其作为任意性值得怀疑的自白而否定其证据能力。将此种自白作为证据，不仅违反了刑诉法第 319 条第 1 款的规定，亦违反了宪法第 38 条第 2 款的规定"（判例 5-3）。由此，下级判例开始朝着如下方向发展："采用欺诈进行讯问，……在不存在其他特别事由的情况下，只要有诱发虚假自白的可能性，原则上，应当否定欺诈的自白的证据能力"。[2]例如，东京地方法院就否定了谎称从在犯罪现场遗留的鞋中检测出的分泌物与被告人血液一致而获得的自白的证据能力。[3]需要注意的是，欺诈行为与自白之间应当具有因果关系。如果在对甲事实进行讯问的过程中使用欺诈手段，而嫌疑人积极地对乙事实进行了供述，有关乙事实的自白依然具有证据能力。[4]

判例 5-3：欺诈的自白（最高裁判所判决昭 45・11・25 刑集 24・12・1670）

事实概要：昭和 40 年 11 月 1 日，被告人在警察署接受讯问时，否认了与妻子共谋秘密持有手枪和子弹的被疑事实，之后因手枪、子弹被搜查扣押，转而对本案被疑事实进行了承认。在同月 2 日的讯问中，被告人陈述手枪和子弹是妻子买的，自己曾经说过让她退回去，并对其他事实予以否认。与此同时，妻子也与同月 1 日、2 日在警察署的讯问中，陈述自己购买手枪并藏于家中的事实，但是否认与被告人具有共谋关系。在 11 月 8 日的讯问中，检察官告知被告人，其妻子虽然没有招供但是承认了与被告人的共谋关系。随即，被告人承认了与妻子的共谋关系。之后，检察官告知妻子，被告人已经承认了共谋事实。妻子亦很快承认了共谋事实，检察官直接制作了笔录。而后，检察官又对被告人进行讯问，对被告人承认共谋事实进行了确认，并制作了

---

[1] 広島高裁岡山支判昭 27・7・14 判决特報 20・147.

[2] ［日］安西温：《刑事訴訟法（下）》，日本警察時報社 2013 年版，第 486 页。

[3] 東京地判昭 62・12・16 判時 1275・35.

[4] 大阪高判昭 52・6・28 判時 881・157.

被告人笔录。检察官对留置被告人的警察署的警部补作出了再一次讯问被告人的指示，该警部补于次日讯问了被告人并制作了陈述笔录。第一审法院将该陈述笔录作为证据使用，并以此判决被告人有罪。在控诉审中，被告人提出了第一审法院将该陈述笔录作为证据并进行证据调查属于诉讼程序违反法令的主张。控诉审认为，即使采用欺诈方法使被告人陷入错误，也仅限于动机错误，诱发虚假自白的可能性很低，并作出了如下判断："欺诈绝非理想的讯问方式，但是仅以使用欺诈为理由并不能视为讯问违法"，本案中除欺诈外"并无其他可能诱发虚假自白的理由"，因此被告人的自白具有任意性。被告人以欺诈侵害了拒绝自证其罪特权、导致了虚假自白以及除欺诈外还存在诱发虚假自白的其他事情为由，提出上告。日本最高法院驳回了被告人的上告并将本案发回重审。

判决要旨： "侦查程序，也是宪法保障下的刑事程序的一环，应当遵循刑诉法第 1 条所定之精神，在维持公共福祉与保障个人基本人权的同时公正、快速地进行。有鉴于此，侦查官在讯问嫌疑人时进行欺诈使嫌疑人陷入错误进而获得自白的讯问方法应当严格予以避免，如果欺诈给嫌疑人造成了精神强制而有诱发虚假自白可能性的，该自白应当作为任意性存在疑问的证据而不具有证据能力。将此类自白作为证据，不仅违反了刑诉法第 319 条第 1 款的规定，也违反了宪法第 38 条第 2 款的规定。在本案中，原判决除上述事实外，还记录了以下事实：M 检察官在讯问被告人时言称：'你妻子已经招供了。无论谁看都不可能是你妻子自己买的。参考人也进行了陈述。这种事情并不会对两个人都处罚的'。对妻子已经陈述系自己单独所为的本案犯罪事实，该检察官进行了前述欺诈，并且存在暗示被告人只要对共谋事实予以承认仅处罚被告人而不处罚其妻子的疑点。总而言之，在本案中采用上述欺诈方法使嫌疑人受到心理强制，进而诱发虚假自白的可能性是非常高的，一旦如此，在上述讯问过程中被告人向检察官所作的自白以及在此影响下司法警察员制作的自白笔录，均为任意性值得怀疑的自白"。在此说理的基础上，日本最高法院认为，原判决对上述诸点均未进行检讨，"…对认可被告人各自白的任意性、并以司法警察员制作的陈述笔录作为证据认定被告人有罪的第一审判决予以支持，构成审理不尽的违法"，并以全员一致的判决撤销原判决并发回重审（在发回重审之后的控诉审中，被告人陈述笔录的证据能力被否定，被告人被宣告无罪）。

第三，侵害辩护权的自白。司法实践中，侵害辩护权的自白主要表现为侵害辩护人选任权的自白与侵害会见权（判例 5-4）的自白两种情形。[1]在考量此类自白的证据能力时，首先应当适用自白法则考量自白是否具有任意性。在讯问过程中，如果仅对前述两种权利进行限制，很难说存在诱发虚假自白的可能性或者对供述自由造成了不当侵害。但是有一点实难否认，即侦查人员违法剥夺该权利，无疑对嫌疑人造成一定的心理压迫。如果讯问过程中还存在其他违法行为，自白的任意性将受到影响。从下级法院的判例来看，至少在下列情形下所获得的自白不具有任意性：其一，在违法侵害辩护人选任权的同时还存在以获取被告人自白为唯一目的的逮捕的；[2]其二，在违法侵害辩护权选任权的同时还存在违法另案逮捕以及强迫跪姿等不当讯问行为的；[3]其三，辩护权告知不充分而且未告知沉默权的。[4]除此之外，还有必要从非法证据排除规则的角度对辩护权被侵害的自白之证据能力进行探讨。至今为止，日本最高法院尚未作出与之相关的判例。然而，在下级法院的判例中，非法证据排除法则已经被当作衡量此类自白之证据能力的基准。例如，对于在事实上限制辩护人选任的情形下进行讯问所得的自白，大阪地方法院以程序存在重大瑕疵为由予以排除。[5]又如，对于在任意到场阶段拒绝嫌疑人与辩护人会见所得的自白，函馆地方法院以该自白是在不当侵害嫌疑人防御权的状态下违法收集的证据且该程序瑕疵重大为由加以排除。[6]

判例 5-4：会见限制与自白（最决平元·1·23 判夕 689·276）

事实概要：昭和 41 年 12 月 2 日，检察官对因欺诈案件被起诉后羁押且因恐吓嫌疑案件被起诉前羁押的被告人，围绕作为余罪的行受贿案件进行讯问。被告人于当天下午 4 点 25 分至 4 点 45 分与 A 辩护人进行了会见，之后立即

---

〔1〕　[日] 光藤景皎：《刑事訴訟法Ⅱ》，日本成文堂 2013 年版，第 182 页。

〔2〕　大阪高判昭 35·5·26 下刑集 2·5（6）·676.

〔3〕　大阪地判昭 46·5·15 刑裁月報 3·5·661.

〔4〕　浦和地判平 2·10·12 判夕 743·69.

〔5〕　大阪地判昭 44·5·1 判夕 240·291.

〔6〕　函館地決昭 43·11·20 判時 563·95.

开始围绕行受贿案件作出了自白。与此同时，B辩护人于当天下午4点半左右要求与被告人会见，检察官以正在讯问为由并未让B辩护人会见，而是指定当晚9点进行会见。B辩护人于当晚8点58分开始与被告人会见了50分钟。另外，11月30日，A辩护人、D辩护人与被告人进行了会见；12月1日，B辩护人、C辩护人与被告人进行了会见。第一审判决与控诉审判决以检查官拒绝被告人与B辩护人会见并未对辩护权造成实质性侵害且未对自白任意性造成影响为由，肯定了被告人有关行受贿案件的自白笔录的证据能力。对此，辩护人以将被告人的自白笔录作为证据违反《宪法》第31条、第34条、第38条为由提出上告。日本最高法院驳回了辩护人的上告。

裁定要旨： "该自白是（被告人）与A辩护人会见之后立即做出的，而且该日之前4名辩护人先后会见了被告人，B辩护人也于前日会见了被告人，……因此，该自白的任意性不存在疑问的原判断是妥当的。"

第四，侵犯沉默权的自白。根据法律规定，在讯问开始前，讯问人员应当首先进行沉默权告知。侦查人员如果不予告知，即构成程序违法。但是，这种程序违法是否会影响自白的证据能力，理论与实践的观点并不一致（判例5-5）。在理论层面，"主张从非法证据排除规则的角度出发，不问任意性有无而直接以程序违法为由否定自白证据能力的观点是十分有力的"。[1]然而，在实践层面，日本最高法院认为，即使未告知沉默权，也不能以此认定讯问行为存在重大违法因而否定自白的任意性。[2]确实，不告知沉默权本身并不一定构成对沉默权的侵害，尤其是在嫌疑人知晓该权利存在的情况下。但是，如果讯问人员不但未告知沉默权反而使嫌疑人错信自己负有供述义务，即构成对沉默权的侵害。[3]另外，对于根本不知晓该权利存在的嫌疑人而言，未进行沉默权告知这一程序缺失将影响自白的任意性。[4]

---

〔1〕 ［日］安西温：《刑事诉讼法（下）》，日本警察時報社2013年版，第486页。

〔2〕 最高裁判所判決昭25·11·21刑集4·11·2359.

〔3〕 ［日］石井一正：《刑事実務証拠法（第5版）》，日本判例タイムズ社2011年版，第274页。

〔4〕 浦和地判平2·10·12判夕743·69.

判例 5-5：沉默权告知与自白（浦和地判平 3·3·25 判夕760·261）

事实概要：被告人因共同接受兴奋剂的事实被起诉。在法庭审理中，控辩双方围绕逮捕当日警察官制作的自白笔录、之后制作的以对不利益事实的承认为内容的陈述笔录的证据能力产生了争议。浦和地方法院虽然否定了自白笔录等的证据能力，但是认定了被告人帮助接受兴奋剂的事实，并作出了有罪判决（被告人提出了控诉，但被驳回）。被告人提出了如下主张：在警察官讯问过程中，没有告知沉默权，也没有告知辩护人选任权；在逮捕当日，被告人还被制作自白笔录的警察官告知没有必要选任辩护人（在检察官听取辩解及询问过程中，向被告人告知了沉默权和辩护人选任权）；警察官们在讯问过程中还有不当的言行举动。对此，警察官提供了讯问过程适当的证言。浦和地方法院指出，"本案中，侦查与审判的全过程均存在着极为异常的事实关系"，否定了警察官证言的信用性，并认为"对被告人的讯问，存在着使用不当、违法方法的疑点，记载其结果的警察官面前笔录应当作为任意性值得怀疑的证据而否定其证据能力"。对于未告知沉默权这一问题，浦和地方法院作出了如下判示。

判决要旨："确实，即使未进行沉默权告知，也不至于因此而否定之后嫌疑人全部陈述的任意性，但是，嫌疑人的沉默权，由来于宪法第 38 条第 1 款，是刑事诉讼法上基本、重要的权利（同法第 198 条第 2 款），因而自然不允许无视该权利的讯问。因此，刑事诉讼法为了调和侦查官讯问嫌疑人的必要与被告人权利保障之间的关系（即将嫌疑人从讯问所产生的心理压迫中予以解放的同时，让讯问人员进行不要过度讯问的自省、自戒），规定了讯问人员的沉默权告知义务，一般情况下，将该告知理解为每次讯问时均应告知，即为此意。因此，诸如本案，警察官在讯问过程中未进行一次沉默权告知的案件中，不告知沉默权的事实，既表明进行讯问的警察官缺乏尊重嫌疑人沉默权之基本态度，也意味着嫌疑人未能通过接受沉默权告知从心理压迫中得以解放，对陈述任意性的判断造成重大影响。从该观点出发，被告人从检察官或者法官处获得沉默权告知，或者根据以往接受刑事裁判的经验而知道沉默权的存在等事由，并不会给上述结论造成重大影响"。

以上是结合判例对前述法律规定的三类自白之任意性判断所进行的类型

化分析。此外,还有两个问题值得注意:一为反复自白的任意性判断问题。反复自白作为证据的前提是其本身应当具有任意性。对于反复自白而言,任意性的判断应当结合"讯问主体及目的的异同、讯问的时间间隔及场所的同一性、作反复自白时讯问人员的言行举止(有无消除引诱、压迫的特别措施)、作出之前的自白之后是否与辩护人会见等进行综合考量"。[1]实践中,应当否定反复自白之证据能力的情形主要有:其一,第一次自白系通过拷问等行为所得,同一内容的反复自白即使是在合法、适当的讯问中作出的,也不具有证据能力。一旦肯定该反复自白的证据能力,即使舍弃第一次自白,也无法彻底消除采用拷问等非法取证行为的诱因。[2]其二,在受"强制"作出第一次自白后,嫌疑人又在短时间内作反复自白,除非存在遮断前次讯问中强制影响的特殊事由,否则该反复自白同样不具有证据能力。[3]二为基于不任意自白所发现的派生证据的证据能力问题。根据《刑事诉讼法》第319条的规定,即使派生证据能够证明自白的真实性,该不任意自白依然不具有证据能力。但是,对于该派生证据的证据能力,该条规定并未给出判断基准。人权保障说与虚假排除说聚焦自白的证据特质,因此并不能直接适用于证据物等派生证据。但是,从人权保障说的观点考量,如果仅排除不任意自白而保留派生证据,将直接泯灭排除不任意自白的意义,而无法消除讯问中存在的侵害陈述自由的危险。因此,为抑制违法讯问、保障被告人基本人权,有必要排除派生证据。从虚假排除说的观点考量,如果将导致虚假自白的讯问方法纳入抑制范围,欲使抑制产生实际效果,同样应当排除派生证据。然而,无论根据哪种观点,均无法得出排除所有派生证据的结论,而毋宁是在综合衡量不任意自白与派生证据的因果关系、派生证据的重要性等因素基础上作出具体判断。[4]

---

〔1〕[日]宇藤崇、松田岳士、堀江慎司:《刑事訴訟法(第2版)》,日本有斐閣2018年版,第447页。

〔2〕最高裁判所判决昭32·7·19刑集11·7·1882.

〔3〕最高裁判所判决昭41·12·9刑集20·10·1107.

〔4〕[日]宇藤崇、松田岳士、堀江慎司:《刑事訴訟法(第2版)》,日本有斐閣2018年版,第446、447页。

三、自白的证明力

（一）自白的信用性评价

一般认为，自白具有极高的证明力（证据价值与信用性）。但是，也正因如此，人们往往会比较轻易地对自白的证明力进行正向判断。实际上，并非所有的自白均具有高度的信用性，而一旦忽视自白信用性存在的问题，极有可能对正确认定案件事实造成重大妨碍。因此，对于自白的信用性而言，明确、客观的评价机制无疑是必要的。理论上认为，对自白的信用性进行评价应当注意以下内容：自白内容是否违反经验法则与逻辑法则；自白是否具有明确性、具体性、逼真性；是否包含了只有罪犯才知晓的事实；自白内容是否与客观事实、客观证据相符合；自白的时期与过程、自白的一贯性、自白的动机和原因等因素。[1]日本最高法院持相似的观点：自白的"信用性判断应当仔细审查是否有印证自白的客观证据、自白与客观证据之间是否具有整合性，而且，还要仔细斟酌自白的形成过程、在此过程中是否存在侦查官的误导或混入虚假陈述、自白内容是否有不自然、不合理之处，并在综合考虑以上内容的基础上作出"。[2]

（二）自白补强法则

1. 自白补强法则的意义

根据《宪法》第 38 条第 3 款、《刑事诉讼法》第 319 条第 2 款的规定，在自白是对被告人不利的唯一证据的场合，即使该自白值得信赖，也不得仅凭自白而认定被告人有罪（自由心证主义的例外）。为证明被告人有罪而有必要存在的自白以外的证据，称为补强证据。为认定被告人有罪而要求补强证据存在的证据法则，称为补强法则。

---

〔1〕　［日］宇藤崇、松田岳士、堀江慎司：《刑事訴訟法（第 2 版）》，日本有斐閣 2018 年版，第 449 页。

〔2〕　最判平 12・2・7 判夕 1026・75.

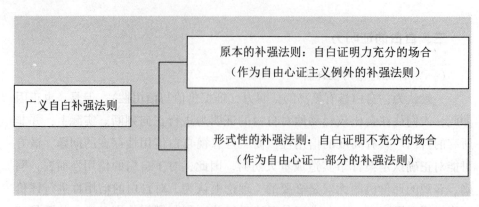

图五　自白补强法则的含义

需要注意的问题是,《宪法》第38条第3款规定的自白是否包含被告人在法庭上所作自白? 换言之, 被告人在法庭上所作的自白是否需要适用补强法则? 日本最高法院认为, 此种自白不需要补强证据, 理由有二: 其一, 被告人在法庭上所作的自白具有高度的任意性; 其二, 法官能够对自白的真实性进行充分、有效的判断。[1]但是, 通说认为, 补强证据的价值在于防止法院因对自白的证据能力作出过高的评价而导致事实误认。而这种危险性并不因自白的产生环境而有所差异, 因此对于被告人在法庭上作出的自白同样需要适用补强法则。

对于补强法则的立法目的, 日本学界与实务界存在不同的认识。日本最高法院认为, 倘若允许单凭自白认定有罪, 会产生侦查机关采取强制等侵害人权的手段获取自白的风险, 补强法则正是为了防止此种弊害的发生。[2]此为第一种观点。第二种观点认为, 即使是任意性的自白, 也未必与客观事实相符合, 而补强法则的目的则在于担保自白的真实性。[3]第三种观点认为, 自白是极容易被过高评价的证据, 而且刑事司法实践也存在偏重自白的传统倾向, 补强法则的目的在于纠正这种偏重自白的情形, 防止因过分重视自白的证明力而导致误判的发生。[4]第四种观点认为, 补强法则并非为了防止强

---

〔1〕　最高裁判所判决昭 1984 年 7 月 29 日刑集 2·9·1012.

〔2〕　最高裁判所判决昭 1984 年 7 月 19 日刑集 2·9·1012.

〔3〕　［日］高田卓爾:《刑事訴訟法 (二訂版)》, 日本青林書院 1984 年版, 第 254 页。

〔4〕　［日］平場安治:《刑事訴訟法講義》, 日本有斐閣 1954 年版, 第 257 页。

要自白而要求侦查机关去寻找其他证据，而是要求侦查机关不要将重点放到对被告人的讯问上而应当寻找自白以外的其他证据。[1]笔者认为，法院对自白证据能力的评价不仅要看自白是否为任意的，还要关注自白收集过程的合法性。通过对自白的证据能力设置严格的规则，的确可以产生防止强迫自白的效果。不容否认的是，被告人在审判程序外对侦查机关以外的主体所作的自白或者在法庭上的自白即使具有任意性，但也存在混入虚假成分的可能性。因此，补强法则的目的应当理解为防止单凭自白认定有罪所存在的误判的危险性。

2. 自白补强法则的内容

（1）需要补强的事实范围

对于需要补强的事实范围，存在两种观点：一为罪体说（形式说）。该观点认为，罪体，也即犯罪事实的客观方面的全部或者重要部分需要补强证据，以形式性的标准划定了需要补强的事实范围。理由在于：为了防止自白偏重倾向，有必要通过其他证据对自白所包含犯罪事实的真实性进行证明。[2]这也是理论通说。二为实质说（判例）。该观点认为，何种范围的事实并不重要，只要有担保自白真实性的证据即可。[3]

（2）罪体的内容

罪体的内容，是指存在补强必要的具体事实范围。首先可以明确的是，犯罪事实以外的事实不需要补强证据。例如，累犯前科、[4]没收或者追缴的理由、[5]犯罪经过及动机[6]可以根据被告人的自白直接认定。在将未起诉的犯罪事实（余罪）作为量刑资料加以考虑的场合，虽然对是否需要补强证据存在争论，但是由于余罪并非用于证明犯罪事实而只是作为量刑情节事实，因此不需要进行证据补强。单纯作为情状的以前科、经历为内容的犯罪事实，同样不需要进行证据补强。[7]但是，作为常习累犯盗窃罪之成立要件的前科，

〔1〕　[日] 田宫裕：《搜查の構造》，日本有斐閣1971年版，第322页。

〔2〕　[日] 光藤景皎：《刑事訴訟法Ⅱ》，日本成文堂2013年版，第191页。

〔3〕　最高裁判所判決昭23・10・30刑集4・11・2402.

〔4〕　最決昭29・12・24刑集8・13・2343.

〔5〕　最高裁判所判決昭26・3・6刑集5・4・486.

〔6〕　最高裁判所判決昭32・10・4刑集11・10・2456.

〔7〕　東京高判昭52・2・23判時856・104.

由于是犯罪构成要件事实，需要进行证据补强。[1]

在犯罪事实中，被告人是犯人的事实不需要进行证据补强。这是因为，司法实践中很多场合并不存在此种补强证据，一律要求进行证据补强是不合理的。[2]此其一。其二，对于犯罪成立阻却事由的不存在，也无需进行证据补强。一般认为，在违反《兴奋剂取缔法》《麻醉及精神药品取缔法》《大麻取缔法》的案件中，对于不存在法定除外事由的事实，亦不需要进行补强。[3]此类事由的不存在，通常在起诉状的公诉事实或者判决书中构成犯罪的事实部分中予以记载。这种事实是犯罪成立的阻却事由，而非构成要件事实，因此不需要补强证据。其三，犯罪构成要件事实中的主观要素并不需要进行补强。司法判例认为，对犯罪的主观要素，诸如故意、过失、知情、目的等被告人的主观心理状态，要求提供补强证据是不合理的。[4]

在犯罪构成事实中，客观要件事实（行为与结果，即罪体）需要补强证据。由于补强证据的趣旨在于防止单凭被告人的自白认定虚假犯罪事实的危险，犯罪的客观部分应当有补强证据。如前所述，判例采实质说，主张在保障自白真实性的程度范围内存在补强证据即可。以下结合具体判例对上述标准进行说明。对于赃物罪，被害情况说明作为补强证据即可。[5]但是，实务中，赃物买卖、搬运等证据时常作为补强证据而被出示。对于抢劫伤人罪，被告人施加暴行造成伤害的部分如果有补强证据，能够保障被告人自白包含的事实真实性即可。[6]对于杀人罪，被害人死亡的事实可以作为补强证据保障自白的真实性。[7]对于无证驾驶罪，驾驶行为[8]和无驾驶证的事实均需要进行补强（判例5-6）。对于与被告人身份相关的事实，例如赌博或者盗窃的常习性、机动车驾驶的业务性等事实，无需进行补强。[9]对于不作为犯，

---

〔1〕 東京高判平 12·10·2 東高時報 51·1＝12·98.

〔2〕 最高裁判所判決 1955 年 6 月 22 日最高裁判所刑事判例集 9·8·1189.

〔3〕 東京高判昭 56·6·29 判時 1020·136.

〔4〕 最高裁判所判決昭 24·4·7 最高裁判所刑事判例集 3·4·489、最高裁判所判決昭 25·11·29 最高裁判所刑事判例集 4·11·2402.

〔5〕 最決昭 26·1·26 最高裁判所刑事判例集 5·1·101.

〔6〕 最高裁判所判決昭 24·4·30 最高裁判所刑事判例集 3·5·691.

〔7〕 広島高松江支判昭 26·3·12 高刑集 4·4·315.

〔8〕 大阪高判昭 62·9·4 判夕 55·266.

〔9〕 最高裁判所判決昭 38·9·27 判時 356·49.

何种范围的事实有必要进行补强是一个困难的问题。日本最高法院判例认为，对于不申告事故、不进行救护的事实需要补强证据。[1]

判例 5-6：补强证据（最高裁判所判决昭 42·12·21 刑集 21·10·1476）

事实概要： 被告人因以下事实被起诉：一为驾驶大型货车在行驶中欲超过正在骑自行车的 V，由于未把握好两车之间的距离，将 V 撞倒、碾压，并导致 V 死亡的事实；二为无证驾驶大型货车的事实。佐贺地方法院以业务上过失致人死亡罪和违反道路交通法（无证驾驶罪）判处被告人禁锢 7 个月。对于后一项罪名，自白以外的有罪证据只有被告人驾驶该大型货车的事实（对于无证驾驶的事实只有自白予以证明）。因此被告人以审理不备为由提出控诉。福冈高等法院认为"对于诸如没有驾驶证这一消极身份等主观方面，仅有被告人的自白也可以予以认定"，并驳回控诉。被告人进而以违反《宪法》第 38 条第 3 款（补强法则）为由提出上告。日本最高法院驳回了被告人的上告，并以职权作出了如下判示

判决要旨： "在无证驾驶罪中，对于驾驶行为，以及未获得驾驶许可的事实而言，除被告人的自白外，还需要有补强证据的存在"，"原判决……对刑诉法第 319 条第 2 款（补强法则）的解释是错误的"。但是，被告人同事 A 的司法警察面前笔录（原审判决对该证据进行了记载），记录了 A 推定被告人未获得驾驶许可的陈述，"该陈述，足以对被告人在法庭上的自白进行补强，因此，原判决的上述违法实际上并未对判决本身造成影响"。

（3）补强证据适格及证明力

原则上，只要是具有证据能力的证据，任何证据形式——人证、物证、书证抑或直接证据、间接证据在所不论[2]——都可以作为补强证据。但是，从补强法则趣旨的角度考量，补强证据相对于自白应当具有实质的独立性，因此（其他）自白不得作为自白的补强证据。[3]当然，以被告人的陈述为内容但又具有实质独立性的文书则可以作为补强证据使用。[4]第三者的陈述，

[1] 大阪高判平 2·10·24 高刑集 43·3·180.
[2] 最高裁判所判决昭 26·4·5 刑集 5·5·809.
[3] 最高裁判所判决昭 25·7·12 刑集 4·7·1298.
[4] 最决昭 32·11·2 刑集 11·12·3047.

如果本质上只是对被告人自白的重复，则不得作为补强证据。例如，在盗窃的被害情况尚未查明的情况下与被告人自白一并提出的被害情况说明，在此意义上欠缺作为补强证据的适格性。[1]即使有关被害者陈述只是对被告人陈述的重复，但是对被害物品的保管场所、保管者、保管状况等进行详细陈述足以明确被害状况的，该部分陈述可以作为补强证据。[2]

补强证据具有与被告人自白相结合能证明相关事实的证明力即可。例如，纵然被害情况说明与自白之间，在犯罪的日期、被害物品的数量上存在差异，被害情况说明仍可以作为盗窃的补强证据。[3]补强证据的证明力程度，取决于与自白证明力程度的相关性，自白的证明力越高，补强证据的证明力稍微低一些也没关系；相反，在自白的证明力偏低的情况下，则要求补强证据应当具有更高的证明力。[4]

需要注意的是，关于需要补强的事实范围，如上所述，判例虽然采取具有保障自白真实性的基准（实质说），但同时认为补强证据只要具备保障自白真实性程度的证明力即可，而且往往对二者并不作明确的区分。不管怎样，判例并不要求补强证据应当对需要补强的事实的证明达到排除合理怀疑的程度，而且有时甚至不要求对该事实的证明使裁判者形成基本的心证。就此而言，判例的基准具有明显的个别化、相对化的特征。

四、共同被告人的陈述

（一）概述
1. 共同被告人的意义

所谓共同被告人，是指在同一诉讼程序中同时予以审判的2名以上被告人。从性质上讲，刑事裁判是适用刑事实体法追究被告人个人责任的活动，原则上应当（每次）对单个被告人进行审理。但是，法院对多名被告人进行同时审理具有以下优点：一为能够避免进行重复的事实调查、确保事实认定的统一性，并有助于案件综合认定，促进案件公平处理；二为有助于防止量

---

〔1〕 東京高判昭 26・1・30 高刑集 4・6・561.
〔2〕 最決昭 32・5・23 刑集 11・5・1531.
〔3〕 最高裁判所判決昭 24・7・19 刑集 3・8・1341.
〔4〕 仙台高判昭 60・4・22 判時 1154・40.

刑偏差，实现不同被告人之间的量刑均衡；三为能够避免被告人、证人等诉讼参与人进行重复的诉讼活动，有利于实现迅速裁判、契合诉讼经济原则的要求。因此，《刑事诉讼法》将存在特定关系的数个案件视为牵连案件，并规定了合并管辖、合并审判制度。[1]另外，《刑事诉讼法》第313条第1款还规定，审判长在认为必要时，可以作出合并辩论的裁定。

但是，合并审理也存在如下缺点：一为容易导致审理混乱，妨碍迅速审判与真实发现；二为在被告人之间存在利害对立关系的场合，对被告人的权利保障不足；三为对于被告人数量较多的案件，法院的认识能力与法庭设备条件都存在明显的界限。[2]为此，《刑事诉讼法》第313条第2款规定："法院为保护被告人的权利，在必要时，依照法院规则的规定，应当用裁定将辩论分离进行"。《刑事诉讼规则》第210条规定："法院认为存在与被告人防御相反的事由，为了保护被告人的权利，在必要时，依检察官、被告人或者辩护人的请求，或者依职权，应当裁定将辩论分离"。

2. 共同被告人的起诉

（1）共同被告人的产生

在以下三种情形下产生共同被告人的问题：其一，在一份起诉状中记载多名被告人的场合（合并起诉）；其二，多起案件通过多份起诉状分别起诉，但是受理起诉状的法院为同一法院且法院裁定合并辩论的场合（法313）；其三，多起案件通过多份起诉状分别向不同的法院起诉，但是这些案件为牵连

---

[1]《刑事诉讼法》第3条："（1）级别管辖不同的数个案件有牵连的，上级法院可以合并管辖该类案件。（2）属于高等法院特别权限管辖的案件与其他案件有牵连的，高等法院可以合并管辖该类案件"；第5条规定："（1）数个有牵连的案件分别系属上级法院和下级法院时，上级法院可以不受级别管辖的限制，决定合并审理属于下级法院管辖的案件。（2）属于高等法院特别权限内的案件正在由高等法院处理，而与该案件有牵连的案件系属于下级法院时，高等法院可用裁定合并审理属于下级法院管辖的案件"；第6条规定："地区管辖不同的数个案件有牵连时，对其中一个案件有管辖权的法院，可以合并管辖其他案件。但是，对于依照其他法律规定属于特定法院管辖的案件，不得合并管辖"；第8条规定："（1）数个牵连案件分别系属于同级别的数个法院时，各法院依据检察官或者被告人的请求，可用裁定由一个法院合并审理。（2）在前款情况下，各法院的决定不一致时，各法院的共同直接上级法院依据检察官或者被告人的请求，可以裁定该案件由一个法院合并审理"；第9条规定："（1）数个案件有下列情形的，视为牵连案件：一、一人犯数罪的；二、数人共犯同一犯罪或者不同的犯罪的；三、数人相通谋而分别实施犯罪的。（2）藏匿犯罪人罪，毁灭证据罪，伪证罪，虚假鉴定、翻译罪及赃物罪，与上述的本犯之罪，视为共同实施的犯罪。"

[2]［日］铃木茂嗣：《刑事诉讼法（改订版）》，日本青林书院1990年版，第261页。

案件（法9）的，法院决定合并审判的场合（法5、8）。

（2）合并起诉

检察官在一份起诉状中对牵连案件中的多名被告人提起公诉，法律并无明文规定，但是已经成为司法实践中检察官的惯常操作方式（合并起诉）。但是，对于共犯或者其他牵连案件，起诉状应当分别记载足以特定各个被告人及特定犯罪行为的事项。

（3）辩论合并

辩论合并，是指将原本分离的辩论予以合并、同时进行。与审判合并（法5、8）不同，辩论合并不用考虑案件是否为牵连案件。至于在何种场合下应当将辩论合并，取决于法官的自由裁量。法官应当综合考量合并审理的优缺点等诸般事情，并结合具体案情作出判断。对于法院合并辩论的裁定，不允许提出抗告（法420），但是可以成为控诉理由（法379）。另外，存在《刑事诉讼法》第312条第2款、《刑事诉讼规则》第210条所规定的事由时，应当对辩论进行必要的分离。

3. 共犯与共同被告人

共犯原本是实体法上的概念。例如《刑法》第60条规定："二人以上共同实行犯罪的，皆为正犯"；第65条规定："加功应由犯人身份构成的犯罪行为时，没有身份的人也是共犯。因身份而特别加重或者减轻处罚时，对于没有身份的人，处通常的刑罚"。当然，《刑事诉讼法》也使用共犯的概念。例如，第148条规定："与共犯或者共同被告人中的一人或者数人有前条关系的人，对于仅与其他共犯或者共同被告人有关的事项，不得拒绝提供证言"；第182条规定："共犯的诉讼费用，可以让共犯人连带负担"。又如，第238条规定："（1）关于亲告罪，对共犯中的一人或者数人提起告诉或者撤回告诉的，其效力及于其他共犯。（2）前款的规定，准用于告发或者有请求才受理案件中的告发或请求，或者撤回告发或撤回请求。"根据《刑法》的规定，共犯包括共同正犯、教唆犯、从犯、必要的共犯。而共同被告人是程序法上的概念，指称通过辩论合并而在同一程序中同时审理的复数被告人。例如，《刑事诉讼法》第311条第3款规定："陪席法官、检察官、辩护人、共同被告人或者其辩护人，告知审判长后，可以要求前款的陈述。"从整体上看，在共犯与共同被告人之间存在三种关系：构成共犯的共同被告人；非共犯的共同被告人；未合并审理的共犯。

4. 共同被告人的相关问题

《刑事诉讼法》对共同被告人的规定多有不备，尤其体现在证据规则上。例如，在共同被告人于法庭上陈述的场合，其陈述能否作为证据、证据能力该如何判断。又如，共同被告人在法庭上不进行陈述时，能否对其进行证人询问（证人适格的有无）；在无法进行证人询问时，能否使用法庭外形成的陈述笔录。再如，在承认共同被告人（共犯）陈述的证据能力的前提下，该证据能否作为认定被告人有罪的证据。对于这些问题，现行法律并未给出明确的答案。

（二）共同被告人陈述的证据能力

1. 共同被告人法庭陈述的证据能力

在作为共犯的共同被告人行使沉默权的场合，共犯的陈述是否具有证据能力呢？被告人的反对询问权与共同被告人的沉默权又应当如何调和呢？例如，在存在共同被告人 X、Y 的场合，Y 对 X 的法庭陈述进行反对质问，但是 X 此时行使沉默权而拒绝陈述，那么 X 的法庭陈述能否用作证明 Y 之犯罪事实的证据呢？对此，理论和实务中存在三种观点：一为否定说。其认为，既然被告人无法行使反对询问权，那么应当否定法庭陈述的证据能力。如果想使其作为证据，应当将程序予以分离并进行证人询问。[1]二为肯定说。其认为被告人可以通过反对询问要求共同被告人提供任意陈述，因此可以认为反对询问权得到了保障。[2]三为有限制的肯定说。其认为，在被告人的反对询问权得到充分行使的情形下，可以肯定其证据能力。在被告人行使沉默权的场合，该陈述应予排除（规 207）。

第一种观点过分看重反对询问权的行使，而且将共同被告人具有证人适格性作为当然前提的逻辑进路并不妥当。第二种观点以反对询问权得到了有效保障为理由承认共犯当庭陈述的证据能力，有一定的合理性。但是，在共同被告人受沉默权保护的现行体制下，仅凭被告人进行反对询问的可能性而肯定证据能力同样不妥。因此，为了兼顾被告人反对询问权与共同被告人的沉默权，合理的做法应当是，在被告人的反对询问权（事实上的反对询问）

---

[1]　最决昭 28・2・19 刑集 7・2・280.

[2]　最高裁判所判决昭 28・10・27 刑集 7・10・1971.

得以充分行使的场合下，应当肯定共同被告人当庭陈述的证据能力。

2. 共同被告人的证人适格

（1）共同被告人是否能够作为证人？

作为共犯的共同被告人在法庭上进行了陈述，且对于被告人的反对质问行使沉默权的场合，能否对作为共犯的共同被告人进行证人询问？也即在合并审理的情况下共同被告人能否作为证人呢？通说、判例认为，共同被告人同样是受沉默权保护的被告人，不负有陈述义务。一旦承认其具有证人适格性，意味着强制其负有陈述义务。一方面居于能够拒绝陈述的被告人地位，另一方面又在同一程序中作为负有陈述义务的证人，容易导致被告人心理与认识的混乱。因此，在合并审理的情况下共同被告人不得同时作为证人。[1]

（2）程序分离的场合共同被告人能否作为证人？

通说、判例认为，在程序分离的场合下，共同被告人实际上已经变成诉讼外的第三者，因此其具有证人适格性，法院可以将其作为证人进行强制传唤。当然，即使被传唤到庭，共同被告人对不利于自己的事实仍然具有拒绝作证的权利。[2]需要注意的是，通过形式性的程序分离将共同被告人作为证人进而强制其陈述，而后再将程序合并将该陈述作为对该共同被告人自身不利益的证据使用的方式，由于侵害了共同被告人的沉默权，是不妥当的，也是应当予以禁止的。因此，这里所称的程序分离，应当是真正的分离，即由不同法官分别审理及程序永久性分离。也只在这种场合下，共同被告人才可以作为证人作证。

3. 共同被告人法庭外陈述笔录的证据能力

共同被告人的法庭外陈述笔录，能否用作针对被告人的证据？例如，共同被告人在法庭上一言不发或者法庭陈述与庭前陈述笔录存在矛盾的，该庭前陈述笔录能否作为证据。对此存在三种观点：其一，第 322 条说。[3]该观

---

〔1〕 大阪高判昭 27·7·18 高刑集 5·7·1170.

〔2〕 最高裁判所判决昭 35·9·9 刑集 14·11·1477.

〔3〕《刑事诉讼法》第 322 条："（1）被告人书写的陈述书或者记录被告人陈述的文书中由被告人签名或盖章时，只有该陈述是承认对被告人不利的事实为内容的，或者是在特别可以信赖的情形下作出的，才能作为证据。但是，以承认对被告人不利的事实为内容的文书，该承认不是自白时，适用第 319 条的规定，怀疑该承认可能不是任意作出的，不得作为证据。（2）记录被告人在审理准备或者庭审中进行陈述的文书，只有认为该陈述是任意作出的，才能作为证据。"

点认为，作为共犯的共同被告人相对于其他共同被告人而言并不是纯粹的第三人，他的陈述书、陈述笔录是对自己的犯罪与其他共同被告人的犯罪所进行的不可分的陈述记载，与未直接参与该被告人犯罪的其他人的陈述笔录具有不同的性质。当然，共同被告人的陈述由于同样是被告人陈述，法官应当严格审查其任意性。另外，共同被告人享有沉默权，因此没必要过分重视其他被告人的反对询问权。[1]其二，第321条第1款说。该说认为，从被告人的视角看，共同被告人同样是第三者，为了确保被告人反对询问权的行使，《刑事诉讼法》第321条第1款所规定的要件必须得到满足。对于自白或者对不利益事实的承认的任意性，直接适用《刑事诉讼法》第319条的规定即可。[2]其三，竞合说。作为共犯的共同被告人，对于被告人而言是第三者，为了确保被告人行使反对询问权，需要满足《刑事诉讼法》第321条第1款的要件。另外，共同被告人同样是被告人，他的陈述书、陈述笔录应当满足《刑事诉讼法》第322条规定的任意性等要件。[3]整体而言，共同被告人具有被告人和第三人的双重身份。但是，陈述的任意性已由《刑事诉讼法》第319条第1款所规定，适用《刑事诉讼法》第322条的实益并不大。因此，对于未经被告人反对询问的共同被告人的陈述书、陈述笔录，为了确保被告人有效行使反对询问权，应当根据《刑事诉讼法》第321条第1款的规定对其证据能力进行判断。共同被告人的陈述书、陈述笔录在满足该款规定的场合下具有证据能力。

（三）共犯者陈述（自白）的证明力

1. 共犯者自白是否需要补强证据

为认定被告人有罪，共犯者自白是否需要补强证据？参照《宪法》第38条第3款"本人自白"的规定处理共犯者自白是否妥当？例如，X否定公诉事实而Y作出了"我与X一同侵入甲家实施了盗窃行为"的自白，仅凭该自白能否认定X有罪？

对此问题，有三种不同的观点。观点一：必要说，即共犯者自白需要其

〔1〕［日］LEC综合研究所司法试验部编著：《C-Book 刑事訴訟法Ⅱ（公訴·公判）（第3版）》，日本東京リーガルマインド2012年版，第420页。

〔2〕最决昭27·12·11刑集6·11·1297.

〔3〕［日］LEC综合研究所司法试验部编著：《C-Book 刑事訴訟法Ⅱ（公訴·公判）（第3版）》，日本東京リーガルマインド2012年版，第420、421页。

他证据进行补强。理由在于：其一，从防止偏重自白的观点出发，不应当将本人自白与共犯者自白进行区别对待；其二，考虑共犯者将责任转嫁他人的危险、具体细节真假混杂的可能性等因素，共犯者自白虚假的可能性更高，由此带来的误判风险也更高；其三，倘若不需要补强证据，在一名被告人自白而另一被告人否认的场合，将出现自白者无罪、否认者有罪这一不合常理的结果。[1]观点二：不要说，即共犯者的自白不需要其他证据补强。理由在于：其一，自白之所以需要补强证据，是因为自白即使未经过反对询问也能够认定其证据能力，被告人对共犯者可以进行反对询问，不能将二者等同视之；其二，自白的证明力要弱于经过反对询问的陈述，因此，自白者无罪、否认者有罪的结果是正常的；其三，共犯者陈述的危险性在于构陷无罪者，即使将共犯者自白当做本人自白，只要补强证据的范围限定为罪体，该风险将无从预防。[2]观点三：只有法庭外的自白需要补强证据。该观点认为，在实务中出现问题的共犯者陈述多为法庭外陈述。因此，共犯者在法庭外的陈述，与普通的自白相同，是讯问被告人所形成的成果；与其他被告人相关的陈述系自白的一部分，因此要求进行补强的理由也是相同的。[3]

近来，日本最高法院重申了上述判例的立场，认为共犯者自白不需要补强证据。[4]理由是：其一，《宪法》第38条第3款的规定作为自由心证主义的例外，应当进行严格解释，不能因此将共犯者自白与本人自白予以混同；其二，共犯者与证人、被害人等第三人并无实质差异，因此共犯者陈述应当付诸自由心证，具有完全、独立的证明力；其三，共犯者自白只不过是第三者的陈述，通过反对询问可以对其信用性进行充分争辩，而且法官可以通过自由心证对其进行慎重评价。[5]因此，在上述例子中，仅凭共犯Y的陈述，可以认定否定犯罪事实的X有罪。

---

〔1〕 [日] 团藤重光：《新刑事訴訟法綱要（7訂版）》，日本創文社1972年版，第285、286页。

〔2〕 最高裁判所判決昭33·5·28刑集12·8·1718.

〔3〕 [日] LEC総合研究所司法試験部編著：《C-Book刑事訴訟法Ⅱ（公訴·公判）（第3版）》，日本東京リーガルマインド2012年版，第422页。

〔4〕 最高裁判所判決昭51·2·19刑集30·1·25.

〔5〕 [日] 石井一正：《刑事実務証拠法（第5版）》，日本判例タイムズ社2011年版，第475页。

2. 共犯者陈述的补强证据能力

(1) 被告人自白能否作为补强证据

在被告人作出自白的场合，能否将共犯者自白作为补强证据而认定被告人有罪？或者，共犯者 X、Y 的自白能否互相作为补强证据而认定二者有罪？

对此问题，有肯定说与否定说两种观点。肯定说（多数说）认为，共犯者的自白可以作为补强证据。这是因为：其一，既然共犯者自白不属于本人自白，那么共犯者陈述自然可以作为被告人自白的补强证据；其二，共犯者自白与犯人自白并非完全相同，即使认为共犯者自白需要补强证据，共犯者自白与本人自白也是相互独立的证据，同样可以作为补强证据；其三，在被告人作出自白的场合，只要其内容不存在矛盾，那么构陷他人、转嫁责任以及误判的风险即得以消除，因此并无必要禁止独立于被告人本人自白的共犯者自白作为补强证据。[1] 否定说认为，共犯者自白应当包含于本人自白当中，自白不能对自白进行补强。但是，如前所述，将共犯者自白包含于本人自白的前提，并不符合《宪法》第 38 条第 3 款的条文含义。

(2) 共犯者两人以上的陈述相互补强能否认定被告人有罪

在共犯者两人（Y、Z）作出自白的场合，能否将 Y、Z 的自白作为相互的补强证据而认定否认犯罪事实的被告人 X 有罪？

对此问题，同样存在肯定说、否定说两种观点。肯定说认为，可以根据 Y、Z 的自白而认定 X 有罪。理由是：其一，既然共犯者自白不需要补强证据，自然可以相互进行补强；其二，两人以上的独立主体作出的自白相互补强，能够有效避免误判风险，同样可以据此认定被告人有罪；其三，虽然不能断言不存在迎合侦查人员的暗示而构陷他人的风险，但是这属于自由心证的问题，并不能据此否认共犯者陈述的补强证据资格（判例 5-7）。否定说认为，应当重视共犯者自白存在的将他人卷入自己犯罪的危险性，即使两名以上的共犯者自白内容一致，如果不存在证明被告人为犯人的补强证据，就不能认定被告人有罪。[2]

---

〔1〕　最高裁判所判决决昭 23·7·19 刑集 2·8·952.

〔2〕　［日］松本一郎：《事例式演習教室　刑事訴訟法》，日本劲草书房 1987 年版，第 186 页。

判例 5-7：补强证据（最高裁判所判决昭 51·10·28 刑集 30·9·1895）

事实概要：被告人 X 因与共同被告人 A、B、C 合谋通过伪造交通事故的方式骗取保险金的事实被起诉。具体事实如下：B 驾驶的载有 X 和 A 的机动车被 C 驾驶的机动车追尾，造成前车三人受伤住院；之后，四人以此向保险公司和邮政局请求保险金。在第一审中，X 坚持了其在侦查阶段的观点，主张不存在共谋的事实，而 3 名共同被告人承认了犯罪行为并提供了详细的陈述。第一审判决以三名共同被告人在法庭上自白为主要证据，认定 X、A、B 为共谋共同正犯、C 为帮助犯，并认定全员有罪。X 以事实误认为理由提出控诉，控诉审认为第一审判决并不存在事实误认的违法，并作出了第一审判决中三名共犯的陈述中有关 X 的部分均具有充分的信用性的判示。X 提出既未与 A、B 进行合谋，也不知道二人骗取保险金的企图；偶尔乘坐 B 驾驶的机动车并因追尾事故受伤，以此为由请求保险金是正当的，并不存在骗取钱财的故意，因此是无罪的。X 以仅凭共同被告人的自白对其进行有罪认定违反《宪法》第 38 条第 3 款的规定为由提出上告。日本最高法院驳回了 X 的上告。

判决要旨："根据本法院大法庭判决的趣旨（最高裁判所判决昭 23·7·14 刑集 2·8·876、最高裁判所判决昭 23·7·19 刑集 2·8·952、最高裁判所判决昭 33·5·28 刑集 12·8·1718），通过 2 名以上共犯者的自白认定被告人有罪并不构成对宪法第 38 条第 3 款的违反，因此以 3 名共犯者的自白认定本案被告人有罪，并不违宪。不仅如此，从第一审判决的证据目录可知，原判决并非仅根据共犯者的自白认定被告人犯罪事实。"对此判决，4 名审判法官均出具了补充意见。

岸盛一法官、岸上康夫法官的意见如下：根据《宪法》第 38 条第 3 款之"本人的自白"不包括共犯者自白的观点，即使在没有被告人自白而仅有 1 名共犯者自白的场合，也自当允许认定被告人有罪。诸如本案的场合，无被告人自白而有两名以上共犯的自白，将共犯者的自白作为认定被告人有罪的证据，并不违反《宪法》第 38 条第 3 款的规定。由于《宪法》第 38 条第 3 款的趣旨是防止偏重自白所导致的误判，如果存在独立的共犯者自白，而且由此能够确认本人自白的信用性，那么认定本人有罪并不违反宪法的趣旨。在此意义上，共犯者的自白能够相互作为补强证据是理所当然的事情。禁止仅凭共犯者自白认定被告人有罪而要求有补强证据的外国法制的着眼点主要在防止共犯者构陷他人。将该法理引入我国，不仅与《宪法》第 38 条第 3 款本来的趣旨不相符合，还会带来作出自白的共犯者因自白之间的相互补强而被判有罪、未作出自白的被告人免受处罚的不均衡结果，因而是不妥当的。

团藤重光法官的意见如下（下田武三法官意见大致相同，略）：共犯者的自白同样属于《宪法》第 38 条第 3 款规定的"本人自白"，因而需要补强证据。"问题是，共犯者的自白能否相互作为补强证据。共犯者的自白，……是不同的主体所作的个别、独立的陈述。二人以上的自白一致时，即使它们是共犯者，由于误判的危险很小，可以相互作为补强证据。……特别是，在本人与共犯者均进行自白的场合，共犯者的自白可以补强本人的自白，进而认定被告人有罪……。但是，诸如本案，在不存在本人自白的场合，仅凭二名以上共犯者的自白能否认定被告人有罪的问题，除上述立场外，还有必要考虑其他观点"。"在参考英美法制的同时尽可能地将与之近似的处理方式引入《宪法》第 38 条第 3 款的解释论当中，是存在一定界限的"。"二人以上共犯的自白能够相互补强，认定否认犯罪的被告人有罪，并不违反宪法第 38 条第 3 款的规定"。共犯者的自白不得相互作为补强证据的观点行之过远，应当将其作为事实认定过程中的自由心证问题或者证据能力问题加以解决。

第六章　审判前整理程序

法条索引：第一款　审判前整理程序

第一目　通则

《刑事诉讼法》第316条之2：（1）法院认为，为了持续、有计划、迅速地进行充实的法庭审理而有必要时，根据检察官、被告人或辩护人的请求或者依职权，在第一回审判期日之前，为整理案件的争点和证据而进行审理准备，可以用裁定将案件交付审判前整理程序。

（2）作出前款裁定或者驳回同款请求的裁定时，应当根据法院规则的规定，事先听取检察官和被告人或者辩护人的意见。

（3）审判前整理程序根据前款的规定，可以采用让诉讼关系人到场陈述，或者让诉讼关系人提出书面材料的方式进行。

第316条之3：法院为了能够持续、有计划且迅速地进行充实的法庭审理，应当努力在审判前整理程序中进行充分准备，并尽早终结该程序。

（2）诉讼关系人为了能够持续、有计划且迅速地进行充实的法庭审理，应当在审判前整理程序中互相配合，并协助法院推进该程序的进行。

第316条之4：（1）在审判前整理程序中，被告人没有辩护人的，该程序不得进行。

（2）在审判前整理程序中被告人没有辩护人的，审判长应当依职权指定辩护人。

第316条之5：在审判前整理程序中，可以进行下列事项：

一、明确诉因或者罚条；

二、允许追加、撤回、变更诉因或者罚条；

三、明确预定在审判期日提出的主张并整理案件的争点；

四、允许证据调查请求；

五、明确前项请求证据的立证趣旨、询问事项等；

六、确认有关证据调查请求的意见（包括对证据文书是否作出第 326 条之同意的意见）；

七、作出进行证据调查的裁定，或者驳回证据调查请求的裁定；

八、对于裁定进行证据调查的证据，确定调查的顺序和方法；

九、对有关证据调查的异议申请作出裁定；

十、根据第三目的规定，作出有关证据开示的裁定；

十一、对根据第 316 条之 33 第 1 款的规定提出参加被告案件程序的申请作出裁定，或者撤销该裁定的裁定；

十二，确定或者变更审判期日，或者确定其他审判程序进行上的必要事项。

第 316 条之 6：（1）审判长让诉讼关系人到场进行审判前整理程序时，应当确定审判前整理程序的日期。

（2）审判前整理程序的日期，应当通知检察官、被告人和辩护人。

（3）审判长根据检察官、被告人或辩护人的请求或者依职权，可以变更审判前整理程序的日期。在此场合，根据法院规则的规定，应当事先听取检察官、被告人或者辩护人的意见。

第 316 条之 7：检察官或者辩护人无法在审判前整理程序日期到场的，不得进行该日期的程序。

第 316 条之 8：（1）辩护人在审判前整理程序日期没有到场的，或者不在席位时，审判长可依职权指定辩护人。

（2）辩护人有可能于审判前整理程序日期不到场的，法院应当依职权指定辩护人。

第 316 条之 9：（1）被告人可以于审判前整理程序日期到场。

（2）法院认为必要时，可以要求被告人在审判前整理程序日期到场。

（3）审判长让被告人到场参加审判前整理程序的场合，在被告人到场的最初的审判前整理程序日期，应当告知被告人有权始终保持沉默，也有权对各个质问拒绝陈述。

第316条之10：法院在认为有必要确认被告人对辩护人陈述或者辩护人提出的文书的意见时，在审判前整理程序日期可以对被告人进行质问，并要求提出被告人与辩护人共同署名的文书。

第316条之11：法院可以命令合议庭的组成人员进行审判前整理程序（第316条之5第2项、第7项和第9项至第11项的裁定除外）。在此场合，受命法官拥有与法院或者审判长相同的权限。

第316条之12：（1）在审判前整理程序日期，法院书记官应当在场。

（2）审判前整理程序日期的程序，根据法院规则的规定，应当制作审判前整理程序笔录。

第二目 争点和证据的整理

第316条之13：（1）检察官将案件交付审判前整理程序时，应当将记载预定证明事实（是指于审判期日将要用证据予以证明的事实。下同。）的文书提交至法院，并送达被告人或者辩护人。在此场合，不得根据不能作为证据的资料或者没有作为证据进行调查请求之意思表示的资料，将可能导致法院对案件产生偏见或者预断的事项记载于该文书中。

（2）对用于证明前款预定证明事实的证据，检察官应当请求进行调查。

（3）根据前款规定请求证据调查时，不适用第299条第1款的规定。

（4）法院在听取检察官和被告人或者辩护人意见的基础上，应当确定提出和送达第1款文书和第2款请求的期限。

第316条之14：（1）检察官，对于根据前条第2款的规定已经请求调查的证据（以下称为"检察官请求证据"），应当按照下列各项的证据区分，用该项规定的方法，及时向被告人或者辩护人开示。

一、证据文书或者证据物 给予阅览该证据文书或者证据物的机会（对于辩护人是给予阅览、摘抄的机会）；

二、证人、鉴定人、口译人或者笔译人 给予知悉其姓名和住所的机会，而且给予知悉在该人的陈述笔录等（陈述书、记录陈述且有陈述者签名、盖章的文书，或者记录影像、声音的记录媒体。下同。）中，阅览（对辩护人是给予阅览、摘抄的机会）预计该人可能在审判日期对此进行陈述的（没有该陈述笔录等时，或者认为不便让他阅览时，记载该人陈述在法庭陈述中的内容要点的文书）的机会。

（2）检察官在根据前款规定开示证据之后，被告人或者辩护人提出请求的，应当及时向被告人或者辩护人交付检察官保管证据的一览表。

（3）前款规定的一览表，应当根据下列各项所列证据的区分，针对不同的证据，记载下列各项所规定的事项。

一、证据物品名与数量

二、记录陈述的文书中有陈述者签名、盖章者文书的目录、制作年月日与陈述者姓名

三、证据文书（前项规定者除外）该证据文书的目录、制作年月日以制作者姓名

（4）除前款规定外，对于检察官根据同款规定应当在第2款中的一览表中予以记载的事项，当认为该记载将导致下列危险的，可以不在同款一览表中记载。

一、可能发生加害人之身体或财产或者使人产生畏惧或困惑之行为的

二、可能对人之名誉或者社会生活的平稳造成显著损害的。

三、可能对犯罪的证明或者犯罪的侦查造成障碍的

（5）检察官在交付第2款规定的一览表之后又保管新证据的，应当迅速将包括该新证据的一览表交付被告人或者辩护人。在此场合，准用前两款的规定。

第316条之15：（1）检察官认为已经根据前条第1款规定开示的证据外的证据，符合下列各项所列的证据类型，而且对判断特定的检察官请求证据的证明力具有重要性时，在被告人或者辩护人已经提出开示请求的场合，考虑其重要性的程度、该开示对被告人防御准备的必要性程度，以及该开示所可能产生的弊害内容与程度，认为适当时，应当及时按照同款第1项规定的方法予以开示。在此场合，检察官认为必要时，可以指定开示的时期和方法，或者附加条件。

一、证据物

二、第 321 条第 2 款规定的记录法院或者法官之勘验结果的文书

三、第 321 条第 3 款规定的文书或者与此相当的文书

四、第 321 条第 4 款规定的文书或者与此相当的文书

五、下列人员的陈述笔录等

1) 检察官请求作为证人进行询问者；

2) 检察官请求调查的陈述笔录等的陈述者，对该陈述笔录未作出第 326 条之同意的场合，检察官预定请求作为证人进行询问的人

六、除前项规定的外，被告人以外之人的陈述笔录中，与检察官根据特定的检察官请求证据所欲直接证明的事实之有无相关的陈述内容

七、被告人的陈述笔录等

八、基于记录调查状况的准则，检察官、检察事务官、司法警察职员在职务上有义务制作的文书，涉及调查被羁押者的，记录该年月日、时间、场所以及其他调查状况的文书（只限于作为被告人或者其他共犯而处于身体拘束状态或者被提起公诉者中与第 5 号所列事项有关者）

九、作为检察官请求证据的证据物的扣押程序记录文书（……）。

(2) 记录扣押应当根据前款规定予以开示的证据物之程序的文书（已经根据前条第 1 款或者前款的规定开示者除外），在被告人或者辩护人请求开示的场合，考虑为对特定的检察官请求证据的证明力判断而将该证据物予以开示的必要性程度及开示可能造成的弊害与内容，认为适当时，与前款相同。

(3) 被告人或者辩护人在请求前两款的开示时，应当遵循以下各项对开示请求的区分，明确下列事项：

一、第 1 款的开示请求下列事项

1) 足以识别第 1 款各项所列的证据类型和开示请求关联证据的事项；

2) 参照案件的内容、特定的检察官请求证据所对应的预定证明事实、开示请求关联证据与该检察官请求证据之间的关系以及其他事项，请求开示的证据对判断检察官请求证据之证明力具有重要意义的，或者其他对被告人防御准备而言开示具有必要性理由的。

二、前款开示请求下列事项

1）足以识别开示请求相关的扣押程序笔录的事项

2）参照应当根据第 1 款规定予以开示的证据与特定的检察官请求证据之间的关系及其他事情，为判断检察官请求证据之证明而有必要开示该证据物的理由。

第 316 条之 16：（1）被告人或者辩护人收到第 316 条之 13 第 1 款送达的文书，并且接受第 316 条之 14 第 1 款、前条第 1 款以及第 2 款规定的证据开示时，对于检察官请求证据，应当明确是否作出第 326 条之同意或者对调查请求有无异议。

（2）法院在听取检察官和被告人或者辩护人意见的基础上，可以确定明确前款意见的期限。

第 316 条之 17：（1）被告人或者辩护人收到第 316 条之 13 第 1 款文书，并且接受第 316 条之 14 第 1 款和第 316 条之 15 第 1 款、第 2 款规定的证据开示的场合，预计对该预定证明事实或者审判日期中预定的其他事项提出事实上和法律上的主张时，应当向法院和检察官予以表明。在此场合，准用第 316 条之 13 第 1 款后段的规定。

（2）被告人或者辩护人有前款的预定证明事实时，应当请求调查用以证明该预定证明事实的证据。在此场合，准用第 316 条之 13 第 3 款的规定。

（3）法院在听取检察官和被告人或者辩护人意见的基础上，可以确定明确第 1 款主张的期限和前款的请求期限。

第 316 条之 18：被告人或者辩护人根据前条第 2 款规定已经请求调查的证据，应当遵循下列各项对证据的区分，及时按照各项规定的方法向检察官开示。

一、证据文书或者证据物　给予阅览、摘抄该证据文书或者证据物的机会

二、证人、鉴定人、口译人或者笔译人　给予知悉该人姓名和住所的机会，而且，给予阅览、摘抄该人的陈述笔录等之中预计该人将于审判期日进行陈述的内容（没有该陈述笔录的，或者认为不应让其阅览时，记载该人将在审判期日之陈述内容要旨的文书）的机会。

第 316 条之 19：（1）检察官在接受根据前条规定应当开示的证据的开示

时，对于根据第 316 条之 17 第 2 款规定由被告人或者辩护人请求调查的证据，应当明确是否作出第 326 条规定的同意或者对该调查请求有无异议。

（2）法院在听取检察官和被告人或者辩护人意见的基础上，可以确定明确前款意见的期限。

第 316 条之 20：（1）对于第 316 条之 14 第 1 款与第 316 条之 15 第 1 款、第 2 款规定开示的证据以外的证据，检察官认为与第 316 条之 17 第 1 款的主张有关联的，被告人或者辩护人提出开示请求时，考虑该关联性程度和其他为被告人防御准备而开示的必要性程度，以及开示可能产生的弊害及程度，认为适当的，应当及时按照第 316 条之 14 条第 1 款第 1 项规定的方法进行开示。在此场合，检察官认为必要的，可以指定开示的时期或方法，或者附加条件。

（2）被告人或者辩护人请求前款之开示的，应当明确下列事项：

一、足以识别请求开示之证据的事项

二、第 316 条之 17 第 1 款主张与开示请求证据之间的关联性，以及其他为被告人防御准备而言具有开示必要性的理由

第 316 条之 21：（1）在第 316 条之 13 至前条规定（第 316 条之 14 第 5 款除外）的程序结束后，检察官认为有必要追加或变更预定证明事实的，应当及时将记载追加或者变更的预定证明事实的文书提交至法院、并送达被告人或者辩护人。在此场合，准用第 316 条之 13 第 1 款后段的规定。

（2）检察官认为有必要追加请求调查用以证明该预定证明事实的证据时，应当及时请求调查该追加证据。在此场合，准用第 316 条之 13 第 3 款的规定。

（3）法院在听取检察官和被告人或者辩护人意见的基础上，可以确定提出、送达第 1 款文书和前款请求的期限。

（4）第 316 条之 14 第 1 款、第 316 条之 15 及第 316 条之 16 的规定，准用于第 2 款规定的由检察官请求调查的证据。

第 316 条之 22：（1）被告人或者辩护人在第 316 条之 13 至第 316 条之 20（第 316 条之 14 条第 5 款除外）的程序结束之后，认为有必要追加、变更第 316 条之 17 第 1 款的主张时，应当及时向法院和检察官表明该追加、变

更的主张。在此场合，准用第 316 条之 13 第 1 款后段的规定。

（2）被告人或者辩护人认为有必要追加请求调查用以证明该预定事实的证据时，应当及时请求调查该追加的证据。在此场合，准用第 316 条之 13 第 3 款的规定。

（3）法院在听取检察官和被告人或者辩护人意见的基础上，可以确定表明第 1 款主张的期限和前款请求的期限。

（4）第 316 条之 18、第 316 条之 19 的规定，准用于被告人或者辩护人根据第 2 款规定请求调查的证据。

（5）第 316 条之 20 的规定，准用于被认为与第 1 款的追加或者变更的主张有关联的证据。

第 316 条之 24：在审判前整理程序终结以后，法院应当在检察官和被告人或者辩护人之间，确认案件争点和证据的整理结果。

第三目　有关证据开示的裁定

第 316 之 25：（1）法院考虑到开示证据的必要性程度、开示证据可能产生的弊害和程度以及其他情况，认为必要时，对于根据第 316 条之 14 第 1 款（包括准用第 316 条之 21 条第 4 款的场合）应当开示的证据，根据检察官的请求；对于根据第 316 条之 18（包括准用第 316 条之 22 第 4 款的场合）应当开示的证据，根据被告人或者辩护人的请求，可以用裁定指定开示该证据的时期、方法或者附加条件。

（2）法院针对前款请求作出裁定时，应当听取对方的意见。

（3）对于就第 1 款请求作出的裁定，可以提出即时抗告。

第 316 条之 26：（1）法院认为，检察官没有开示根据第 316 条之 14 第 1 款、第 316 条之 15 第 1 款、第 2 款（包括第 316 条之 21 第 4 款准用以上规定的场合）或者第 316 条之 20 第 1 款（包括准用第 316 条之 22 第 5 款的场合）所要求开示的证据，或者被告人或辩护人没有开示第 316 条之 18（包括准用第 316 条之 22 第 4 款的场合）应当开示的证据，根据对方的请求，应当用裁定命令开示该证据。在此场合，法院可以指定开示的时期或方法，或者附加条件。

（2）法院针对前款请求作出裁定时，应当听取对方的意见。

（3）对于就第1款请求作出的裁定，可以提出即时抗告。

第316条之27：（1）法院对第316条之25第1款或者前条第1款的请求作出裁定时，认为有必要的，可以命令检察官、被告人或者辩护人提示与请求相关的证据。在此场合，法院不得让任何人阅览或者摘抄该证据。

（2）法院在针对被告人或者辩护人根据前条第1款提出的请求作出裁定时，认为必要的，可以命令检察官就其保管的证据，提交记载属于法院指定范围的标示的一览表。在此场合，法院不得让任何人阅览或者摘抄该一览表。

（3）第1款规定，准用于处理第316条之25第3款或者前条第3款即时抗告的控告法院；前款规定，准用于处理第316条之25第3款即时抗告的抗告法院。

第三款 审判程序的特例

第316条之29：对交付审判前整理程序或者期日间整理程序的案件进行审理的场合，即使不属于第289条第1款规定的案件，没有辩护人也不得开庭。

第316条之30：交付审判前整理程序的案件，被告人或者辩护人有应当用证据证明的事实或者其他事实上、法律上的主张时，应当在第296条规定的程序之后明确提出。在此场合，准用第296条但书的规定。

第316条之31第1款：对于交付审判前整理程序的案件，根据法院规则的规定，法院应当在前条程序结束以后，在审判期日公布审判前整理程序的结果。

第316条之32：（1）对于交付审判前整理程序或者期日间整理程序的案件，检察官、被告人或者辩护人，尽管有第298条第1款的规定，除因不得已的理由在审判前整理程序或者期日间整理程序中不能提出请求的情况以外，在该审判前整理程序或者期日间整理程序结束以后，不得请求调查证据。

（2）前款的规定，并不妨碍法院在认为必要时，依职权进行证据调查。

一、审判前整理程序概述

（一）审判前整理程序的含义

2004 年以前，"虽然在普通刑事案件中，已经实现了法庭审理的迅速化，然而在国民关注的特别重大案件中，一审审理需要花费相当长时间的情形并不鲜见，刑事审判的迟延已经成为伤害国民对刑事司法整体信赖的原因之一"。[1]虽然，《刑事诉讼规则》已经对第一回审判期日前的事前准备程序作出了规定（规 178 之 2 至 178 之 11）。但是，在司法实践中，这些规定仅具有促进双方当事人进行事先协商的功能，"缺乏失效性。实际上，在争点繁多的复杂案件中，往往事先并未进行充分的争点整理"。[2]为克服审判拖延的弊病、实现刑事审判的充实化、迅速化，[3]2004 年《修改刑事诉讼法部分条文的法律》设立了争点与证据整理程序。所谓争点与证据整理程序，实质上是在第一回审判期日前对争点和证据进行彻底整理的准备程序，即在第一回审判期日之前，在受诉法院的主导之下，双方当事人通过明示在审判中主张的预定事实、提出证据调查请求的方式，明晰案件争点，确定应当在审判中进行调查的证据及调查顺序、方法等，指定审判期日，并制定明确的审判计划。

为实现刑事审判的充实化、迅速化，事先对案件争点、证据进行充分整理、制定明确审理计划的审判前整理程序至关重要。特别是在裁判员参加的审判程序中，为了减轻作为裁判员的一般国民的负担，连日开庭进行集中审理成为必然要求。而这同样以审判前整理程序的适当运用为前提。首先，减轻裁判员负担的核心在于缩短法庭审理期间，而法庭审理期间的缩短建立在对案件争点、证据的充分整理之上。其次，为确保裁判员参加的法庭审理能够顺利进行，法院需要事先确定法庭审理的时间安排并提前知会作为裁判员的国民，以便其进行合理的时间调整。与此同时，为了避免法庭审判时间变动给裁判员造成的额外负担，除非有不得已的事由，法庭审理应当按照事先

---

〔1〕〔日〕落合義和、辻裕教等：《刑事訴訟法等の一部を改正する法律及び刑事訴訟規則等の一部を改正する規則の解説》，日本法曹会 2011 年版，第 1 页。

〔2〕〔日〕落合義和、辻裕教等：《刑事訴訟法等の一部を改正する法律及び刑事訴訟規則等の一部を改正する規則の解説》，日本法曹会 2011 年版，第 59 页。

〔3〕董林涛："实质庭审：日本证据开示制度改革介评"，载《公安学刊——浙江警察学院学报》2015 年第 4 期。

确定的审判计划进行。再次，争点、证据整理是裁判员实质性参与法庭审理的基础。这是因为，一方面，裁判员在对案件争点（自己应当作出判断的事项）一无所知的情况下参与法庭审理，自难以形成准确的心证；另一方面，裁判员如果不能理解证据调查与争点判断之间的对应关系，同样无法形成准确的心证。

与此同时，在审判前阶段，为了在对案件争点、证据进行充分整理的同时保证被告方进行充分的防御准备，《刑事诉讼法》对审判前整理程序中的证据开示制度进行了调整和扩充。

（二）争点、证据整理与证据开示的基本构想

作为创设审判前整理程序的前提，日本对争点、证据整理与证据开示制度的基本构想如下：

1. 争点与证据整理程序

在刑事诉讼中，犯罪事实的举证责任原则上由检察官承担。对于争点整理而言，在检察官明示拟于审判中立证的具体事实关系之后，被告人需要尽可能具体、个别地明确对以上事实中哪一部分存在争议。在证据整理中，首先由检察官对用于证明主张事实的证据提出证据调查请求，被告方对检察官请求的证据表明是否作出《刑事诉讼法》第326条规定的同意以及有无异议，法院则在此基础上，作出证据裁定。

在争点整理阶段，检察官应当明示案件主要事实（犯罪构成要件事实）与用以证明主要事实的间接事实。在必要时，检察官还需要明示辅助事实（与证据的证明力和证据能力有关的事实）。法院则有必要对该事实的存在或不存在是否构成争点进行整理。另外，由于被告方可能对情状事实（包括与犯罪事实有关的情状事实与一般性的情状事实）产生争议，因此情状事实同样有必要予以明示。当然，这并不意味着，在争点整理阶段，当事人应当明示包括主要事实、间接事实、辅助事实在内的全部事实。例如，在被告人明示诉讼主张之前，检察官大可不必主张用以补强检察官请求证据之证明力的辅助事实。又如，被告方利用检察官请求证据否认检察官意欲证明的事实并争辩该证据证明力的，检察官只要主张用以补强该证据证明力的辅助事实即可。实际上，从被告人在侦查阶段的辩解中是可以事先预测被告方主张的。因此，在某些场合一开始就主张相关辅助事实，有助于迅速、顺利地进行争

点整理。当然，如果主张补强立证的间接事实反而导致争点整理混乱，那么检察官一开始应当仅对公诉事实进行立证并将其限定在对适当科刑而言必要且最小限度的范围内；在辅助事实成为明确的争点后，再追加相关事实主张即可。

检察官虽然应当明确意欲在审判中立证的具体事实关系，但是过于详细的事实主张显然会徒增争点、妨碍充实迅速之审判的实现。例如，在故意杀人案件中，被告人与被害人曾经发生过争吵被当做犯罪原因之一时，只要能够证明该争吵曾经发生即可，而无需对争吵的过程（言语内容等）进行细致说明（该过程对公诉事实立证与适当量刑而言重要的场合除外）。总而言之，检察官有必要提出主张的应当是从公诉事实的立证与实现适当量刑的角度考量具有必要性的具体事实。

被告人否认检察官主张的具体事实主张，应当尽可能予以个别、具体地明示。在争点和证据整理阶段，被告人如果准备提出否认主要事实（或者检察官主张的间接事实、辅助事实）[1]的主张，则应当予以明示。另外，从制定明确的审理计划的角度考量，被告人也应当具体、个别化地表明将主张何种事实不存在。被告方预计在法庭审理中提出积极的诉讼主张并进行立证的，在争点、证据整理阶段应当明示该事实主张并对必要证据提出调查请求。另外，作为被告方的事实主张，违法性阻却事由与责任阻却事由的构成事实、用于积极否认的事实、否定检察官请求证据之证据能力的事实、降低检察官请求证据之证明力的事实，由于可能成为案件争点，均应当在争点、证据整理阶段予以明示。例如，被告方针对杀人的公诉事实提出属于正当防卫的事实主张，或者被告方为争辩被告人自白的任意性而主张足以使人产生怀疑的具体事实等。

在以上场合中，为进行充分的争点整理，检察官应当尽可能具体明示对被告方事实主张的哪一部分提出何种争议。也正因如此，被告方的事实主张同样应当尽量满足具体性要求，而不能过于抽象、概括。在提出否认主张的场合，检察官可能会根据被告方的主张而请求调查否定被告方主张事实的证据、主张反证事实或者请求调查对此进行证明的证据。为进行充分的争点、

---

〔1〕 这是因为一旦被告人提出否认的主张，该间接事实、辅助事实的存在与否将变成案件的争点。

证据整理、制定明确的审理计划，被告人在争点证据整理阶段应当提出具体的事实主张。在被告方的主张立证明确后，检察官针对被告方的事实主张，应当具体明示对哪一部分提出何种异议，同时对被告方请求的证据发表证据意见。法院在此基础上针对被告方请求的证据作出证据裁定。

2. 证据开示

如前所述，为了保障被告人能够进行充分、有效的防御准备，《刑事诉讼法》扩充了审判前整理程序中证据开示范围，并明确了证据开示的具体规则。

对于证据开示的范围，日本一直存在着三种观点：一为全面开示论，即检察官应当开示全部所持证据；二为原则性全面开示论，即除开示将产生弊害的场合外检察官原则上应当开示全部所持证据；三为目录开示论，即检察官开示所持证据目录，并根据被告方的要求开示特定证据。无法否认的是，证据开示在某些场合的确会产生毁灭证据、胁迫证人、损害名誉等弊端；而且，无制约地开示检察官所持证据，还可能导致一般民众难以（不愿）提供侦查协助情况的出现。因此，不考虑开示可能产生的弊害和开示的必要性而要求一律全面开示的观点并不妥当。此其一。其二，原则性全面开示论将诸如无关联性证据等无开示必要性的证据大量开示，不仅增加了被告人、辩护人检查、分析证据的负担，还可能导致审判迟延，同样具有不妥当之处。其三，根据目录开示论，一览表中不能仅记载"陈述笔录""鉴定书"等证据名称，还需要记载各个证据的内容、要旨。但是，将此种证据一览表开示等同于证据开示，显然是不妥当的。而且，从现实层面考量，制作包含证据内容、要旨的一览表对侦查机关而言亦是一项沉重负担。因此，立法采用了在尽量防止证据开示所带来负面效果的同时保障被告方的诉讼准备与争点、证据整理的充分性，也即在统合考虑开示必要性和开示伴随弊端的基础上作出开示与否判断的基本构造。

（三）与预断排除、审判公开原则的关系

1. 审判前整理程序与预断排除

根据《刑事诉讼法》第316条之2的规定，审判前整理程序由受诉法院主导。这是因为在审判前整理程序中进行的争点整理、作出的证据裁定、制定的审理计划直接决定了审判阶段法庭审理、证据调查的状态。问题在于：在交付审判前整理程序的案件中，受诉法院在第一回审判日期以前，不仅可以了解起诉状记载的公诉事实，还可以了解当事人双方的主张，是否有违预断排除原则。通说认为，审判前整理程序与预断排除原则并不抵触。所谓预断排除原则，是指在法庭审理开始之前，法院应当避免事先对案件实体形成心证。为防止法院承继侦查机关的心证，《刑事诉讼法》第 256 条第 6 款禁止检察官在提起公诉时向法院提交"一件记录"（全部卷宗材料和证据）。[1]在审判前整理程序中，法院虽然让当事人明示预定在审判中提出的主张、请求证据调查并发表证据意见，但是这些内容都是为保障法庭审理有计划、顺利进行所作的准备，归根结底，是在当事人双方平等参加的场合下，了解各方的主张而已。另外，法院为判断证据能力或者作出有关证据开示的裁定，需要接触证据本身，但是这不过是确认证据能力的有无与证据开示要件的有无，而并非对该证据的信用性进行判断。因此，审判前整理程序不以形成案件实体心证为目的，而且实际上法院也不会形成心证，即使由受诉法院主导审判前整理程序，也与预断排除原则不相抵触。[2]对此，有观点批评到："对于法院一旦明确接触的目的不是为了形成心证而是为了作出证据裁定等程序上的判断，即使接触证据也不会产生心证的想法，是对法官的过度信赖。"[3]

　　2. 审判前整理程序与审判公开

　　从性质上看，审判前整理程序属于审判准备而非审判程序，不适用《刑事诉讼法》第 282 条的规定，也无须在公开的法庭之上进行。[4]问题在于：非公开进行的审判前整理程序，是否违反《宪法》第 82 条第 1 款之"法院的审理（对审）和判决，应当在公开法庭上进行"的规定。在刑事诉讼中，作为审判程序核心内容的审判程序，构成本款规定的"审理（对审）"，应当公开进行。但是，审判准备程序并非"审理（对审）"，不需要公开进行。[5]另外，案件争点与证据整理等在审判前整理程序中进行的事项，均属于确保法

---

　　〔1〕　董林涛：《日本起诉状一本主义与预断防范》，载《政法学刊》2018 年第 5 期。

　　〔2〕　〔日〕落合義和、辻裕教等：《刑事訴訟法等の一部を改正する法律及び刑事訴訟規則等の一部を改正する規則の解説》，日本法曹会 2011 年版，第 73 页。

　　〔3〕　〔日〕川崎英明：《公判前整理手続と証拠開示》，载〔日〕村井敏邦、川崎英明、白取裕司《刑事司法改革と刑事訴訟法（下巻）》，日本評論社 2007 年版，第 533 页。

　　〔4〕　《刑事诉讼法》第 282 条规定："（1）审判期日的调查，在法庭上进行。（2）法庭应当在法官与法院书记官列席，并有检察官出庭的情况下开庭。"

　　〔5〕　最決昭 23・11・8 刑集 2・12・1498.

庭审理得以有计划、顺利进行的准备活动，与确定刑罚权存在与否及具体范围的审判程序存在明显的性质差异。因此，审判前程序整理不适用《宪法》第 82 条第 1 款的规定，即不公开进行也并不违反审判公开原则。

二、审判前整理程序的内容

（一）程序开始

根据《刑事诉讼法》第 316 条之 2 的规定，法院在认为为持续、有计划、迅速地进行充实的法庭审理而有必要时，根据当事人的请求或者依据职权，可以裁定将案件交付审判前整理程序。不难看出，审判前整理程序的目的在于"持续、有计划、迅速进行充实的法庭审理"。所谓"充实的法庭审理"，是指"对非争点事项进行有效率的审理以避免徒劳的审判，同时在将案件争点予以明确、集中的基础上进行审理"；"连续"是指"连日或者在较短的时间间隔内开庭"；"有计划的"是指"预测审判全过程，并对证据调查、论告、辩论等事项预先作出计划"；"迅速"是指"全部审理在短时间内结束"。[1]至于在何种场合下应当进行审判前整理程序，法官应当根据个案具体情况，并在听取检察官、被告人或者辩护人意见的基础上作出判断。法官的这种判断（裁定）既可以根据当事人的申请作出，也可以直接依据职权作出。另外，根据《关于裁判员参加刑事审判的法律》（简称《裁判员法》）第49 条的规定，为了进行裁判员易懂、迅速的法庭审理，适用裁判员制度的刑事案件（合议案件）均应当交付审判前整理程序，以进行事前的争点、证据整理。

（二）程序参与者

审判前整理程序由受诉法院主导，而法院书记官必须在场并根据法院规则的规定（记载事项等）制作审判前整理程序笔录（法 316 之 12、规 217 之14~217 之 17）。这是因为，在审判前整理程序中，当事人会进行各种诉讼行为，法院也会作出证据裁定，而这些内容对之后审判中检察官立证和被告方防御范围、防御方法的确定具有重要意义，有必要通过笔录予以明确。

---

〔1〕 ［日］後藤昭、白取祐司编：《新·コンメンタール刑事訴訟法（第 2 版）》，日本評論社2013 年版，第 742-743 页。

　　审判前整理程序必须有检察官和辩护人参加（必要辩护）。被告人没有辩护人或者辩护人无法按时到场的，该程序不得进行；被告人没有辩护人的，审判长应当依职权为其指定辩护人；而辩护人没有到场或不在席位时，审判长也可以依职权为其指定辩护人（法 316 之 4、316 之 7、316 之 8）。立法规定必要辩护制度的理由在于：其一，在审判前整理程序中，双方当事人主要通过明示主张、开示证据、提出证据调查请求等方式对案件争点、证据进行整理。在多大范围内进行（接受）证据开示、被告方提出何种主张，对之后法庭审理的状态乃至趋势具有重大影响。其二，在审判前整理程序结束后，除不得已的事由外，不得提出新的证据调查请求（法 316 之 32）。因此，对证据开示和证据调查请求的判断失误或者幼稚的诉讼主张将给被告人带来重大不利益。其三，证据开示、证据调查请求的程序和要件非常复杂，在不具备法律专业知识的情况下实难提出有效的主张和请求。因此，从被告人有效、适当行使辩护权的角度考量，辩护人的援助是必不可少的。[1]

　　在审判前整理程序中，被告人到场虽非必要（法 316 条之 8），但是，被告人作为与程序运行（结果）存在直接利害关系的当事人，自然享有参与审判前整理程序的权利（法 316 之 9）。当然，法庭为维持庭审秩序而命令被告人退席或者基于诉讼指挥权限制被告人陈述的场合另当别论。为了进行充分的争点、证据整理，例如为确认被告人对辩护人陈述或者辩护人提出文书的意见（法 361 之 10）[2]或者让被告人于程序终结时确认案件争点与证据整理的结果等场合，法院可以要求被告人到场。法院在必要时，可以进行传唤（法 57）、拘传（法 58）或者发布到场（同行）命令、进行拘传（法 68）。在被告人第一次参与审判前整理程序的日期，审判长应当告知被告人有权保持

---

　　[1]　[日] 後藤昭、白取祐司編：《新·コンメンタール刑事訴訟法（第 2 版）》，日本評論社 2013 年版，第 749 页。

　　[2]　根据该条的规定，法院为确认被告人对辩护人的主张或辩护人对检察官请求证据的证据意见等的意见，可以进行被告人质问，并要求提出被告人与辩护人共同署名的文书。从性质上考量，对被告人意思的确认属于求释明的一种。需要注意的问题在于，该条规定的程序是为了确认被告方的主张，与以要求对事实关系进行陈述的被告人质问（法 311）并不相同。也正因如此，此种被告人质问不得超过争点整理的必要限度，要求被告人对犯罪行为的经过、状况等进行详细陈述。另外，对于被告人本人提出的主张、对检察官请求证据的意见或者自行提出的证据调查请求，则可以根据《刑事诉讼规则》第 208 条的规定进行求释明。

沉默或者对质问拒绝陈述。

为了实现审判前整理程序的预定目的, 立法分别课以受诉法院、诉讼关系人以勤勉义务、协助义务 (法 316 条之 3)。就勤勉义务而言, 受诉法院应当在进行充分准备的同时尽早结束该程序。就协助义务而言, 诉讼关系人应当为法院制定审理计划提供协助。这种协助至少表现为: (1) 适时、适当地进行法律所要求的行为, 诸如明示主张、请求证据调查、开示证据、发表证据意见等; (2) 充分、迅速地进行诉讼准备; (3) 协助法院确定审判前整理程序日期等, 为程序的顺利进行提供必要协助。[1]

审判长如果让诉讼关系人参与审判前整理程序, 应当事先确定审判前整理程序的日期, 并通知检察官、被告人及辩护人。审判长可以根据检察官、被告人或者辩护人的请求变更审判前整理程序的日期, 但是需要事先听取检察官、被告人或者辩护人的意见 (法 316 之 6)。

(三) 程序内容

《刑事诉讼法》第 316 条之 5 列举了审判前整理程序中可以进行的事项。当然, 实际上在审判前整理程序中可以进行的, 并非仅限于该条所列举的事项。例如, 指定、通知、变更审判前整理程序的日期 (法 316 之 6)、选任国选辩护人 (法 316 之 8)、进行权利告知 (法 316 之 6) 等在 "第一款 审判前整理程序" 中规定的程序事项和附属于本条规定事项的必要事项, 均可以在审判前整理程序中进行。法庭在对相关事项进行整理时, 诉讼关系人可以到场陈述, 也可以提出书面材料 (法 316 之 2)。从条文表述上看, 《刑事诉讼法》第 316 条之 5 列举的事项分为四类:

1. 争点整理事项

此类事项包括: (1) 明确诉因、罚条。诉因、罚条是争点整理的前提, 自然应当予以明确。(2) 追加、撤回、变更诉因、罚条。毋庸讳言, 存在变更诉因、罚条的必要性而不予变更的, 即使进入整理程序也无法进行充分的争点整理。因此, 立法允许在审判前整理程序中追加、撤回、变更 (狭义) 诉因、罚条。(3) 明确预定主张并整理案件争点 (法 316 之 13、316 之 17、316 之 24 等)。当事人双方应当明确预定在审判期日提出的事实 (包括间接

---

[1] [日] 落合義和、辻裕教等:《刑事訴訟法等の一部を改正する法律及刑事訴訟規則等の一部を改正する規則の解説》, 日本法曹会 2011 年版, 第 84 页。

事实、辅助事实）主张、法律主张，对方当事人则应当明确对哪部分提出何种争辩。

2. 证据整理事项

此类事项包括：（1）提出证据调查请求。在审判前整理程序中，由于要进行证据整理并确定应在审判中调查的证据，双方当事人应当提出证据调查请求（法316之13、316之17等）。证据调查请求应当根据《刑事诉讼法》第298条、《刑事诉讼规则》第188条之2等的规定提出。（2）明确立证趣旨（规189）、询问事项等。当事人明确立证趣旨、询问事项，是对方当事人对证据调查请求陈述意见、法院裁定是否采纳证据以进行证据整理的前提。（3）确认有关证据调查请求的意见。此处的意见，是指对被请求调查证据的证据能力、关联性、证据调查的必要性等有无异议的意见，与《刑事诉讼规则》第190条第2款的意见同义。另外，当事人是否同意证据文书（法326）对法院作出是否采纳证据的裁定具有决定性的影响，因此法院在确认上述意见时应当一并予以确认是否"同意"。（4）法院作出进行证据调查或者驳回证据调查请求的裁定。（5）对于裁定进行证据调查的证据，确定调查的顺序和方法。（6）对有关证据调查的异议申请作出裁定。根据《刑事诉讼法》第309条第1款的规定，检察官或者被告方在审判前整理程序中有权对对方当事人的证据调查请求和法院的证据裁定提出异议。在此场合，法院应当对该异议进行审查并作出裁判。

3. 证据开示事项

当事人一旦围绕证据开示的必要性产生争议，将对法庭审理的顺利进行造成障碍。为避免此种障碍出现，法院应当在审判前整理程序中对前述争议加以解决，即作出有关证据开示的裁定，具体程序参照《刑事诉讼法》"第1款 审判前整理程序"之"第3目 有关证据开示的裁定"的规定。

4. 审理计划相关事项

除上述事项外，法院还可以：（1）对被告人申请参加被告人案件的申请作出裁定或者撤销该裁定的裁定；（2）确定、变更审判期日或者确定其他审判程序进行上的必要事项，例如在审判中明确审判前整理程序结果的具体方法、被害人等陈述意见、法庭警备等事项。另外，根据《裁判员法》第50条的规定，法院对于该法第 2 条第 1 款规定的合议庭处理的案件，[1]裁定在审理前整理程序进行鉴定时，认为该鉴定结果报告的完成需要相当长时间的，根据检察官、被告人或者辩护人的请求或者依据职权，可以作出在审判前整理程序开始鉴定程序（鉴定过程和结果的报告除外）的裁定。

三、审判前整理程序的流程

（一）预定证明事实明示、证据调查请求与证据开示

1. 预定证明事实明示

在将案件交付审判前整理程序的场合，检察官首先应当将记载预定证明事实的文书向法院提出，并送至被告人或者辩护人，以展示主张、立证的整体情况（法 316 之 13）。[2]所谓预定证明事实，是指检察官拟于审判期日运用证据证明的事实，包括犯罪构成要件事实、间接事实（证明主要事实的事实）、情状事实、辅助事实。立法课以检察官明示预定证明事实义务的目的在于：在充分整理争点、证据的同时充分保障被告人的防御权。为此，检察官在文书中应当对与案件争点、证据整理有关的必要事项进行具体、简洁的记载（规 217 之 19、217 之 20）。

需要注意的问题有三：其一，具体不等于事无巨细。检察官不需要对包括犯罪行为过程、犯罪后的情况、前科、经历等事实进行全面、细致的记载。究其原因，这种记载方式不仅对于争点整理而言不必要，还会产生以下弊端：一方面，面对检察官详细的事实主张，一旦督促被告人发表意见（是否承认），被告方将不得已针对具体细节事实进行争辩，这无疑给其防御造成了过重的负担；同时，也导致案件争点扩散，防御准备所需时间延长。[3]另一方面，检察官对事实进行详细主张势必触及证据的具体内容，在某些场合甚至

---

〔1〕《裁判员法》第 2 条第 1 款规定："除有下条和第 3 条之 2 的规定的场合外，地方法院对于下列案件，根据本法规定组成有裁判员参加的合议庭后，不论法院法的第 26 条的规定，均应当由有裁判员参加的合议庭审理案件：一、相当于死刑、无期惩役或者禁锢的案件；二、法院法第 26 条第 2 款第 2 项规定的，因故意犯罪行为导致被害人死亡的案件（前项规定的犯罪除外）。"

〔2〕［日］LEC 総合研究所司法試験部編著：《C-Book 刑事訴訟法 II（公訴·公判）（第 3 版）》，日本東京リーガルマインド2012 年版，第 156 頁。

〔3〕［日］西田眞基："公判前整理手続運用の現在と課題——裁判官の立場から"，载《刑事法ジャーナル》2007 年 7 号。

会引用证据的内容。这种主张提出方式很有可能导致法官产生不当的预断、偏见，与预断防止原则相冲突。[1]其二，简洁不等于极度简单、概括。因为这将无法达到向被告方展示防御对象的效果。从这一观点出发，检察官至少应当记载以下内容：一为诸如犯罪行为的时间、场所、方法等作为防御抓手的基本事实；二为间接事实所要证明的主要事实；[2]三为事实与证据的关系（规217之20）。[3]其三，检察官不得根据不能作为证据的资料或者没有作为证据进行调查请求之意思表示的资料，将可能导致法院对案件产生偏见或者预断的事项记载于该文书中（法316之13）。被告方认为检察官提出（送交）的文书违反前述要求的，可以提出异议（法309）。

2. 证据调查请求

检察官应当请求对用于证明预定证明事实的证据进行调查。这也是法院进行充分证据整理、确定应予调查证据、作出证据裁定进而制定明确审理计划的基本前提。在被告方没有提出弹劾、反证的场合，检察官应当请求对足以证明预定证明事实的证据进行调查。证据调查请求的程序，根据《刑事诉讼法》第298条、《刑事诉讼规则》第188条之2以下的相关规定进行。在审判前整理程序中已经提出证据调查请求的，对于该当证据，无需在第一回审判日期再行提出调查请求。另外，虽然《刑事诉讼法》第299条第1款是关于检察官请求证据的开示规定，但是根据《刑事诉讼法》第316条之13第2款规定请求调查证据的开示，应当适用同法第316条之14条规定，自然不再适用第299条第1款的规定。[4]另外，为了防止审判前整理程序的迟延，法院可以在听取双方当事人意见的基础上，确定检察官提出（送交）预定证明事实记载文书和证据调查请求的期限。

---

〔1〕［日］大阪弁護士裁判員制度実施本部編：《コンメンタール公判前整理手続》，日本現代人文社2005年版，第94页。

〔2〕［日］杉田宗久：《公判前整理手続における"争点"の明確化について——被告人側の主張明示義務と争点関連証拠開示の運用をめぐって》，載《判例タイムズ》1176号（2005年）。

〔3〕［日］日本弁護士連合会裁判員制度実施本部編：《公判前整理手続を生かすpart2（実践編）》，日本現代人文社2007年版，第37页。

〔4〕［日］落合義和、辻裕教等：《刑事訴訟法等の一部を改正する法律及刑事訴訟規則等の一部を改正する規則の解説》，日本法曹会2011年版，第106页。

3. 证据开示

　　检察官应当及时向被告人或者辩护人开示根据《刑事诉讼法》第 316 条之 13 第 2 款提出调查请求的证据。需要重点把握的问题有二：一为证据开示的时期。根据《刑事诉讼法》第 299 条第 1 款的规定，检察官应当在提出证据调查请求之前向被告方开示证据。这是因为，在该款规定的场合，证据调查请求在第一回审判期日后提出，在提出该请求的期日，为保证对方当事人能够直接陈述证据意见、法院作出证据裁定，有必要事先给予对方当事人了解证据的机会。但是，在审判前整理程序中，没有必要在提出证据调查请求之后立即要求陈述证据意见、作出证据裁定，自然也没有必要要求事前开示。但是，检察官的证据开示如果过分迟延，审判前整理程序将无法继续进行，自然也无法迅速进行争点和证据整理。因此，立法要求检察官应当在提出证据调查请求之后"迅速"开示证据（法 316 之 14）。当然，也有观点认为，从条文上看，检察官请求证据的开示应当在提出（送达）预定证明事实记载文书、提出证据调查请求之后进行，但是，预定证明事实记载文书在请求证据挑选完毕后还需要数日才能制作完成，从程序迅速化的角度考量，检察官应当努力在选出拟请求调查的证据后提出预定证明事实记载文书之前开示证据。[1]

　　二为证据开示的方法。不同类型证据的开示方法并不相同（法 316 之 14）。（1）证据文书、证据物的开示方法为提供预览或者誊写（限于辩护人）的机会。这是因为辩护人多为律师，拥有通过惩戒处分所支撑的严格职业伦理，能够对证据文书的誊本进行妥善保管，而被告人显然不具备此种条件。但是，本条并不妨碍律师在自身的控制下通过将誊本暂时借给被告人或者将誊本再次复印并交给被告人等方法，让被告人加以利用，并进行充分的证据分析。[2]（2）证人等。证人等的开示方式为给予知悉其姓名和住所的机会、给予阅览或者誊写（限于辩护人）文书内容的机会。当被告人认为检察官开示的书面记载内容过于抽象，作为"记载预计在审判期日进行陈述的主要内

　　〔1〕［日］藤田昇三：《公判前整理手续と公判手续の運用——裁判員制度を念頭に置いて》，载《刑事法ジャーナル》2006 年 2 号。

　　〔2〕［日］辻裕教：《刑事訴訟法等の一部を改正する法律（平成 16 年法律第 62 号）について（2）》，载《法曹時報》2005 年 57 卷 8 号。

容的文书"并不充分时，可以根据《刑事诉讼法》第316条之26的规定请求开示命令。(3)证据一览表交付。被告方提出请求的，检察官应当迅速交付保管证据一览表（一览表记载事项参见法316之14第3、4款）。检察官在交付证据一览表后又收集到新证据的，同样应当迅速将新的一览表交付被告方。

(二) 类型证据开示

被告人或者辩护人有权对判断特定检察官请求证据的证明力而言重要且符合一定类型的检察官持有证据请求证据开示；检察官考虑该重要性程度与为被告人防御而言开示的必要性程度、开示所产生弊害的内容与程度，在认为必要时应当迅速予以开示，是为类型证据开示（法316之15）。

1. 证据开示的范围

根据《刑事诉讼法》第316之15第1款的规定，类型证据开示的范围为"检察官已经根据前条第1款规定开示的证据以外的证据"。问题在于：其一，类型证据是否仅限于检察官所持证据。日本最高法院判例认为："审判前整理程序与期日间整理程序中的证据开示制度，是为了保证争点整理和证据调查有效、迅速进行。有鉴于此，将作为刑诉法316条之26第1款证据开示命令对象的证据理解为，除检察官现在保管的证据外，还包括在该案件侦查过程中作成或者收集的文书等中，现由公务员进行职务保管、检察官比较容易获得的证据"。[1]之后，日本最高法院判例再次申明了这种观点。[2]其二，类型证据的判断主体是谁。对于诸如警察官等侦查人员保管的备忘录是否属于本条应当开示的证据，应该由谁来判断的问题，下级法院一开始多少有些动摇。但是，日本最高法院对此作出了如下判示："警察官在侦查过程中制作并保管的备忘录是否属于证据开示命令的对象，应当由法院作出判断"。[3]

2. 类型该当性

本条规定的开示要件之一即请求开示的证据属于《刑事诉讼法》第316之15第1款规定的九种证据类型。显然，各号规定的均是被认为对检察官请求证据的证明力判断具有一般化、类型化之重要性的证据。这意味着，本条所规定的证据开示采用了如下构造：对于符合法定证据类型的证据，还需要

---

〔1〕　最决平19·12·25刑集61·9·895.

〔2〕　最决平20·6·25刑集62·6·1886.

〔3〕　最决平20·9·30刑集62·8·2753.

对检察官请求证据的证明力判断是否重要进行具体、个别判断。[1]该款规定的类型证据包括：（1）证据物（与《刑事诉讼法》第306条等规定的证据物同义）；（2）法院（法官）勘验笔录；（3）侦查机关勘验笔录、现场勘察笔录；（4）鉴定书等；（5）证人等的陈述笔录；（6）参考人的陈述笔录；（7）被告人的陈述笔录；（8）询问状况报告书；（9）扣押程序记录文书（法316之15）。

3. 重要性、必要性、弊害可能性

类型证据开示必须满足的一项条件为"对判断检察官请求证据的证明力而言具有重要性"。一般而言，在判断检察官请求证据的证明力时，重点在于确认有无与该证据、所欲证明事实相矛盾的证据和指向无法并存事实的证据，以及该矛盾是否降低了检察官请求证据的证明力。这也是判断类型证据重要性的核心要素。当然，实际上是否存在矛盾，应当在证明力判断过程中予以检讨。这里的类型证据并不限于实际上与检察官请求证据存在矛盾的证据，还包括以可能存在矛盾事项为内容的证据。相应地，此处的"重要性"要件所关注的是请求开示的类型证据与个别、具体的检察官请求证据的关系，即前者对判断后者证明力而言是否具有重要性。

必要性，即"该开示对被告人防御准备的必要性程度"，是类型证据开示必须考量的另一项因素。从法条表述上看，重要性是必要性判断最为重要的因素。只是对于重要性与必要性的关系存在两种不同的见解：一种观点认为，重要性虽然是证明开示必要性的重要因素，但并非仅凭此进行判断，案件内容、检察官意欲通过特定检察官请求证据证明的事实内容、检察官请求证据的重要性等诸多因素均会对开示必要性产生影响。[2]部分下级审判例亦持此种观点，认为讯问状况报告书对于判断被告人陈述笔录的证明力固然重要，但是由此并不能直接得出应当开示该报告书的结论，还有必要结合其他因素进行具体分析。[3]另一种观点认为，对特定的检察官请求证据的证明判断具有重要性的场合，为防御准备而予以开示的必要性无疑是高的，即可以直接

---

〔1〕 ［日］冈慎一：《証拠開示規定の解釈·運用》，载《自由と正義》2006年57卷9号。

〔2〕 ［日］辻裕教：《刑事訴訟法等の一部を改正する法律（平成16年法律第62号）について(2)》，载《法曹時報》2005年57卷8号。

〔3〕 大阪高決平18·6·26判時1940·164.

根据重要性而肯定开示必要性。[1]日本最高法院判例亦持此种观点。[2]

开示可能产生的弊害及其程度是类型证据是否得以开示需要考量的最后一项因素。一般认为，证据开示可能产生的弊害主要包括毁灭罪证、胁迫证人、报复关系人、损害关系人的名誉或隐私、导致国民协助侦查的困难化等等。弊害程度包含两层含义：一为可能产生弊害之内容的显著程度，例如被告人对控方证人的身体、生命施加危害的可能性；二为该弊害产生的盖然性程度。[3]

检察官在综合考虑以上因素的基础上认为"适当时"，应当开示类型证据。适当性的判断并未交由检察官进行完全的自由裁量，例如在认为具有开示必要性且不存在特别弊害的，检察官应当进行开示。又如，在认为开示陈述笔录中的某一部分不适当而开示其他部分具有适当性的场合，检察官应当对后者予以开示。

4. 开示请求、检察官应答、开示方法

类型证据开示应当由被告人或者辩护人提出开示请求，而且请求开示时应当明确两类事项：一为特定请求开示证据的事项；二为请求开示的必要性理由（法316之15）。立法在赋予被告人、辩护人以开示请求权的同时，也明确了检察官的应答义务。在作出开示的判断时，检察官应当根据《刑事诉讼法》第316条之15条第1款的规定迅速进行开示；否则，应当将不开示的判断通知请求人。检察官超过合理期间未告知开示或者不开示的判断，请求人可以视其作出了不开示的判断，并根据《刑事诉讼法》第316条之26的规定，请求法院作出开示命令。

检察官对类型证据的开示应当采取《刑事诉讼法》第316条之14第1项规定的方法，即给予被告人或者辩护人阅览、誊写（限于辩护人）证据文书与证据物的机会。当然，检察官在认为必要时，可以指定开示的时期、方法或者附加条件。

（三）被告人或者辩护人的主张明示、证据请求、证据开示

在审判前整理程序中，由于法院要作出证据裁定（法316之5），被告人

---

〔1〕　大阪高等裁判所裁定平18·9·22判例时报1947·169.

〔2〕　参见裁定平18·11·14判例时报1947·167.

〔3〕　[日]落合義和、辻裕教等：《刑事訴訟法等の一部を改正する法律及刑事訴訟規則等の一部を改正する規則の解説》，日本法曹会2011年版，第138、139页。

或者辩护人有必要明示对对方当事人证据调查请求的证据意见。对被告方而言，在知晓检察官预定证明事实（法316之13）、接受检察官请求证据开示（法316之14）并接受对于判断检察官请求证据的证明力而言重要的类型证据开示（法316之15）后，即使要求其对检察官请求证据明确证据意见并不会损害其防御利益。因此，《刑事诉讼法》规定了上述情况下被告方对检察官请求证据明确证据意见的义务（法316之16）。被告方明确证据意见的时期为接受检察官请求证据及类型证据开示时；在围绕证据开示产生争议时，经过法院裁定或者不服申诉程序，确定开示证据的范围、方法、条件等并照此进行了证据开示时。被告方的证据意见包含两项内容：一为是否作出《刑事诉讼法》第326条的同意；二为对证据调查请求（证据能力、关联性、证据调查必要性等）有无异议的意见。法院在听取双方当事人意见的基础上可以限定明示意见的期限。

被告人、辩护人有预定证明事实或者事实主张、法律主张（关于法令的主张是指有关刑罚法令的解释、合法性、法令适用的主张）的，应当向法院、检察官表明，并对用以证明预定证明事实的证据提出调查请求（法316之17），并向检察官开示以上证据（法316之18）。法院在听取双方当事人意见的基础上确定明示主张、提出请求的期限。检察官在接受被告方对请求调查证据的开示后，应当明确有无同意或（针对调查请求）异议的证据意见（法316之19）。

（四）被告方主张关联证据开示

被告人或者辩护人可以请求检察官开示其持有的与己方主张、争点（法316之17第1款）相关联的证据，检察官在考虑关联性程度、必要性程度、弊害的内容与程度，认为适当时，应当迅速予以开示（法316之20）。关联证据开示的目的在于"进一步强化争点整理、证据整理和被告人防御准备"。[1]换言之，与被告方主张相关联的证据，如果能够证明（支持）该主张，将有助于被告方防御，因而具有很高的开示必要性。退一步讲，即使不开示关联证据，被告方也可以考虑将主张予以进一步具体化、根据已经开示的证据内容变更主张甚至撤回主张，同样有益于争点整理、证据整理和被告方防御。

---

〔1〕［日］後藤昭、白取祐司编：《新·コンメンタール刑事訴訟法（第2版）》，日本評論社2013年版，第808页。

需要注意的问题在于：关联证据虽然多为检察官持有证据，但并不局限于检察官当下保管的证据（判例6-1）。

判例6-1：审判前整理程序中的证据开示（最决平20·9·30刑集62·8·2753）

事实概要： 被告人因涉嫌强盗致伤（本案犯行）等罪名被提起公诉，并在审判前整理程序中围绕犯人性提出了争辩。检察官在对作为证人的被告人朋友A进行事实确认时，A作出了新的陈述：被告人曾经对A承认参与了本案犯行。检察官针对该陈述制作了检察官笔录，请求进行证据调查，并以该陈述的内容为预定证明事实提出了主张。在侦查阶段，警察官B曾经对A进行了调查，并制作了陈述笔录，但是上述新的陈述并未记载于该警察官笔录当中。辩护人对与新陈述有关的检察官笔录也即A的预定证言的信用性提出了争辩主张，并将记载有B对A调查过程中A之陈述的笔记本中关于对A调查情况的记载部分（本案笔记）作为该主张的关联证据（法316之20）请求证据开示命令。本案笔记是B在对A进行调查前和调查中所形成的文书，B为了唤起记忆而使用了本案笔记，并制作了A的警察官笔录。本案中的笔记本是B为工作使用而自费购买的，存放于警察署内自己的办公桌抽屉中，虽然在调到其他警察署之后将其带回了自己家中，但是在本案检察官进行询问之后，又将其带到警察署并放进办公桌抽屉中进行保管。本案的主要争点有二：一为本案笔记是否为证据开示命令的对象；二为作为主张关联证据开示的要件，与辩护人主张的关联性、开示的必要性是否得到了满足。东京地方法院作出了肯定的认定，并据此命令进行证据开示；东京高等法院支持了上述认定。对此，检察官以违反判例为由提出了特别抗告。

裁定要旨： 日本最高法院在认为检察官抗告趣旨未构成合法的抗告理由并作出如下职权判断的基础上驳回了检察官的抗告。（1）从"事实概要"记载的经过来看，"本案笔记是B在作为警察官履行职务时，为该职务的履行所制作的，在此意义上具有公的性质。因此，本案笔记是在本案犯行侦查过程中所制作，为公务员进行职务保管，并且检察官比较容易获得"的证据，故属于证据开示命令的对象。（2）"对A陈述的信用性判断而言，当然，A在之前的调查过程中就与新陈述相关的事项作出了何种陈述自然成为问题，因此,与 A 的新陈述相关的检察官笔录与本案笔记记载之间,可以认为具有一定的关联性,辩护人将本案笔记作为主张关联证据请求证据开示的必要性并非不能被认同"。

(五)预定证明事实、主张的追加、变更等

检察官在《刑事诉讼法》第 316 之 13 至第 316 条之 20 规定的程序结束后,认为有必要追加或变更预定证明事实时,应当及时将记载应予追加或者变更之预定证明事实的文书向法院提出并送交被告人或者辩护人;认为为证明预定证明事实而有必要追加证据调查请求的,应当及时请求对应予追加的证据进行调查(法 316 之 21)。需要注意的是,根据本条的规定,预定证明事实的追加或者变更与证据调查请求的追加是相互独立的判断事项,与《刑事诉讼法》第 316 条之 13 将预定证明事实与证据调查请求相结合的规定有所不同。被告人在《刑事诉讼法》第 316 之 13 至第 316 条之 20 规定的程序结束后,认为有必要追加或变更第 316 条之 17 第 1 款的主张时,应当及时向法院、检察官表明;认为为证明预定证明事实而有必要追加证据调查请求的,应当及时请求对应予追加的证据进行调查(法 316 之 22)。

(六)争点、证据整理结果的确认

法院在审判前整理程序终结时,应当在检察官与被告人或者辩护人之间,对案件争点和证据整理的结果进行确认,以在三者之间形成共同认识,确保程序运行的实效性(法 316 之 24)。法院对整理结果的确认应当围绕以下内容进行:当事人预定在审判中提出的主张内容、对照双方当事人预定主张所总结出的争点、审判中应予调查的证据及调查顺序、方法等等。另外,如果法院未对案件争点证据整理的结果进行确认,则不能终结审判前整理程序。在审判前整理程序终结后、第一回审判期日之前,在发现新证据等的场合,可以再次开始审判前整理程序。从程序的明确性角度考量,再开审判前整理程序以法院裁定为必要。在审判前整理程序终结后,除因不得已的事由而无法请求证据调查的外,不得提出新的证据调查请求(法 316 之 32)。审判前整理程序的结果,应当记载于审判前整理程序笔录当中(法 316 之 12),并在审判期日于被告人开头陈述结束后予以明确(法 316 之 31)。

(七)关于证据开示的裁定

在双方当事人围绕证据开示产生争议的场合,由法院作出裁定。关于证据开示的裁定有三类：（1）关于证据开示的时期、方法、条件的裁定（法316之25）。当事人对请求调查的证据（法316之14、316之18）应当向对方当事人开示。在开示这些证据可能产生弊害的场合，根据负有开示义务的当事人的请求，法院在认为必要时可以指定开示的时期、方法或者附加条件。由此可知，与类型证据开示、主张关联证据开示不同，对当事人请求证据而言，不允许当事人自行指定开示的时期、方法，而只能由法院作出裁定。法院在作出裁定时，应当听取对方当事人的意见。对于法院裁定，当事人可以提出即时抗告。也正因为如此，法院的裁定应当附带理由（法44）。（2）关于证据开示命令的裁定（法316之26）。在审判前整理程序中，检察官或者被告方在具备证据开示要件的情况下不开示相关证据的，根据对方当事人的请求，法院可以作出证据开示命令。法院作出裁定之前应当听取对方当事人的意见。对于法院裁定，当事人可以提出即时抗告。（3）证据（证据一览表）提示命令的裁定（法316之27）。为了保证法院关于证据开示裁定的公正性，提示命令给予了法院把握与裁定相关的证据内容和检察官保管证据的目录提供了手段。

（八）开示证据目的外使用的禁止

对于检察官基于被告案件的审理准备而给予阅览、誊写机会的证据的复制件等（指复制或者原封不动记录其他证据之全部或部分的物品和文书），辩护人应当妥善管理，不得擅自委托他人保管（法281之3）。同时，被告人、辩护人（包含法第440条规定的辩护人）、原被告人或原辩护人，不得以在特定程序或其准备程序中使用之目的以外的目的，将检察官基于被告人案件审理准备而给予阅览、誊写机会的证据的复制件等，交付、提示或者通过电信通信方式提供给他人。这些程序包括：（1）该被告案件的审理或者为作出其他与被告案件相关之裁判的审理程序；（2）《刑事诉讼法》第281条之4规定的与该被告案件相关的程序，包括第一编第十六章规定的费用补偿程序、请求恢复上诉权程序、请求再审程序、非常上告程序、请求刑事补偿程序，等等。被告人（原被告人）以其他目的将复制的证据交付、提示或者通过电信通讯方式提供给他人的，处1年以下惩役或者50万日元以下罚金。辩护人（原辩护人）以获得对价的财产利益或者其他利益为目的，将复制的证据交付、提示或者通过电信通讯方式提供给他人的，处1年以下惩役或者50万日元以下罚金（法 281 之 5）。

四、审判前整理程序的特例

（一）必要辩护

在审判前整理程序中，为了保障被告人能够有效、适当行使防御权，也为了实现充分的争点和证据整理，辩护人的法律帮助是不可缺少的。对交付审判前整理程序或者期日间整理程序的案件进行审理的场合，即使该案件不属于《刑事诉讼法》第 289 条第 1 款规定的案件，没有辩护人亦不得开庭（法 316 之 4、316 之 29）。而且，对于交付审判前整理程序的案件，法庭审理将按照在审判前整理程序中制定的审理计划进行相当快速的审判，其间需要被告方进行即时回应的情形并不少见。为了使被告方在审判中进行随机应变的回应、适当有效行使防御权成为可能，辩护人的法律帮助同样必不可少。另外，对于实现以争点、证据整理结果为基础的审理而言，辩护人所能发挥的功能事实上是非常大的。[1]因此，对于交付审判前整理程序的案件，在法庭审理阶段同样适用必要辩护制度。

（二）被告人、辩护人必要的开头陈述

在交付审判前整理程序案件的法庭审理中，被告人或者辩护人有应当用证据证明的事实或者其他事实主张、法律主张时，应当在《刑事诉讼法》第 296 条[2]规定的程序之后明确提出（开头陈述）（法 316 之 30）。在审判前整理程序中，被告人或者辩护人有预定证明事实或者其他预计在审判时提出的事实主张、法律主张的，应当予以明确（法 316 之 17）。因此，对交付审判前整理程序的案件，被告方有上述主张时，在检察官开头陈述之后狭义的证据调查开始之前，由被告方以开头陈述的方式明确该主张的内容，以明确之后证据调查的焦点（争点），亦是妥当的，也是必要的。[3]

---

〔1〕［日］後藤昭、白取祐司編：《新·コンメンタール刑事訴訟法（第 2 版）》，日本評論社 2013 年版，第 826 页。

〔2〕《刑事诉讼法》第 296 条规定："调查证据开始时，检察官应当用证据说明要证明的事实。但是，不得以不能作为证据或者可以作为证据但不想请求调查的资料为基础，陈述有导致法院对案件产生偏见或者预断之虞的事项。"

〔3〕［日］落合義和、辻裕教等：《刑事訴訟法等の一部を改正する法律及刑事訴訟規則等の一部を改正する規則の解説》，日本法曹会 2011 年版，第 194 页。

（三）审判前整理程序结果的公布

归根结底，在审判前整理程序中进行争点和证据整理是为法庭审判做准备，自然应当将整理结果在审判程序中予以公布。这也是审判中心主义、审判公开原则的必然要求。根据《刑事诉讼法》第316之31的规定，争点和证据整理结果应当在被告人开头陈述完毕之后予以公布。需要公布的整理结果，不仅包括争点、证据的最后整理结果，还包括审判前整理程序的经过。根据《刑事诉讼规则》第217条之29的规定，整理结果通过朗读审判前程序笔录或者告知要旨的方式进行。

（四）审判前整理程序终结后证据调查请求的限制

在审判前整理程序终结后，如果无限制地允许新的证据调查，当事人可能怠于在审判前整理程序中提出证据调查请求，从而导致无法进行充分的争点证据整理。同时，在审判中提出新的证据调查的场合，为了让对方当事人进行反证准备必然会中断法庭审理，从而导致已经确定的审理计划无法实现。在裁判员裁判的案件中，法庭审理计划尤其是审判期日的变化，必然给裁判员带来沉重的负担。因此，《刑事诉讼法》第316条之32规定，在审判前整理程序终结后，除因不得已事由无法提出请求的外，不得提出证据调查请求。但是，如果对于审判前整理程序终结后的证据调查请求进行过分严格的限制，与被告方负有的主张明示义务、证据调查请求义务（法316之17）相互作用，很有可能产生侵害被告方诉讼权利的结果。因此，在对该条规定进行解释时，有必要对被告人的防御权和无罪推定原则给予充分的注意并竭力避免上述侵害结果的发生（判例6-2）。

判例6-2：审判前整理程序后的证据调查请求（名古屋金沢支判平20·6·5判夕1275·432）

事实概要：在A等五人共谋到V家中实施抢劫的过程中，X（被告人）经与Y商议向A等人告知了V经常保存大量现金与V的家庭构成等情况，并让Y为A等人实施上述犯罪行为提供帮助。之后，X被提起公诉。在经过审判前整理程序的第一审法庭审理中，Y提供了根据X的指示为A等五人提供帮助与X向A等告知V的家庭构成的证言，作为抢劫共犯的B也提供了相印证的证言。虽然Y与B的上述证言是在审判前整理程序中已经预计到的内容，但是辩护人根据《刑事诉讼法》第 328 条的规定，请求将 Y 与 B 在侦查阶段的陈述笔录作为弹劾证据进行调查。原审法院以（1）不存在《刑事诉讼法》第 316 条之 32 第 1 款规定的"不得已的事由"、（2）没有调查必要性为理由，驳回了辩护人提出的弹劾证据调查请求，并判决被告人 X 有罪。在控诉审中，辩护人在提出事实误认等主张的同时，认为原审驳回上述弹劾证据请求属于对《刑事诉讼法》第 316 条之 32 的错误解释，构成诉讼程序违反法令，并对判决造成了影响。

判决要旨： 控诉审判决针对原审法院的两个判决理由作出了如下判示：对于前者即"不得已的事由"，《刑事诉讼法》"第 328 条所规定的弹劾证据，在条文上是指'争辩被告人、证人或者其他人在审判准备或者审判期日之陈述证明力'的证据，在证人询问未结束，作为弹劾对象的当庭陈述不存在的阶段，无法判断是否符合该条规定的要件，要求当事人在证人询问结束以前提出调查请求是不妥当的"，"因此，对于该条规定的弹劾证据的调查请求，应当理解为具有同法第 316 条之 32 第 1 款规定的'不得已的事由'"，原审在此问题上对法律规定进行了错误解释。对于后者即"无调查必要性"，"在进行了审判前整理程序的案件中是否采用弹劾证据，根据同法第 316 条之 2 第 1 款'持续、有计划、迅速地进行充实的法庭审理'的规定，[1] 应当对作为证据的'必要性'进行严格考虑"，在此基础上，应当将 Y 与 B 的陈述笔录作为自相矛盾的陈述予以采用，原审"在重要事项上没有采用明显自相矛盾的陈述，构成了超越裁量权的违法"。然而，即使将上述自相矛盾的陈述纳入考量范围也无法认为原判决存在事实误认，因此上述证据裁定的违法难言对判决造成了影响。

需要说明的问题在于：其一，不得已的事由。一般认为，不得已的事由包括下列情形：（1）不知道该证据的存在（物理不能）；（2）虽然知道证据

---

[1]《刑事诉讼法》第 316 条之 2 规定："（1）法院，在认为为持续、有计划、迅速地进行充实的法庭审理而有必要时，根据检察官、被告人或者辩护人的请求或者依职权，在第一次法庭审理之前，作为整理案件争点和证据的审判准备，可以通过裁定将案件交付审判前整理程序。在作出前款裁定或者驳回同款请求的裁定时，根据法院规则的要求，应当事先听取检察官、被告人或者辩护人的意见。（2）审判前整理程序根据前款规定，可以采取让诉讼关系人到场陈述意见或者让诉讼关系人提出文书的方式进行。"

存在但是不可能提出证据调查请求，例如因证人下落不明而无法请求对其进行询问（物理不能）；（3）虽然知道证据存在，而且证据调查请求在物理上是可能的，但是根据审判前整理程序或者期日间整理程序中对方的主张、证据，认为没有必要提出证据调查请求，而该判断被认为具有充分理由的；（4）预定作为弹劾证据使用的证据原则上均构成"不得已的事由"。[1]其二，本条限制的对象为新的证据调查请求，在审判中提出新主张并不在此限。被告人质问由于并非证据调查，因此被告人质问环节亦可以提出新的主张，不受本条规定的约束（判例6-3）。其三，在审判前整理程序终结后撤回在该程序中作出的同意表示的，同样不受本条规定的限制。实际上，当事人可以随时撤回同意表示，而不论审判前程序还是审判程序。其四，即使不存在"不得已事由"，法院从真实发现的角度考量，认为必要时，可以依职权进行证据调查。尤其是，对于有利于被告人的证据，无论从保障被告人防御权的角度还是不处罚无辜的真实发现的角度考量，法院均有必要依职权进行证据调查。[2]

判例6-3：审判前整理程序后的诉因变更（東京高決平20·11·18判夕1301·307）

事实概要： 被告人为超越前方车辆而向左侧变道时，没有观察前后左右的情况而在未确认道路安全的情况下以60公里的时速向左侧变道，导致被害人被撞身亡。被告人因涉嫌业务上过失致人死亡与违反道路交通法（从现场逃匿）的罪名被起诉。案件被交付审判前整理程序。在该程序中，以"被告人是否为引发本案交通事故并逃匿的犯人"为争点，对主张、证据进行了整理，并在此基础上进行了法庭审判。经过证人询问等程序判明，事故情况与公诉事实所记载的有所不同，检察官随即请求变更诉因（过失内容）。一审法院支持了该请求，并根据变更后的诉因作出了有罪认定。对此，被告方以本案诉因变更构成权利滥用、许可诉因变更请求的原审构成诉讼程序违反法令

---

〔1〕〔日〕大阪弁護士裁判員制度実施本部編：《コンメンタール公判前整理手続》，日本現代人文社2005年版，第228页。

〔2〕〔日〕後藤昭、白取祐司編：《新·コンメンタール刑事訴訟法（第2版）》，日本評論社2013年版，第828-833页。

为理由提出了控诉。东京高等法院撤销了一审判决并选择自判：在业务上过失致人死亡这一点上为无罪，并以违反救护义务和报告义务为由判处惩役 8 个月的实刑。同时，对审判前整理程序终结后是否允许变更诉因作出了如下判断。

裁定要旨："审判前整理程序，是双方当事人明确预计在法庭中提出的主张、请求对用以证明该主张的证据进行调查、开示证据，在必要的情况下追加、变更主张，以实现连续、有计划、迅速地进行充实法庭审理的制度。参照审判前整理程序的制度趣旨，在经过审判前整理程序的法庭审理中，不允许无视充实的争点整理和审理计划的诉因变更请求"。综合考虑以下因素：审判前整理程序以被告人是否为引发交通事故的犯人为争点进行了整理、在违反注意义务这一点上辩护人亦未提出具体的主张、根据法庭上对目击证人的调查查明本案事故情况与公诉记载的有所不同，"本案中，对于在审判前整理程序中未作为争点的事项，以审判中通过证人询问所查明的事实为基础，产生了诉因变更的必要性，即使许可检察官的诉因变更请求，由于追加必要证据调查受到相当的限制，审理计划并非一定需要大幅度变更。如此一来，本案的诉因变更请求，不能说抹煞了争点整理和审理计划制定的宗旨，亦不构成权利滥用"。

第七章

证据调查程序

法条索引：《刑事诉讼法》第 291 条：（1）检察官，应当首先朗读起诉书。

（2）作出第 290 条之 2 第 1 款或者第 3 款之裁定的，前款规定的起诉书朗读，应当采用不明示被害人特定事项的方法。在此场合，检察官应当向被告人展示起诉书。

（3）作出前条第 1 款之裁定的场合，第 1 款规定的起诉书朗读，与前款相同。在此场合，同款中的"被害人特定事项"，指称"证人等特定事项"。

（4）起诉书朗读完毕后，审判长应当告知被告人，可以始终保持沉默、可以对每项质问拒绝陈述，以及法院规则所规定的其他保护被告人权利的必要事项，并给予被告人及辩护人针对被告案件进行陈述的机会。

第 291 条之 2：在前条第 4 款的程序中，被告人对起诉状记载的诉因作出有罪陈述时，法院听取检察官、被告人及辩护人的意见后，以被告人陈述有罪的诉因为限，可以裁定适用简易审判程序进行审理。但是，相当于死刑、无期以及最低刑期为 1 年以上的惩役或者禁锢的案件，不再此限。

第 291 条之 3：法院认为作出前条裁定的案件不能适用简易审判程序，或者适用该程序是不适当的，应当撤销该裁定。

第 292 条：证据调查，应当在第 291 条的程序结束后进行。但是，在下一节第 1 款规定的审判前整理程序中，为整理争点和证据而进行的程序，不在此限。

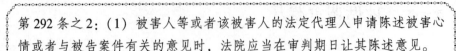

第292条之2：（1）被害人等或者该被害人的法定代理人申请陈述被害心情或者与被告案件有关的意见时，法院应当在审判期日让其陈述意见。

（2）前款规定的意见陈述申请，应当事先向检察官提出。在此场合，检察官应当签署意见后将该申请通知法院。

（3）被害人等或者该当被害人的法定代理人陈述意见后，审判长或者陪席法官，为明确意见的趣旨，可以对他们进行质问。

（4）被害人等或者该当被害人的法定代理人陈述意见后，诉讼关系人，为了明确意见的趣旨，经告知审判长，可以对他们人进行质问。

（5）被害人等或该当被害人的法定代理人陈述的意见或者诉讼关系人对被害人等、该当被害人的法定代理人的质问与已作陈述或者质问内容重复、涉及与案件无关的事项或者存在其他不适当情形的，审判长可以制止。

（6）第157条之4、第157条之5和第157条之6第1款、第2款的规定，准用于第1款规定的陈述意见。

（7）法院考虑审理状况和其他情况，认为不适当时，可以让其提出记载意见的文书以代替意见陈述，或者不让其陈述意见。

（8）根据前款规定提出文书的场合，审判长，在审判期日，应当明确其内容。在此场合，审判长在认为适当时，可以朗读该文书或者告知其要旨。

（9）根据第1款规定进行的陈述或者根据第7款规定提出的文书，不能作为认定犯罪事实的证据。

第293条：（1）证据调查结束后，检察官应当就事实和法律适用陈述意见。

（2）被告人及辩护人可以陈述意见。

第294条：审判期日的诉讼指挥，由审判长负责。

第296条：调查证据开始时，检察官应当用证据说明要证明的事实。但是，不得以不能作为证据或者可以作为证据但不想请求调查的资料为基础，陈述有导致法院对案件产生偏见或者预断之虞的事项。

第297条：（1）法院听取检察官和被告人或者辩护人的意见后，可以决定调查证据的范围、顺序和方法。

（2）前款规定的程序，可以让合议庭组成人员进行。

（3）法院认为适当时，可以随时听取检察官和被告人或者辩护人的意见，变更根据第1款规定确定的证据调查的范围、顺序和方法。

第298条：（1）检察官、被告人或者辩护人，可以请求调查证据。

（2）法院，在认为必要时，可以依职权调查证据。

第299条：（1）检察官、被告人或者辩护人请求询问证人、鉴定人、口译人或者笔译人时，应当事先给对方提供了解其姓名及住所的机会。在请求调查证据文书或证据物时，应当事先给对方提供阅览的机会。但是对方没有异议的，不在此限。

（2）法院依职权作出证据调查裁定时，应当听取检察官和被告人或者辩护人的意见。

第299条之2：检察官或者辩护人，依照前条第1款规定提供知悉证人、鉴定人、口译人或笔译人的姓名和住所的机会，或者提供阅览证据文书或证据物的机会时，认为有可能发生加害证人、鉴定人、口译人、笔译人，或者证据文书或证据物中记载或记录的人以及他们亲属的身体或财产的行为，或者使上述人员感到畏惧或困惑的行为的，有权告知对方，并要求除为证明犯罪、侦查犯罪或者被告人防御而有必要的场合外，不得让关系人（包括被告人）知悉上述人员的住所、工作单位及其他常住地的事项，并要求充分考虑他们的安全不受威胁。

第299条之3：检察官在根据第299条第1款规定给予知悉证人的姓名和住所的机会或者给予阅览书证或证物的机会时，认为明示被害人的特定事项，可能明显侵害被害人等的名誉或者社会生活的平稳的，或者认为可能对被害人或其亲属的身体或财产进行加害，使他们产生畏惧或困惑的，有权告知辩护人，并要求除被害人特定事项对被告人防御而言确有必要的场合外不得让被告人或者其他人知悉。但是，要求不让被告人知晓的，仅限于被害人特定事项中未在起诉状中记载的内容。

第300条：对于依照第321条第1款第2项后段规定可以作为证据的文书，检察官应当请求调查。

第301条：依照第322条及第324条第1款规定可以作为证据的被告人陈

述是自白的场合，在有关犯罪事实的其他证据调查完毕后，才能请求调查该自白。

第 301 条之 2 第 1、2、3 款：（1）在下列案件中，对根据第 322 条第 1 款规定可以作为证据的文书，检察官请求根据第 198 条第 1 款之规定进行调查（仅限于对被逮捕、羁押之嫌疑人的讯问。第三款亦同）或者请求对根据第 203 条第 1 款、第 204 条第 1 款或第 205 条第 1 款（包括第 211 条与第 216 条中准用以上规定的场合。第三款亦同）的辩解机会中作成的以被告人对不利益事实的承认为内容的文书进行调查的场合，被告人或者辩护人，对该调查请求，以怀疑该承认并非任意作出为理由提出异议时，为证明该承认系任意作出，应当请求对根据第四款规定记录作成该文书的询问或者辩解机会的全过程中被告人陈述及具体情况的记录媒体进行调查。但是，根据同款规定未进行记录或者由于其他不得已的事情导致记录媒体不存在时，不在此限。

一、相当于死刑、无期惩役或者禁锢之罪的案件

二、相当于短期 1 年以上有期惩役或者禁锢之罪的案件，由于故意的犯罪行为导致被害人死亡的

三、司法警察员送致或者送付案件以外的案件（前两项所列案件除外）

（2）检察官违反前款规定不对同款规定的记录媒体请求调查的，法院应当用裁定驳回同款规定文书的调查请求。

（3）对于第 1 款各项所列案件，根据第 324 第 1 款所准用之第 322 条第 1 款规定可以作为证据的被告人以外之人的陈述，对在该当案件中根据第 198 条第 1 款之规定进行的调查或者将根据第 203 条第 1 款、第 204 条第 1 款或第 205 条第 1 款的辩解机会中形成的以被告人陈述（仅限于对被告人不利益事实的承认）为内容的文书作为证据，被告人或者辩护人，以怀疑该承认并非任意作出为理由提出异议的场合准用前两款规定。

第 302 条：依照第 321 条至第 323 条或者第 326 条规定可以作为证据的文书是侦查记录一部分的，检察官应当尽可能将其与其他部分分离后，请求进行调查。

第303条：记载审判准备程序中询问证人或其他人、勘验、扣押及搜查之结果的文书以及扣押的物品，法院在审判期日应当将其作为证据文书或者证据物进行调查。

第304条：（1）审判长或者陪席法官，应当首先询问证人、鉴定人、口译人或者笔译人。

（2）检察官、被告人或者辩护人，在前款的询问完毕后，经告知审判长，可以询问该证人、鉴定人、口译人或者笔译人。在该场合，对该证人、鉴定人、口译人或者笔译人的调查，与检察官、被告人或者辩护人的请求有关时，由提出请求的人首先进行询问。

（3）法院在认为适当时，经听取检察官和被告人或者辩护人的意见，可以变更前两款询问顺序。

第304条之2：法院在询问证人时，认为证人在被告人面前（包括采用法157条之5第1款规定的措施和第157条之6第1款、第2款规定的方法）会受到压迫而无法充分供述的，以辩护人在场的场合为限，经听取检察官和辩护人的意见，可以让被告人在该证人陈述时退庭。在此场合，陈述完毕后应当让被告人入庭、告知其证言的要旨，并给予他询问证人的机会。

第305条：（1）依检察官、被告人或者辩护人的请求调查证据文书时，审判长应当让请求调查的人朗读该证据文书。但是，审判长可以自行朗读该书证，也可以让陪席法官或法院书记官朗读。

（2）法院以职权调查证据文书时，裁判长应当自己朗读该文书，或者让陪席法官或者法院书记官朗读。

（3）在作出第290条第之2第1款或者第3款的裁定时，前两款规定的证据文书的朗读，应当采用不公布被害人特定事项的方法进行。

（4）在作出第290条之3第1款的裁定的场合，根据第1款或者第2款规定的证据文书朗读，与前款相同。在此场合，同款中"被害人特定事项"为"证人等特定事项"。

（5）对根据第157条之六第4款之规定将记录媒体作为自身一部分的笔录进行调查时，应当用播放该记录媒体的方式，代替第1款或者第2款规定的朗读。但是，审判长听取检察官和被告人或者辩护人的意见，认为适当时，可以让请求调查该笔录的人、陪席法官或者法院书记官告知该笔录记载的陈述内容或者亲自告知，以替代播放该记录媒体。

(6) 法院根据前款规定播放第 157 条之 6 第 4 款规定的记录媒体的场合，认为必要时，听取检察官和被告人或者辩护人的意见，可以采取第 157 条之 5 规定的措施。

第 306 条：(1) 依检察官、被告人或者辩护人的请求调查证据物时，审判长应当让提出请求的人出示该证物。但是，审判长可以自己展示，也可以让陪席法官或法院书记官展示。

(2) 法院依职权对证据物进行证据调查的，审判长应当亲自向诉讼关系人出示该证据物，或者让陪席法官或法院书记官出示。

第 307 条：将证据物中文书的内容作为证据进行调查时，除依照前条的规定外，还应当依照第 305 条的规定。

第 307 条之 2：对于作出第 291 条之 2 裁定的案件，不适用第 296 条、第 297 条、第 300 条至第 302 条及第 304 条至前条的规定，证据调查在审判期日采用认为适当的方法进行。

第 308 条：法院应当为检察官和被告人或者辩护人，提供争辩证据证明力的必要、适当机会。

第 309 条：(1) 检察官、被告人或者辩护人，可以对证据调查提出异议。

(2) 检察官、被告人或者辩护人，除前款规定的场合外，可以对审判长作出的处分提出异议。

(3) 法院，应当对前两款的申请作出裁定。

第 310 条：证据调查完毕的证据文书或者证据物，应当及时提交法院。但是，获得法院许可时，可以提交副本代替原本。

第 311 条：(1) 被告人可以始终保持沉默，或者拒绝对各项质问作出陈述。

(2) 在被告人作出任意供述的场合，审判长随时可以就必要的事项要求被告人陈述。

(3) 陪席法官、检察官、辩护人、共同被告人或者其辩护人，经告知审判长，可以要求前款的陈述。

第312条：（1）在检察官提出请求时，只要不侵害公诉事实的同一性，法院应当准许追加、撤回或者变更记载在起诉书中的诉因或者处罚条款。

（2）法院在审理过程认为适当时，可以命令追加或者变更诉因或者处罚条款。

（3）诉因或者处罚条款已经追加、撤回或者变更时，法院应当及时将追加、撤回或者变更的部分通知被告人。

（4）法院认为因追加或者变更诉因或处罚条款可能对被告人的防御产生实质性不利的，依据被告人或者辩护人的请求，为了给被告人进行充分的防御准备留出必要的期间，停止审理程序。

第313条：（1）法院，在认为适当时，根据检察官、被告人或辩护人的请求或者依职权，可以用裁定将辩护分离或者合并，或者再次开始已经终结的辩论。

（2）法院为保护被告人的权利而有必要时，根据法院规则的规定，应当用裁定将辩论予以分离。

第313条之2：（1）根据本法的规定由法院、裁判长或者法官指定辩护人的，该指定对合并辩论的案件同样具有效力。但是，法院作出与之不同的裁定的，不在此限。

（2）作出前款但书的裁定时，应当事先听取检察官与被告人或者辩护人的意见。

一、证据调查程序概览

开头程序结束之后，法庭审理进行证据调查程序（法292）。通常情况下，证据调查按照进行开头陈述、请求证据调查、作出证据裁定、作出有关证据调查（范围、顺序、方法）的裁定、实施证据调查的基本顺序进行。

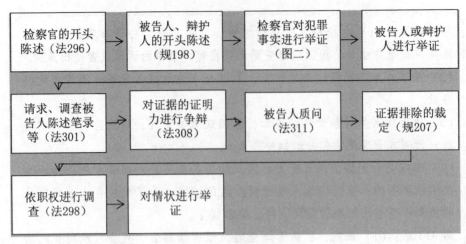

图一　证据调查程序流程

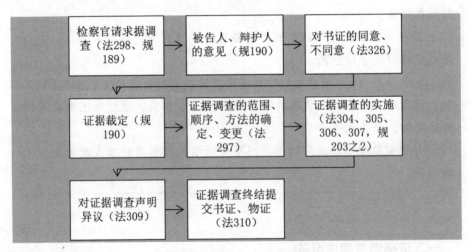

图二　检察官对犯罪事实的立证

二、开头陈述

（一）开头陈述的意义与功能

法庭审理程序，由朗读起诉状、被告人对公诉事实的认否等活动也即开头程序开始。在证据调查程序开始时，检察官应当用证据说明所要证明的事实（法296），是为开头陈述。检察官的开头陈述，应当明示与案件有关的全部要证事实。如此要求的目的有二：一为让法院了解案件概要，以便在之后的证据调查程序中进行适当的诉讼指挥；二为向被告方提示具体的防御对象，并给予防御机会。[1]在给予防御机会这一点上，开头陈述与诉因的功能类似，但不具有诉因的约束力。在诉因同一性的范围内，法院可以认定与检察官开头陈述不一致的事实。[2]

对于开头陈述，需要注意的问题有二：其一，在检察官因诉因的明示、特定不充分而通过开头陈述予以补充，或者回应释明要求在开头陈述中进行明确的场合，开头陈述中所明确的事项，由于本应在诉因中予以记载，视为诉因的内容。如果检察官未变更诉因（法312），法院原则上不得认定与诉因不一致的事实。在检察官的开头陈述只是对诉因进行详细陈述的场合，相关事项不属于诉因的内容，对法院无约束力。[3]其二，控辩双方的攻击防御围绕检察官开头陈述所包含的事实展开，认定与其不同的事实可能构成"诉讼突袭"。倘若未针对欲认定事实给予当事人防御机会，则构成诉讼程序违反法令，当事人可以提出控诉（法379）。

旧刑事诉讼法中规定，检察官在提起公诉时一并移送全部证据。法官在详细了解案件事实和证据内容的情况下进行法庭审理，当事人并无进行开头陈述之必要。然而，《刑事诉讼法》改用起诉状一本主义，起诉状中记载的公诉事实足以明示、特定诉因即可，通常情况下比较简洁、概括。[4]在这种诉讼构造下，检察官的开头陈述变得至关重要。在复杂案件或者争议案件中，开头陈述对于有效、充分的证据调查而言更是不可或缺。

在请求进行证据调查时，陈述每个证据的立证趣旨（证据与所要证明的

---

〔1〕 ［日］石井一正：《刑事实务证拠法（第5版）》，日本判例タイムズ社2011年版，第61、62页。

〔2〕 大阪高判昭45·1·30判時609·98.

〔3〕 仙台高判昭52·2·10判時846·43.

〔4〕《刑事诉讼法》第256条规定："（1）提起公诉，应当提出起诉书。（2）起诉书中，应当记载下列事项：一、被告人的姓名或其他足以确定被告人的事项；二、公诉事实；三、罪名。（3）记载公诉事实时，应当明示诉因。为了明示诉因，应当尽可能地用日时、场所和方法，特别指定应构成犯罪的事实。（4）记载罪名时，应当标明适用的处罚条款。但是，记载处罚条款存在的错误，只要对被告人的防御不会产生实质的不利，就不影响提起公诉的效力。（5）对于数个诉因和处罚条款，可以预备性记载或者择一性记载。（6）在起诉书中，不得添附可能导致法官对案件产生预断的文书及其他物品，也不得引用该文书及其他物品的内容。"

事实之间的关系，规189）并无法完全代替开头陈述。反而，开头陈述有助于立证趣旨陈述的简明化。法律并未对开头陈述的形式作出明确规定。然而，在复杂、重大案件中，检察官事先制作书面文件交付法院及辩护人并在此基础上进行开头陈述，是实务中的惯例（文书在法庭上朗读之后附于审判笔录）。对作出适用简易审判程序以及即决裁判程序审理之裁定的案件，检察官可以省略开头陈述（法307之2、350之24）。除此之外，在所有刑事案件的法庭审理中，检察官负有进行开头陈述的义务（法296）。实务中，检察官有时会省略开头陈述，仅说明"用证据要证明的事实为起诉状中记载的公诉事实与情状"。对此，日本最高法院并未认定为违法。[1]

（二）开头陈述的范围与限度

所谓检察官应当用证据证明的事实，是指诉因的构成事实（包括间接事实）与情状事实。这些事实主要包括被告人的犯罪动机、过程、犯罪情况、犯罪后情况与其身世、经历、前科等。这些事实的陈述顺序及具体范围，取决于检察官的举证计划。为充分发挥开头陈述的上述功能，检察官有必要（被期望）公布举证计划的要点。然而，司法经验表明，在检察官准备开头陈述的阶段（第一回审判期日之前），检察官与辩护人很少围绕案件争点进行事先协商，[2]往往无法准确把握案件的争点，自然也难以根据争点准备开头陈述。

对于开头陈述是否应当涉及情状事实，理论上多持反对观点，而实务中普遍加以肯定。[3]在被告人否认案件中陈述被告人的前科、经历、不良品格

---

〔1〕 最高裁判所判决昭25·5·11刑集4·5·781.

〔2〕《刑事诉讼规则》第178条之6规定："（1）检察官在第一次审判期日以前，应当进行下列准备：一、依照法第299条第1款正文的规定，有应当向被告人或者辩护人提供阅览机会的证据文书或者证据物时，在提起公诉之后尽快提供该机会。二、对于根据第2款第3项辩护人给予阅览机会的证据文书或者证据物，尽快作出法第326条规定的同意与否或者对相关证据调查请求有无异议的意向，并通知辩护人。（2）辩护人在第一次审判期日以前，应当进行下列准备：一、通过与被告人以及其他有关人员会见等适当方法，确认事实关系；二、依照前款第1项的规定，对于检察官提供阅览机会的证据文书或证据物，尽快作出法326条的是否同意或者对该调查请求是否有异议的意向，并通知检察官。依照法第299条第1款正文的规定，有需要向检察官提供阅览机会的证据文书或者证据的，应当尽快提出并提供该机会。（3）检察官和辩护人，在第一次审判期日以前，除进行前两款规定的准备外，还应当与对方联络，进行下列准备：一、为明确起诉状中记载的诉因或处罚条件，或者为明确案件的争点，相互之间进行充分协商；二、对于证据调查以及其他审理需要的时间等法院预定的开庭次数，向法院申述必要的事项。"

〔3〕 东京高判昭35·4·21高刑集13·4·271.

等事实是否妥当，有待检讨。毋庸讳言，陈述这些事实与在起诉书中记载前科事实[1]一样，均会对法官产生影响。根据《刑事诉讼法》第296条但书的规定，在开头陈述中提及上述事实显然是不妥当的。日本最高法院同样认为，在开头陈述的被告人经历部分提及被告人的同种前科是不妥当的。[2]当然，被告人的前科或者不良品格为犯罪构成要件事实的，另当别论。对于余罪，在允许立证的范围内，即作为推论被告人的性格、经历以及犯罪动机、目的、方法等情状的资料而进行立证时，检察官可以在开头陈述中提及。[3]

在开头陈述中，检察官通常对欲用证据加以证明的上述事实进行分项、简洁表述，以作为之后证据调查的线索和初步计划，而不会对证据的内容进行逐一、详尽的介绍。检察官的开头陈述虽然以当时所收集、持有的证据为基础，但是不得以不能作为证据或者可以作为证据但不想请求调查的资料为基础陈述有导致法院对案件产生偏见或者预断之虞的事项（法296）。所谓不能作为证据者，是指确定没有证据能力的证据，例如侦查人员的单方意见、无任意性的自白等，不包括陈述笔录和传闻证据。

检察官开头陈述所包含的事项即使最终没有进行立证，也不会影响开头陈述的合法性。在确有必要的场合下，检察官对开头陈述中未包含的事项进行了立证，并不构成违法。另外，在裁判员裁判的案件中，检察官的开头陈述，应当结合审判前整理程序中对争点和证据的整理结果，具体明示事实与证据之间的关系。

（三）被告方的开头陈述

在检察官开头陈述完毕后，法院可以允许被告人或者辩护人进行开头陈述（规198）。被告方的开头陈述，同样是为了明示用证据所要证明的事实、明确案件的争点。因此，被告方提出开头陈述申请的，除认为明显不必要的场合外，法院应当允许。被告方的开头陈述是任意的，在检察官立证结束后被告方立证开始前进行。实务中，被告方进行开头陈述的情形并不多见。被告方的开头陈述同样不得以不能作为证据或者可以作为证据但不想请求调查的资料为基础陈述有导致法院对案件产生偏见或者预断之虞的事项（法

---

〔1〕　最高裁判所判决昭27·3·5刑集6·3·351.

〔2〕　最决昭58·11·29裁判集232·995.

〔3〕　最高裁判所判决昭41·7·13刑集20·6·609.

296）。另外，在交付审判前整理程序的案件中，被告方对应当用证据证明的事实提出其他事实上或者法律上的主张的，应当在第 296 条规定的程序进行完毕后明确提出（法 316 之 30），以实现充实、集中的法庭审理。[1]

另外，对于交付审前整理程序的案件，在被告方开头陈述完毕后，根据法院规则的规定，法官应当在法庭上公布审理前整理程序的结果（法 316 之 31）。此时，法官应当朗读审前整理程序笔录、诉讼关系人提出的文书或者告知其要旨。当然，法官可以让法院书记官进行以上活动。

三、证据调查请求

所谓证据调查请求，是关于询问证人、鉴定人等诉讼参与人，调查书证与物证，进行勘验、鉴定等的请求。《刑事诉讼法》采取了由当事人推进诉讼、提出证据的当事人主义诉讼构造，证据调查原则上基于当事人的请求进行。法院只在必要时依职权进行证据调查（法 298）。从顺序上看，先由对犯罪事实负举证责任的检察官对认为案件审判所必要的全部证据请求调查，而后由被告人或者辩护人对认为案件审判所必要的证据请求调查（规 193）。当然，在认为适当时，可以随时对认为必要的证据进行调查（规 199）。对于交付审判前整理程序的案件，检察官、被告方在该程序中顺次提出证据调查请求，除因不得已的事由而无法提出上述请求的以外，在之后的审判期日中不得再请求证据调查。[2]

（一）请求权人与请求对象

检察官、被告人或者辩护人有权请求证据调查（法 298）。单位被告人的代表人（法 27）或代理人（法 28）、被告人的法定代理人（法 28）与特别代理人（法 29）以及轻微刑事案件中到场的代理人（法 284）可以代为请求证据调查。辅佐人在不违反被告人明示意思表示的前提下，可以请求证据调查（法 42）。辩护人可以独立于被告人的意思而请求证据调查（法 41）。存在多

---

〔1〕[日] 後藤昭、白取祐司编：《新・コンメンタール刑事訴訟法（第 2 版）》，日本評論社 2013 年版，第 827 页。

〔2〕《刑事诉讼法》第 316 条之 32 规定："（1）对于交付审判前整理程序或者审理期间整理程序的案件，检察官、被告人或者辩护人，尽管有第 298 条第 1 款的规定，除因不得已的事由在审判前整理程序或者审理期间整理程序中无法提出请求的除外，在该审判前整理程序或者审理期间整理程序接受以后，不得请求证据调查。（2）前款规定，并不妨碍法院在认为必要时依职权进行证据调查。"

名辩护人的场合，主任辩护人或者副主任辩护人以外辩护人的证据调查请求权存在限制。[1]

在具体案件中对什么证据提出调查请求，由当事人根据案件情况自行确定。为发现实体真实与实现迅速裁判，当事人应当提出具有高证明力的证据并避免重复立证（规189之2）。至于何谓最好的证据，很难作出明确、划一的规定。然而，可以确定的是：直接证据相对于间接证据、科学证据相对于言词证据、原本或原物相对于复印件、复制件而言，具有更高的证明力。需要指出的是，当事人的证据调查请求存在以下限制：其一，不得对已经不存在的证据请求调查，诸如请求询问已死亡的被告人、请求调查已经灭失的物证等。当然，对于确实存在的证据，即使证据不在请求者手中，也可以申请调查。通常情况下，请求调查的书证、物证等都在请求者手中。对于检察官而言，在侦查阶段就收集、保管了各种证据，因此请求调查的证据不在其手中的情形非常罕见。对于被告方而言，其请求调查的证据在检察官甚至第三人手中的情形则相对普遍。被告方只要能特定该证据，依然可以提出调查请求。法院可以要求持有该证据者任意提出该证据，在不提出时，法院可以作出提出命令或者通过扣押程序获得该证据。其二，不得对不能作为证据者请求调查。例如请求询问不具有证人身份或者鉴定人资格的人。其三，在证明对象需要进行严格证明的场合，请求调查的证据必须具有证据能力。

在具体案件中，当事人有必要对何种证据提出调查请求，同样由当事人结合举证责任和案件具体情况自行确定。但是，对于根据《刑事诉讼法》第312条第1款第2项后段规定可以作为证据的文书，检察官应当请求调查（法300）。这是因为，相比证人当庭陈述，检察官更愿意请求调查对被告人不利的陈述笔录。此项请求义务的确定，要求检察官对有利于被告人的笔录同样应当请求调查。被告方不同意检察官上述判断的，应当请求调查该证据。需要注意的问题有二：其一，在对被告人甲已经调查的证据，在合并起诉后能否作为被告人乙的证据？通说和判例认为，只有在对该证据请求重新调查并

---

〔1〕《刑事诉讼规则》第25条规定："（1）主任辩护人或者副主任辩护人，就送达辩护人的通知或者文书，代表其他辩护人。（2）主任辩护人及副主任辩护人以外的辩护人，未经审判长或者法官的许可和主任辩护人或者副主任辩护人的同意，不得作出申请、请求、质问、询问或者陈述。但是，关于请求许可抄录证物、请求交付裁判书或者记录裁判笔录的副本或者节本，以及在庭审中证据调查终结后陈述意见，不在此限。"

听取乙意见的基础上，作出证据裁定并进行证据调查之后方可以对乙作为证据。[1]其二，同一被告人的复数案件合并审理的场合，合并前的证据能否直接使用？有观点认为，合并前的证据，在与补充起诉的案件有关联性的范围内，可以作为证据。[2]但是，判例基于与前一情形相同的理由，对此持反对态度。[3]

(二) 请求时期与请求顺序

证据调查请求通常在审判期日提出，也可以在审判期日前提出。但是，除进行了审前整理程序的场合，不得在第 1 回审判期日前提出（规 188）。检察官在开头陈述后，应当首先对认为案件审判所必要的全部证据请求调查（规 193）。但是，该规定只是明确了检察官先于被告方请求调查为证明公诉事实而有必要的所有证据，而非意味着其对单纯的情状证据也必须一并提出请求。同时，它也不意味着禁止在法庭审理中对新的必要证据请求证据调查。

实务中，证据调查请求（以及证据调查）大致按照下列顺序进行：在无争议的案件中，检察官会对与公诉事实相关的证据（包括自白笔录）、情状证据（前科笔录等）、诉讼条件证据、特定被告人的证据等审判必要的证据提出概括式调查请求。在对这些证据调查完毕后，被告方会请求对情状证据（书证或者人证）进行调查，调查完毕后进行被告人质问，至此证据调查结束。在有争议的案件中，检察官对与公诉事实相关的证据（自白笔录除外）请求调查。上述证据调查完毕后，被告方请求调查反证。反证调查完毕后，检察官请求调查自白笔录，之后进行被告人质问。

对证据调查请求的时间、顺序需要留意的证据有二：其一，自白笔录。自白只有在有关犯罪事实的其他证据被调查后方可请求调查（法 301）。实务中，检察官在对公诉事实相关证据请求调查时，普遍连同自白笔录一并提出。日本最高法院认为，《刑事诉讼法》第 301 条意在要求对其他证据（补强证据）调查之后才能对自白笔录进行调查，因此在对自白和其他证据一并提出

---

[1]　见名古屋高判昭 25·1·12 判特报 6·88.

[2]　[日] 石井一正：《刑事实务证拠法（第 5 版）》，日本判例タイムズ社 2011 年版，第 74 页。

[3]　名古屋高判昭 28·7·7 高刑集 6·9·1172.

证据调查并未违反该条的规定。[1]另外，检察官在被告人请求调查反证之前请求调查自白笔录，法院进行了调查的，同样不构成对该条规定的违反。此外，对作出适用简易审判程序及即决裁判程审理裁定的案件（法291之2、350之22），自白调查请求的时间、顺序并无上述限制（法307之2、350之24）。在实务中，与普通程序相同，从调查其犯罪事实相关的其他证据开始。其二，《刑事诉讼法》第321条第1款第2项后段规定的能够作为证据的检察官面前笔录。日本最高法院认为，如果开示该陈述者的检察官面前笔录，并在证人询问时对笔录的内容进行充分的反对询问，那么对该笔录的调查请求即使在之后的审判期日提出，亦不违法。[2]

（三）证据调查的请求方式

当事人证据调查的请求方式有三：一为特定证据。证据调查请求应当针对特定证据。在请求对证人等进行询问时，应当提交记载其姓名及住所的书面材料；在请求对书证和其他文书进行调查时，应当提出记载其目录的书面材料（规188之2）。违反上述规定的证据调查请求，只要能够将证据特定化，法院亦不得予以驳回。但是，在对多数证人或者文书请求证据调查的场合，应当严格遵照上述规定。在请求调查书证或者其他文书的一部分时，应当特定该部分（规189）。依照第321条至第323条或者第326条规定可以作为证据的文书是侦查记录的一部分时，检察官应当尽可能将其与其他部分分离后，请求调查该部分（法302）。法院不仅可以口头要求明确请求调查的部分，还可以命令提出特定证据的文书。双方当事人不提出该文书的，法院可以驳回证据调查请求。此外，在请求对证人进行询问时，应当申报预计询问证人所需要的时间（规188之3）。请求询问证人的人，为了给法官的询问提供参考，应当及时提交记载询问事项或者证人应当作证事项的书面材料。但是，在法庭上让诉讼关系人首先询问证人的，不在此限。法院认为必要时，可以命令请求询问证人的人提交前款规定的书面材料（规106）。

二为陈述立证趣旨。请求证据调查，应当具体明示证据与应予证明事实之间的关系，即立证趣旨。立证趣旨陈述可以口头进行，法院在认为必要时，也可以命令请求调查证据的人提出特定立证趣旨的文书。当事人不进行立证

---

〔1〕　最高裁判所判决昭26·6·1刑集5·7·1232.
〔2〕　最高裁判所判决昭30·1·11刑集9·1·14.

趣旨陈述，或者不提出立证趣旨文书，法院可以驳回证据调查请求。对立证趣旨不明确的证据调查请求，法院可以予以驳回（规189）。立证趣旨具有为法院作出是否采信证据的判断提供参考、明确攻击防御的焦点、避免无意义的证据调查等功能。在证人询问的场合，立证趣旨还有助于确定主询问、反对询问的范围。因此，当事人应当尽可能对立证趣旨予以明示。法院对证据证明力的判断并不受立证趣旨的约束。[1]然而，这并不意味着立证趣旨不具有约束力。在下列场合下，为证明某一事实（立证趣旨）而提出的证据，不得用于认定其他事实。其一，为争辩证据之证明力而提出的证据（法328），不得用于犯罪事实的认定。其二，针对特定共同被告人提出的证据，不得用于其他共同被告人。其三，仅在证明特定事实才具有证据能力的证据，不得用于其他事实的认定。例如，作为诉讼条件或者情状之立证而提出的传闻证据，不允许用于犯罪事实的认定；在一定的立证趣旨范围内作出同意的文书，不得用于其他范围内事实的认定。

三为给予阅览等机会。提出证据调查请求时，应当事先让对方知悉该证据的内容并给予防御的机会。也即，在请求对证人等进行询问时，应当事先给对方提供了解其姓名、住所的机会；在请求调查书证或物证时，应当事项向对方提供阅览的机会。但是，对方没有异议的，不在此限（法299）。所谓"事先"意味着"对方能够进行防御准备"，[2]在实务中，一般应当在第一回审判期日前也即事前准备阶段给予对方当事人阅览等机会（规178之6、178之7）。对方因未获得上述机会而提出异议的，请求者应当撤回证据调查请求；不撤回的，法院应驳回证据调查请求，请求者应在给予上述机会的基础上重新提出证据调查请求。但是，判例认为，在维持该请求的同时给予对方当事人进行防御准备的必要时间，进而作出证据裁定并无不妥。[3]阅览等机会的给予仅限于意欲申请证据调查的证据。因此，对于不打算申请调查、可能申请调查或者不确定是否申请调查的证据，不在此限。

（四）请求的取消（撤回）

证据调查请求在证据裁定作出以前可以取消（撤回），自不待言。在作出

---

〔1〕 東京高判昭27·11·15高刑集5·12·2201.

〔2〕 ［日］石井一正：《刑事实务证拠法（第5版）》，日本判例タイムズ社2011年版，第85页。

〔3〕 東京高判昭26·11·6高刑集4·13·1891.

证据裁定之后证据调查终结以前，亦可以取消（撤回）。一般而言，取消应当具有明示意思表示，但是在特定情形下，也允许默示取消。[1]默示取消有两种情形：一为证据调查请求虽然保留至证据调查终结，在即将终结时，请求者陈述没有其他反证或者没有异议的场合；二为由于未获得将陈述笔录作为证据的同意（法326）而申请将陈述者作为证人进行调查之后又获得了该同意，请求者认为目的达到的场合。

四、证据裁定

对于当事人双方的证据调查请求，法院应当作出采纳或者驳回的裁定。在依职权进行调查的场合，同样需要作出裁定（规190）。在作出前项裁定时，应当听取对方及其辩护人的意见；在作出后项裁定时，应当听取检察官和被告人或者辩护人的意见。在被告人不到场也可以进行证据调查的庭审期间，被告人和辩护人不到场时，不受前款规定的限制，可以不听取上述人员的意见，作出证据裁定（规190）。为作出证据裁定而有必要时，可以命令诉讼关系人出示书证或者证物（规192）。

法院在不作出上述裁定的情形下对案件审理终结，除证据调查请求取消的场合外，构成程序违法。至于是否影响判决，则需要根据被请求调查证据的重要性加以确定。[2]但是，运用上，在审理终结之际，如果存在未作出上述裁定的证据调查请求，法院可以向请求者确认是否取消该请求；请求者明确表示不取消的，应当作出驳回的裁定。

证据裁定只需特定化证据方法，明示实施证据调查或者驳回证据调查请求的要旨即可。虽然不要求说明理由（法44），但是在作出驳回裁定的场合，实务中普遍会附加该证据无证据能力或者无必要性等简单理由，对于重要证据的证据能力存在激烈争议的场合还会详细说明采用或驳回的理由。

证据裁定可以在审判期日作出，也可以在审判期日外作出。审判期日的证据裁定，通过口头方式宣告（规34），并记入庭审笔录（规44）。审判期日外的证据裁定，需要制作裁定书，并以送达裁定书副本的方式进行告知（规

---

[1] 最决昭28·4·30刑集7·4·904.

[2] 最高裁判所判决昭27·5·13刑集6·5·744.

34)。但是，对于询问证人、鉴定人、口译人、笔译人的裁定，无需送达副本，应直接将其姓名通知诉讼关系人（规191）。对询问证人等作出裁定时，请求该调查的诉讼关系人应当努力确保上述人员在开庭审理时到场（规191之2）。在审前整理程序中作出证据裁定的场合（法316之5），证据裁定记载于审前整理程序笔录中，不需要对在场的诉讼关系人进行通知或送达（规217之12、217之14）。对于未在场的被告人同样不需要通知。在该程序期日外作出证据裁定的场合，不需要送达，只需将其要旨通知检察官、被告人或者辩护人即可（规217之13）。

在作出证据调查裁定后证据调查变得不再必要的，法官原则上应当听取诉讼关系人的意见后通过裁定予以取消。[1]依请求的证据裁定作出后请求被取消的，该证据裁定并不会当然失效，依然要通过裁定予以取消。[2]

五、证据调查范围、顺序、方法的裁定

法院，听取检察官和被告人或者辩护人的意见，可以决定证据调查的范围、顺序和方法。该程序可以由合议庭组成人员进行。法院在认为适当的，可以随时听取检察官和被告人或者辩护人的意见，变更已经确定的证据调查的范围、顺序、方法（法297）。该程序可以让受命法官进行（法297），在审前整理程序及期日间整理程序中进行亦无问题（法316之5、316之28）。另外，调查明确与犯罪事实无关而仅与情状有关的证据时，应当尽量与有关犯罪事实的证据区别开来。（规198之3）。

六、证据调查的实施

（一）证人询问

证人，是指向法院或者法官陈述自己过去所经历事实的第三人。证人的陈述称为证人证言。证言事项，一般是指基于自己的经验（经历）所得知的事实，但是也包括通过特殊知识知晓的过去事实（鉴定证言，陈述者为鉴定人）（法184）、根据实际经历过的事实陈述推测的事实与根据特殊知识对经

---

[1] 東京高判昭24·9·8高刑集2·1·70.
[2] 最高裁判所判決昭28·10·30刑集7·10·2029.

验事实进行推测的事实（法156）。

1. 证人适格

证人适格，是指能够成为证人的资格。根据《刑事诉讼法》第143条的规定，原则上任何人都可以作为证人，但是法律有特别规定的除外。这种例外情形包括两类：一类是为了保护公务上的秘密。公务员或者曾任职的公务员知晓的事实，本人或者该管公务机关申明该事实涉及职务秘密的事项时，非经该监督官厅的承诺，不得将其作为证人进行询问，但是，除有妨害国家重大利益的情形以外，该监督官厅不得拒绝承诺（法144）。参众两院议员、内阁总理大臣或者其他国务大臣以及曾经担任该职务的人，非经该议院或者内阁承诺，不得被作为证人进行询问。除有妨害国家重大利益的情形以外，众议院、参议院或者内阁不得拒绝承诺（法145）。另一类是该当案件的诉讼关系人。该当案件的诉讼关系人，不能同时作为证人。对于本案的法官、法院书记员而言，不得同时作为证人。如果从该案件中脱离，则可以作为证人，但是之后不得在本案中继续执行职务（法20）。检察官不得在担任公诉人的同时作为证人，但是在由其他公诉检察官在场的情况下，则可以作为证人，并在作证完毕后继续履行公诉职务。在侦查阶段参与案件的检察官、检察事务官、司法警察职员，由于并非法庭审理的当事人，自然具有证人资格。辩护人可以在履行辩护职责的同时作为证人。

问题在于：被告人是否能够成为证人？被告人受"概括的沉默权"的保障（宪38、法311），因而司法机关不得强制其成为证人。但是，在本人要求成为证人的场合，能否承认其证人适格？从理论上看，在被告人自愿成为证人的场合，并不存在否定其证人资格的理由，而且从当事人主义的角度考量，被告人完全有权放弃沉默权。确实，被告人在被告人的地位上所作陈述的证明力较弱，承认其证人适格能够增强被告人陈述的证明力。但是，一旦使被告人承担作证义务，很可能对被告人的沉默权造成侵害。而且，现行法对于被告人陈述设置了被告人质问制度，而不存在针对被告人的证人询问程序。因此，即使被告人要求成为证人，法院或法官也不应承认其证人适格。需要注意的是，在共同犯罪案件中，法院进行合并审理的场合下，被告人不得作为证人，但是在分案审理的情况下，共同被告人则可以在其他共同被告人的审理程序中作为证人。[1]

2. 证人的权利、义务

证人的义务包括：其一，到场义务。被传唤的证人，负有到场义务。无正当理由拒不到场的，可以处以罚款、罚金或者再次传唤和拘传（法150、151、152）。其二，宣誓义务。作为证人到场的情况下，此人原则上负有宣誓义务（法154），对于不能理解宣誓含义的人，可以不进行宣誓而直接进行询问（法155）。宣誓应当在询问以前，通过朗读宣誓书并署名、盖章的方式进行（规117、118）。无正当理由拒绝宣誓，可以处以罚款、罚金。其三，作证义务（判例7-1）。证人无正当理由，拒绝宣誓或者具体提供证言的，处以10万日元以下罚金或拘役；犯前款之罪的，可以根据情节，并处罚金和拘役。另外，证人在宣誓之后提供虚假证言的，应当追究其伪证罪（刑169）的刑事责任。

证人的权利包括：其一，拒绝作证权。拒绝作证权适用于三种情形：一为承认拒绝自证其罪特权的情形。任何人，都可以拒绝提供有可能使自己受到刑事追诉（起诉前）或者受到有罪判决（起诉后）的证言（法146）。二为维护家庭关系和睦而有必要的场合。任何人，都可以拒绝提供有可能使下列人员受到刑事追诉或者受到有罪判决的证言：①自己的配偶、三代以内血亲及二代以内姻亲，或者曾与自己有以上亲属关系的人；②自己的监护人、监护监督人或者保佐人；③把自己作为监护人、监护监督人或者保佐人的人（法147）。三为保护业务上秘密而有必要的场合。医师、牙科医师、助产士、护士、律师（包括外国法事务律师）、专利等代办人、公证人、宗教职业者或者曾经担任以上职务的人，对于因受业务委托而知悉的有关他人秘密的事实，可以拒绝提供证言。但是本人已经承诺的，拒绝证言被认为只是为被告人利益而滥用权利（被告人为本人时除外）的，或者具有法院规则规定的其他事由的，不在此限（法149）。与此相同的还有扣押拒绝权。上述主体因接受业务委托而保管或持有的物品涉及他人秘密的，可以拒绝扣押。但是，本人已经承诺的，或者拒绝扣押可以被认为只是为被告人的利益而滥用权利（被告人是本人时除外），以及存在法院规则规定的其他事由时，不在此限（法105）。其二，交通费、日津贴费、住宿费的请求权。证人可以请求交通费、

---

[1] ［日］池田修、前田雅英：《刑事訴訟法（第5版）》，日本東京大学出版会2014年版，第337页。

日津贴费及住宿费。但是，无正当理由拒绝宣誓或者拒绝提供证言的，则无此权利（法 164）。

判例 7-1：刑事免责与证言强制（最判平 7 · 2 · 22 刑集 49 · 2 · 1）

事实概要：对有关洛克希德公司推销飞机活动的相关疑惑进行侦查的东京地检检察官，以被告人 H（作为洛克希德公司之日本代理的丸红公司社长）行贿以及数名姓名不详者受贿为被疑事实，根据《刑事诉讼法》第 226 条的规定，针对当时在美国居住的 K（洛克希德公司社长）等人，向东京地方法院法官提出了通过国际司法协助的方式委托所在国司法机关进行证人询问的请求。在提出请求时，检事总长发布了宣明书，对东京地检检事正作出了如下指示：即使证人的证言内容与日本的法规相抵触，就证言所提及事项对证人根据《刑事诉讼法》第 248 条的规定作出起诉犹豫处分。东京地检检事正亦发布了根据同条规定对证人作出起诉犹豫处分的宣明书。东京地方法院的法官，委托美国加利福尼亚州中央地区地方法院将上述宣明的趣旨告知 K 等人并根据检察官的证人询问请求对 K 等人进行证人询问。

接受上述委托的联邦地方法院，随即着手对 K 等人进行证人询问。但是，K 等人以可能在日本受到刑事追诉为理由拒绝提供证言，并对能否给予符合日本法律的刑事免责产生了争议。该地方法院法官在命令对 K 等人进行证人询问的同时，作出了在日本最高法院作出不会提起公诉的明确命令或者规则之前，不得将基于委托所形成的证人询问笔录予以转交的裁定。在此情况下，检事总长再次宣明了保证将来不对 K 等人提起公诉的内容，日本最高法院亦作了日本检察官会遵守检事总长上述保证的宣明，并将以上内容传达至联邦地方法院。随后，联邦地方法院对 K 等人进行了证人询问，并将 K 等人的委托证人询问笔录，包含之前已经制作的笔录，交付日本检察机关。第一审以及控诉审均将上述笔录作为《刑事诉讼法》第 321 条第 1 款第 3 项规定的文书并承认了其证据能力。被告人 H 等因此被判有罪，并提出上告。日本最高法院以被告人等的犯罪事实，即使抛开本案委托证人询问笔录，也可根据其他关系证据得以证明，上告意见并不会对原判决的结论造成影响为由，驳回了被告人的上告，并针对本案委托证人询问笔录的证据能力作出了如下判示。

判决要旨："（一）刑事免责制度，是为应对基于拒绝自证其罪特权而行使证言拒绝权所导致的无法获得证明犯罪事实之必要陈述的事态，对于具有共犯等关系的人中的部分人通过给予刑事免责的方式使其失去拒绝自证其罪特权而强制陈述，并将其陈述作为证明他人有罪之证据的制度。（二）从我国宪法有关刑事程序的诸规定来看，（宪法）并未否定导入该制度，但是，刑诉法也并未对该制度作出规定。该制度在作为具有合目的性的制度发挥作用的同时，也直接关乎犯罪关系者的利害，并影响刑事程序的重要事项。因此，是否采用该制度，应当在慎重考虑有无必要性、是否符合刑事程序公正性的要求、是否契合国民公正感的基础上作出决定。如果要采用该制度，应当对适用对象范围、程序要件、法律效果等作出明文规定。但是，我国刑诉法中并不存在有关该制度的条文规定，也即没有采用该制度，因此不应当允许通过给予刑事免责所获得的陈述作为事实认定的证据。（三）对于诸如本案在国际司法协助过程中利用该制度所获得的证据，上述结论同样适用，并不存在作出不同解释的理由。实际上，对于通过国际司法协助获得证据，能否在我国刑事裁判中作为事实认定的证据，应当根据我国刑事法律作出决定。鉴于我国刑事诉讼法并未采用刑事免责制度，即使是通过国际司法协助获得证据，也不应当允许其作为事实认定的证据。"

注：本判决对刑事免责制度的以上判示，在日本引发了对是否应当确立该制度的立法论层面的讨论。作为新的言词证据获得手段，2016 刑事诉讼法修改时引入了刑事免责制度。[1]根据《刑事诉讼法》的规定，依据检察官的

---

〔1〕《刑事诉讼法》第157条之2规定："（1）检察官，在预定对可能使证人受刑事追诉或者有罪判决的事项进行询问的场合，考虑证言对该事项的重要性、关系犯罪的轻重、情状及其他情况，认为必要时，事先可以请求法院在下列条件下进行该证人询问。一、回答询问的陈述以及由此所得的证据，除在该证人于证人询问中的行为构成第161条或者刑法第169条规定犯罪的场合用作与该行为相关的犯罪案件的证据外，在证人的刑事案件中，不得作为对证人不利益的证据。二、尽管有146条的规定，不得拒绝可能导致自己受到刑事追诉或者受到有罪判决的证言。（2）法院收到前款请求时，除应当询问证人的事项明显不包含可能使证人受到刑事追诉或者有罪判决之事项的场合外，应当作出该证人询问在同款各项规定的条件下进行的裁定"；第157条之3规定："（1）检察官，认为证人会拒绝对可能受到刑事追诉或者有罪判决的事项提供证言的场合，考虑证言对该事项的重要性、关系犯罪的轻重、情状及其他情况，认为必要时，可以请求法院在前条第1款各项规定的条件下进行之后的证人询问。（2）法院收到前款请求时，除认为证人未拒绝证言的场合或者应当询问证人的事项明显不包含可能使其受到刑事追诉或者有罪判决之事项的场合外，应当作出之后的证人询问在前条第1款各项规定的条件下进行的裁定"。

请求，证人证言以及由此所得的证据，除用于追诉拒绝宣誓·证言或者伪证罪的场合外，通过禁止在证人自身的刑事案件中作为对其不利益的证据使用的方式，消灭证人的拒绝自证其罪特权而强制其陈述。由此可知，日本刑事免责制度中的免责，并非行为免责，而毋宁是证言的派生适用免责。

3. 证人询问的方法

在证人询问环节，首先应当核实证人身份（规 115）。在核实身份过程中，如果公开证人的住所等信息可能会给证人带来危害，审判长在一定要件下可以限制对此类信息的询问（法 295）。在身份核实完毕后，进行宣誓（法 154）与伪证罪告知（规 120），之后开始证人询问。根据法律规定，审判长或者陪席法官首先进行询问，然后再由当事人进行询问（职权询问制度）（法 304）。然而，实务中通行的做法是对该顺序进行调整（法 304），首先由当事人进行询问（交叉询问），之后再由法官进行补充性询问。

证人询问的核心环节是交叉询问。诉讼关系人询问证人，按照下列顺序进行：①由请求询问证人的人进行询问（主询问）；②由相对方进行询问（反询问）；③由请求询问证人的人再次进行询问（再次主询问）；④诉讼关系人经审判长许可，可以再次询问证人（规 199 之 2）。

主询问：请求询问证人的人进行询问。主询问应当针对要证明的事项及其他相关事项进行，也可以询问为争辩证人陈述的证明力而有必要的事项（规 199 之 3）。主询问不得进行诱导询问，但是下列场合除外：①证人的身份、经历、交友关系等，在进行实质性询问以前作为必要的准备性事项；②诉讼关系人没有争议的事项；③证人记忆不清楚的事项，为唤起其记忆而有必要的；④证人对主询问人怀有敌意或者反感的；⑤证人意图回避提供证言的事项；⑥证人作出与先前陈述相反的陈述或者有实质性差异的陈述的，涉及该陈述的事项；⑦其他有必要进行诱导询问的特殊情形。

反对询问：对方当事人进行询问。反对询问的目的主要为针对主询问中证言的真实性进行检验。因此，反对询问应当主要针对主询问中涉及的事项和与此相关的事项，以及为争辩证人陈述的证明力而有必要的事项进行。一般情况下，反询问在主询问结束后立即进行。对于反对询问，在必要时可以进行诱导询问，但是审判长认为诱导询问不适当时，可以加以限制（规 199 之 4）。

再次主询问：请求者再度进行询问。再次主讯问，应当针对反对询问中涉及的事项以及关联事项进行；具体程序适用主询问的规定（规199之7）。

再次反对询问：经审判长许可，对方当事人可以再次对证人进行反对询问（规199之2）。

双方当事人在询问证人的时候，应当尽量个别、具体、简洁地进行，原则上采取一问一答的询问方式，但是不得进行威胁性、侮辱性询问，也不得进行重复询问（规199之13）。诉讼关系人就文书或者物品的形成、同一性或者其他类似事项询问证人时，在有必要的情况下，可以出示该文书或者物品；对于证人记忆不清楚的事项，为唤起其记忆，在必要时，经审判长许可，可以在出示文书或者物品后进行询问；为了确认证人的陈述，在必要时，经审判长许可，可以利用图纸、照片、模型、装置等进行询问（规199之10、199之11、199之12）（判例7-2）。

判例7-2：证人询问与被害再现照片利用（最决平23·9·14刑集65·6·949）

事实概要： 被告人因在电车中强制猥亵女性被起诉。在对被害人进行证人询问时，检察官询问了猥亵被害的具体情况和被告人被抓时的情况，被害人对此分别提供了证言。之后，在确认犯人与被告人具有同一性的基础上，检察官以有必要进一步明确被害人陈述为由，向法院请求出示并未采用为证据的被害再现照片。辩护人对出示照片本身没有异议，但是请求对照片所欲明确的陈述内容进行询问。法院许可检察官出示证据并进行询问。虽然上述被害再现照片被添附于证人询问笔录当中，但是第一审法院在未将其采用为证据的情况下结束了法庭审理，将被害人当庭陈述在证据目录中予以记载，并作出了有罪判决。控诉审法院认为，第一审法院将询问中向证人出示的被害再现照片添附于笔录的处理虽不妥当，但是并未构成足以影响判决的诉讼程序违反法令，因而驳回了被告人的控诉。被告人提出上告。日本最高法院作出了如下职权判断，并驳回了上告。

裁定要旨： "（1）在本案中，检察官在证人（被害人）对被害状况等作出充分、具体的陈述之后，为了明确该陈述的内容而出示再现证人过去被害状况的被害再现照片，而且预定展示的被害再现照片的内容与已经作出的陈述相同，由此，通过出示被害再现照片可以在视觉上对陈述内容予以明确化，而且不会给证人带来不当影响，故第一审法院根据刑诉规则第 199 条之 12 的规定许可出示被害再现照片及询问并不违法。（2）另外，在以明确陈述为目的而出示被害再现照片时，本案证人作出了与被害状况相关的具体证言内容与被害再现照片所展示的相同的陈述，从作证经过与证言内容上看，以被害再现照片作为参照，非常有助于准确把握证人证言的内容，因此第一审法院为了明确证言经过、内容，而根据刑诉规则第 49 条之规定将向被证人出示的照片添附于证人询问笔录之后是适当的。该措施并非将添附于诉讼记录的被害再现照片作为独立的证据，因此在决定采取该措施时，并不需要经过当事人的同意。（3）本案中向证人出示的被害再现照片，由于未作为独立证据而加以采用，离开证言内容的照片本身并不能用于事实认定，本案证人在证人询问中实质性引用被出示的被害再现照片的同时提供了上述证言，在引用的限度内被害再现照片的内容构成证言的一部分，该证言全体自然可以用于事实认定。由于这并非意味着将被害再现照片作为独立的言词证据对待，因此不存在规避刑诉法有关传闻证据规定的问题。"

4. 审判日期外的证人询问

根据审判公开与审判中心主义的基本原理，证人询问原则上应当于审判期日在法庭上进行。但是，下列两种场合下，可以在审判期日以外或者在法院外进行证人询问：其一，法院在考虑《刑事诉讼法》第 158 条所列事项的基础上，听取检察官和被告人或者辩护人的意见后，认为有必要的，可以在审判日外询问证人（法 281）。其二，法院考虑到证人的重要性、年龄、职业、健康状况等情况和案件的轻重，听取检察官和被告人或者辩护人的意见后，认为有必要的，可以将证人传唤到法院外或者在证人所在场所当场进行询问。在上述场合下，受命法官或者受托法官可以代为进行证人询问（法 158）。

对在审判期日外形成的证人询问笔录，法院在审判期日应当将其作为书证或者证物依职权进行调查。该证人询问笔录无条件具有证据能力（法 321）。

根据《宪法》第 37 条的规定，当事人具有证人询问权，即使在审判期日外询问证人的场合，被告人同样具有在场权。因此，在上述情况下，法院原则上应当事先通知检察官、被告人及辩护人，并提供了解询问事项、进行证人询问的机会（法157、158）。否则，将构成侵犯证人询问权的程序违法。

未给予被告人在场机会、通过违法程序形成的证人询问笔录，因构成违反《宪法》的重大瑕疵而不具有证据能力，不得根据《刑事诉讼法》第303条的规定在审判期日进行证据调查。问题在于：在被告人或者辩护人没有提出异议的情况下对该证人询问笔录进行证据调查，该瑕疵是否可以视为已经被"治愈"？一般认为，上述情况构成与被告人基本权利相关的重大瑕疵，被告人没有提出异议并不能消解程序的违法性。只有在其完全了解与该问题相关的事实、法律问题，并积极采取明示的方式放弃责问权的情况下，该瑕疵才可以视为"被治愈"。

5. 证人保护

在询问证人的场合，法院认为证人在被告人面前（包括采用《刑事诉讼法》第157条之5第1款规定的措施和第157条之6第1款、第2款规定的方法）会受到压迫而不能进行充分陈述时，以辩护人在场为限，听取检察官和辩护人的意见，可以让被告人于该证人陈述时退庭。在此场合，陈述完毕后应当让被告人入庭，告知其证言要旨，并给予询问该证人的机会（法304之2）。

审判长认为被告人、证人、鉴定人、口译人或者笔译人在特定的旁听人面前（对于证人，包括采用《刑事诉讼法》第157条之3第2款规定的措施和第157条之4第1款的方法）不能充分陈述时，在陈述期间，可以让该旁听人退庭（规202）。

审判长在询问证人、鉴定人、口译人或者笔译人的场合，认为有可能发生加害证人、鉴定人、口译人、笔译人及他们亲属身体或财产或者使以上人员感到畏惧或困惑的行为，以及如果公开能够特定以上人员的住所、单位及其他通常所在场所的事项会使证人、鉴定人、口译人或者笔译人无法充分陈述的，可以限制询问该事项。但是，限制检察官的询问有可能对证明犯罪产生重大妨碍，或者限制被告人或辩护人的询问有可能对被告人防御产生实质性不利时，不在此限（法295）。

检察官或者辩护人，提供知悉证人、鉴定人、口译人或笔译人的姓名及住所的机会时，或者提供阅览书证或物证的机会时，认为有可能发生加害证人、鉴定人、口译人、笔译人或者书证或物证中记载的人以及他们亲属身体或财产的行为，或者使以上人员感到畏惧或困惑的行为的，除将他们的住所、工作单位或其他常住地的特定事项告知给对方是为证明犯罪、侦查犯罪或者被告人防御而有必要的场合外，可以要求对方不得让关系人（被告人）知悉，并充分考虑他们的安全不受威胁（法299之2）。

另外，《刑事诉讼法》为了减轻证人的精神负担，还设置了三项特殊制度：

其一，证人陪同。在询问证人的场合，法院考虑到证人的年龄、身心状态以及其他情况，认为证人可能显著不安或者紧张时，听取检察官和被告人或辩护人的意见后，可以让有助于缓解这种不安或紧张，且不会妨碍法官、诉讼关系人询问或者证人陈述、不会对陈述内容造成不当影响的人，在证人陈述时予以陪同（法157之4）。

其二，证人隔离。法院在询问证人的场合，根据犯罪性质、证人年龄、身心状态、与被告人的关系等情况，认为证人在被告人的面前（包括《刑事诉讼法》第157条之6第1款、第2款规定的方法）陈述时可能明显产生压迫感而影响精神安定时，认为适当的，听取检察官和被告人或辩护人的意见，可以在被告人与该证人之间，采取使一方或者双方不能识别对方状态的措施。但是，只有在辩护人在场的情况下，才能从被告人方面采取不能辨认证人的措施。法院在询问证人的场合，考虑犯罪性质、证人年龄、身心状态、对名誉的影响等情况，认为适当的，听取检察官和被告人或辩护人的意见，可以在旁听人和该证人之间采取使互相之间不能辨认的措施（法157条之5）。

其三，视频作证。法院在对下列人员进行证人询问的场合，认为适当的，听取检察官和被告人或辩护人的意见，为了便于法院和诉讼关系人询问证人，可以让该证人到另外的场所（只限于与这些人员在同一设施内），通过影像和声音的传输互相认识对方状态和通话的方法，进行询问：①刑法第176条至179条、第181条、第225条、第226之2第3款（只限于以猥亵或者结婚为目的的部分）、第227条第1款（只限于以帮助第225条或者第226条之2第3款犯罪为目的的部分）或第3款（只限于以猥亵为目的的部分）、第241条前段规定的犯罪或者上述犯罪的未遂罪的被害人；②《儿童福祉法》第60条第1款的犯罪、第34条第1款第9项涉及的第60条第2款的犯罪的被害人；

《关于处罚有关儿童卖春、儿童色情行为等以及保护儿童等的法律》第4条至第8条犯罪的被害人；③除前二项所列的人以外，根据犯罪的性质、证人年龄、身心状态、与被告人的关系等情况，在法官和诉讼关系人在场时提供证言，可能产生心理压力，明显侵害其精神安定的人。在适用上述方法询问证人的场合，法院预计该证人在以后的刑事程序中将就同一事实再次要求其作为证人提供证言时，在获得证人同意的情况下，经听取检察官和被告人或辩护人的意见，可以将询问该证人的情况和其陈述的状态记入记录媒体中（只限于同步录音录像）。根据前款规定记录询问证人和陈述状况的记录媒体，附在诉讼记录中作为案卷的一部分（法157之6）。

（二）鉴定、口译、笔译

1. 鉴定

所谓鉴定，是指"法院以弥补裁判上必要的与实验法则相关知识经验的不足为目的，针对指示事项，让第三者进行调查并向法院报告科学规律及据此得出的具体事实判断等的活动"。[1]对于不具有特殊的知识经验也可以判断的事项，法院应当自行判断，不得命令鉴定。另外，法律法令虽然属于无特别知识则无法判断的事项，但是明显属于法院的职责范围，不得命令鉴定。例如，在命令进行精神鉴定的场合，不得要求鉴定人对被告人究竟是心神耗弱还是心神丧失作出法律上的判断。[2]作为对法院知识经验的补充，鉴定只不过是证据资料的一种，证明力由法官自由判断（自由心证）。法院的判断不受鉴定结果的约束，但是无合理根据作出与鉴定结果相反的认定，构成违反经验法则与逻辑法则的违法。[3]

鉴定应当由对鉴定事项具有必要、特别的知识经验（法165）且能作出公正判断的人进行。鉴定人由法院选定，在进行鉴定之前应当宣誓（法166）。鉴定可以在法庭上进行，但更多的时候在法庭外进行。检察官和辩护人有权于鉴定时在场（法170）。

鉴定人作为法院的辅助人，拥有以下权限：在为鉴定而有必要的场合，

〔1〕 最高裁判所判决昭28·2·19刑集7·2·305.

〔2〕 最决昭58·9·13判时1100·156.

〔3〕 ［日］裁判所職員総合研修所監修：《刑事訴訟法講義案（四訂版）》，日本司法協会2011年版，第419页。

鉴定人凭法院的许可状（法 168、规 133），可以进入有人居住或看守的宅邸、建筑物或船舶，检查身体，解剖尸体，发掘坟墓或者毁坏物品。对于检查身体，法院可以附加其认为适当的条件（法 168）。受身体检查的人，拒绝鉴定人检查身体时，鉴定人有权向法官请求检查该人身体（法 172）。鉴定人于法庭上检查身体或者毁坏物品的，只需获得法院的许可，不用发付许可状（法 168）。鉴定人因鉴定的需要，经审判长许可，可以阅览或抄录文书及证物，或者在质问被告人或询问证人时在场。鉴定人可以请求审判长质问被告人或者询问证人，或者经审判长许可直接向他们发问（规 134）。除以上有特别规定的场合以外，鉴定人在必要且适当的限度内，可以采取任何手段收集、获取资料。[1]

对被告人进行精神或者身体鉴定的场合，在必要时，法院可以规定期间，将被告人留置在医院或其他适当场所（鉴定留置）。鉴定留置应当签发留置证。鉴定留置适用羁押的相关规定，但《刑事诉讼法》有特别规定的除外。鉴定留置的期间计入未决羁押的期间（法 167）。在必要时，法院可以根据医院或其他场所管理人员的申请或者依职权命令司法警察职员看守被告人（法 167）。对羁押中的被告人执行留置状时，被告人留置期间的羁押视为停止（法 167 之 2）。

鉴定完成后，鉴定人应当通过鉴定书或者口头方式向法院报告鉴定过程与结果。鉴定人有多人时，可以让他们共同作出报告。让鉴定人通过鉴定书报告鉴定经过及结果的场合，应当告知鉴定人针对鉴定书记载的事项将在法庭审理时接受询问的规定（规 129）。

2. 口译、笔译

在不通晓日语的人进行陈述时，应当让口译人为他们翻译；让聋哑人进行陈述时，可以让口译人为他们翻译；非日语的文字或者符号，可以让翻译人进行翻译（法 175、176、177）。《刑事诉讼法》关于鉴定的规定准用于口译及笔译（法 178）。对于不通晓日语的被告人宣告判决时，应当为其提供口译。[2]

---

〔1〕　最高裁判所判决昭 28·2·19 刑集 7·2·305.
〔2〕　最高裁判所判决昭 30·2·15 刑集 9·2·282.

（三）证据文书的调查

在当事人请求对书证进行调查的场合，审判长应当让请求调查的人朗读该书证。审判长也可以自行朗读或者让陪席法官、法院书记官朗读。在法院依职权对书证进行调查的场合，审判长应当自己朗读或者让陪席法官、法院书记官朗读。在作出《刑事诉讼法》第290条之2第1款、第3款与第290条之3第1款之裁定的场合，朗读应当采取不公开被害人、证人等特定事项的方法进行。对根据《刑事诉讼法》第157之6第4款规定所形成的包含记录媒体的笔录进行调查时，应当播放该记录媒体。但是，审判长，听取检察官和被告人或者辩护人的意见，认为适当的，可以亲自或者让请求调查该笔录的人、陪席法官、法院书记官告知笔录记录的陈述内容，以代替播放记录媒体。法院在播放该记录媒体的场合，认为必要时，听取检察官和被告人或者辩护人的意见，可以采取《刑事诉讼法》第157条之5规定的措施（法305）。审判长在听取诉讼关系人的意见后，认为适当的，根据请求或者依职权对书证或者物证中具有文书意义的证据进行调查时，可以让请求调查的人、陪席法官、法院书记官告知书证的要旨，或者亲自告知其要旨，以代替朗读（规203之2）。

（四）证据物的调查

根据检察官、被告人或者辩护人的请求对证据物进行调查时，裁判长可以让请求者展示该证据物。当然，审判长可以自行展示或者让陪席法官、法院书记官展示。法院依职权对证据物进行调查的，审判长应当自行或者让陪席法官、法院书记官向诉讼关系人展示该证据物（法306）。对证据物中的文书的含义作为进行调查时，除依照前条的规定以外，可以予以展示并朗读其中的内容或者告知书证的要旨（法307、规203之2）。对于录音带、录像带等无法通过展示或者朗读的方式进行调查的，可以根据证据物的性质予以播放。

（五）勘验

法院为发现事实而有必要时，可以进行勘验（法128）。勘验过程中，可以进行身体检查、尸体解剖、坟墓发掘、物品破坏及其他必要处分（法129）。法院进行的勘验，虽然构成强制处分，但是无需发付令状。法庭上的勘验结果应当记入庭审笔录。

（六）被告人质问

被告人享有概括的沉默权，可以始终保持沉默，也可以对各项质问拒绝陈述。当被告人作出任意陈述时，审判长随时可以就必要事项要求被告人陈述。陪席法官、检察官、辩护人、共同被告人或其辩护人，在告知审判长后，可以要求被告人进行陈述（法311）。审判长应当在起诉书朗读完毕后对被告人进行权利告知。告知内容有二：一为有权保持沉默或拒绝回答质问；二为有权进行陈述，被告人的陈述将作为对其有利或者不利的证据。审判长认为必要时，除上述事项以外，还应当向被告人说明预计被告人可能没有充分理解的诉讼权利（规197）。在实务中，多采用证人询问程序对被告人进行质问（判例7-3）。

判例7-3：审判前整理程序中的主张明示与被告人质问（最决平27·5·25刑集69·4·636）

事实概要：被告人因"2012年4月25日，在和歌山市的大路上故意碰触被害人驾驶中的普通乘用机动车，并以治疗费为名诈取现金"的公诉事实（以下简称本案公诉事实）被提起公诉，并与另外两起欺诈案件一并被交付审判前整理程序。在整理程序中，辩护人对于本案公诉事实，作为审判期日的预定主张，否认了被告人的犯人性，提出了"被告人在本案公诉事实记载的时间，不在犯罪现场，而在大阪市西成区自己家中及附近区域活动"的主张，但是，辩护律师并未对以上主张进行具体明示，法院也没有要求其对进行释明。法院将"争点是被告人是否为实施了本案欺诈行为的犯人"确定为与本案公诉事实有关的争点整理结果。法庭审理中，在开头程序中，被告方均作出了与上述预定主张内容相同的陈述。在被告人质问程序中，被告人作出了"在那个时间点，我在自己家中看电视。由于和朋友夫妇有约，下午4点30分左右，去了同在西成区的该朋友家"的陈述，辩护人要求进行更为详细的陈述，被告人回应此要求进行了陈述（以下简称本案质问等）。对此，检察官发表了"超出了审判前整理程序中的主张范围，与本案的立证事项无关联性"的意见并提出了异议，第一审法院支持了该异议，对本案质问等进行了限制。日本最高法院在作出如下判示的基础上，否定了对本案质问等进行限制的做法，并认为原判决关于该做法并未违反《刑事诉讼法》第 295 条第 1 款 [1] 规定的判示属于对该条款内容的错误解释和适用。

裁定要旨："审判前整理程序是为持续、有计划、迅速地进行充实的法庭审理而对案件争点和证据进行整理的程序，诉讼关系人负有协助实施的义务，被告人或者辩护人负有刑诉法第 316 条之 17 第 1 款所规定的主张明示义务，即使是在审判期日中的预定主张，如果未予以明示也是不应允许的。如此看来，（该规定）并不是对审判前整理程序结束后的新主张进行限制的规定，虽然不能理解为对审判期日沿循新主张的被告人陈述进行当然限制，但是综合考虑审判前整理程序中被告人或者辩护人预定主张的明示状况（包含对法院求释明的释明状况）、新主张的形成经纬、新主张的内容等诸般事情，认为违反前述主张明示义务，以及如果允许对在审判前整理程序中未明示的主张要求被告人陈述以及被告人回应此要求进行陈述，将导致审判前整理程序失去意义的场合（例如，在审判前整理整程序中，虽然有法院的求释明，但是仅在'预定不在场的主张。具体内容在被告人质问时予以明确'限度的明示主张的场合），考虑与新主张的关系事项的重要性，可以根据刑诉法第 295 条第 1 款的规定，对审判期日中有关其具体内容的质问和被告人陈述进行限制"。

"本案质问等，只不过是针对被告人在审判前整理程序中已经明示的'在本案公诉事实记载的时间，在大阪市西成区内的家中及附近'为内容的不在现场的主张，要求进行具体陈述，而被告人对此进行了陈述而已，本案质问明显不属于刑诉法第 295 条第 1 款所规定的'与案件无关的事项'。另外，参照前述审判前整理程序的经过与结果以及被告人在审判日期所欲陈述的内容可知，即使违反了前述主张明示义务，允许本案质问也不会使审判前整理程序失去意义，因此不得根据该条款对本案质问等进行限制"。

七、争辩证明力的机会

在证据调查过程中，法院应当为检察官和被告人或者辩护人，提供争辩

---

〔1〕《刑事诉讼法》第 295 条第 1 款规定："诉讼关系人的询问或者陈述与已经进行的询问或者陈述重复的、与案件无关的或者有其他不适当情形的，以不对诉讼关系的实质性权利造成侵害为限，审判长均可以进行限制。对诉讼关系人要求被告人进行陈述的行为，亦同。"

证据证明力的必要、适当机会（法 308）。审判长在法院认为适当的机会，应当告知检察官和被告人或者辩护人，可以通过请求调查反证或其他方法，争辩证据的证明力（规 204）。

八、有关证据调查的异议

检察官、被告人或者辩护人，可以对证据调查提出异议（法 309）。提出异议的对象包括开头陈述，证据调查请求，证据裁定，有关证据调查的范围、顺序、方法的裁定，证据调查的方式等与证据调查有关的诉讼行为。申请的理由有二：一为违反法令；二为不适当。但是，对与证据调查相关的裁定，不得以不适当为由提出异议（规 205）。异议申请应当针对具体行为、处分或者裁定，在简洁说明理由后立即提出（规 205 之 2）。法院对异议申请，应当立即做出裁定（规 205 之 3）。法院认为异议申请有理由的，应当作出命令被申请异议的行为中止、撤回、撤销或者变更等与该申请相对应的裁定；认为以调查过的证据不能作为证据为理由而提出异议申请有理由的，应当作出排除全部或者部分该证据裁定（规 205 之 6）。对异议申请已经作出裁定的，不得对该裁定已经判断的事项再次提出异议（规 206）。

九、证据调查完毕后证据的处置

证据调查完毕后，双方当事人应当毫不迟延地将证据文书、证据物提交法院。但是，在获得法院许可时，可以提交副本以代替原本（法 310）。

十、被害人等的意见陈述

被害人等或者被害人的法定代理人申请陈述有关被害的心情或者其他有关被害案件的意见时，法院应当在审理期日让其陈述意见。陈述申请应当事先向检察官提出，检察官在签署意见后将该申请通知法院。在被害人等或者被害人的法定代理人陈述完毕后，审判长或者陪席法官为明确意见内容，可以进行质问；诉讼关系人为明确意见内容，经告知审判长，可以进行质问。被害人等或者被害人的法定代理人的意见陈述或者诉讼关系人的质问与已经陈述或质问的内容重复或者与案件无关的，审判长有权予以制止。法院考虑审理的状况与其他情况，认为不适当时，可以让被害人等或被害人的法定代理人提出记载意见的书面材料或者不让其陈述意见。被害人等或被害人的法定代理人提出书面意见的，裁判长在审判期日对此进行说明。此时，审判长认为适当的，可以朗读该文书或者告知该文书的内容。但是，被害人等及被害人法定代理人的陈述或者书面意见，不能作为认定犯罪事实的根据（法292之2）。

十一、法院职权调查

以上主要是依据当事人的证据调查请求所进行的证据调查。除此之外，《刑事诉讼法》《刑事诉讼规则》还规定了法院应当依职权进行证据调查的内容。《刑事诉讼法》第298条第2款规定："法院，在认为必要时，可以依职权调查证据"。在现行法规定的当事人主义诉讼模式下，法院依职权进行的证据调查，只是作为上述证据调查程序的补充和例外，范围相对狭窄。法院应当依职权进行证据调查的情形有二：其一，对于记载审判准备中询问证人、勘验、扣押及搜查等结果的文书以及扣押的物品，法院在审判期日应当将其作为书证或者物证进行调查（法303）。其二，对于记录更新前的审判期日中被告人或者被告人以外的人陈述的文书、记载更新前的审判期日中法院勘验结果的笔录、在更新前的审判期日中已经调查过的文书或物证，裁判长应当依职权将其作为书证或者证物进行调查（规213之2）。除此之外，法院原则上没有依职权进行证据调查的义务。[1]

问题在于：在何种场合下，法院例外性地负有依职权进行证据调查的义务。以往的判例在维持追诉（有利于检察官）的方向上，承认了此项义务。例如，在对立证稍加补充即可能证明犯罪事实，但检察官因对证据价值判断失误而认为无追加立证必要的场合，法院应当依职权进行证据调查。[2]笔者认为，在此场合，对法院设定督促检察官立证的义务即可，而无需要求其依职权进行证据调查。在有利于被告人的方向上，从法院所具有的保护职责及不得处罚无辜者的基本原则出发，法院在判明证据存在且该证据的出现导致

---

[1] 最高裁判所判决昭33·2·13刑集12·2·218.
[2] 東京高判昭26·6·7高刑集4·6·641.

无罪判决可能性很高的场合，应当依职权进行证据调查。[1]

十二、审判期日外的证据调查

审判准备过程中获得的记载询问证人、勘验、扣押及搜查的结果的文书以及扣押的物品，法院在开庭审理时应当将其作为书证或者物证进行调查（法303）。因此，严格地讲，法庭外的证人询问及勘验的实施，是法庭审理中证据调查的准备行为。[2]

（一）证人询问

庭审期日外的证人询问，分为在法院内进行的证人询问（法281）与在法院外进行的证人询问（158）两种。二者均为庭审期日进行证据调查原则的例外情况，考虑证人的重要性、年龄、职业、健康状况及其他情况与案件的轻重，听取检察官和被告人或者辩护人的意见，以认为必要为限。例如，证人因生病而无法出庭时，法院可以到证人所在场所进行询问（临床询问）。

在庭审期日外进行证人询问的场合，检察官、被告人及辩护人有权询问证人，因而有权在询问时在场。询问证人的时间及场所，应当事先予以告知。但是，上述人员明确表示不到场的，不在此限（法157）。以请求进行上述询问的场合，请求询问证人者应当及时提交记载询问事项或证人应当作证事项的书面材料（规106）。法院应当参考上述书面材料确定询问的事项，并告知对方当事人和他的辩护人（法158、规108）。法院依职权在法庭外询问证人时，应当事先将询问事项告知检察官、被告人及辩护人。检察官、被告人及辩护人可以用书面请求附加必要询问事项（规109）。

法院在法庭外询问证人而被告人在场的，认为证人在被告人面前会受到压迫而不能充分陈述时，可以在听取检察官和辩护人意见后，在该证人陈述期间只让辩护人在场而让被告人退席。在此场合下，证人陈述结束后，应当将证言的内容告知被告人，并给予其询问证人的机会（法281之2）。

检察官、被告人或者辩护人在上述询问证人的场合没有在场的，法院应当向他们提供了解证人陈述内容的机会。该证人的陈述是被告人难以预料且

---

〔1〕　仙台秋田支判昭26·4·11判特报22·227.

〔2〕　［日］裁判所職員総合研修所監修:《刑事訴訟法講義案（四訂版）》，日本司法協会2011年版，第427页。

对其显著不利的陈述的,被告人或者辩护人可以请求对该必要事项进行再次询问。法院认为该请求没有理由时,可以予以驳回（法 159）。

法院外的证人询问,可以由受命法官或受托法官主持,依照《刑事诉讼法》第 163 条的规定进行。但是,受命法官不得在受诉法院内进行证人询问程序。[1] 审判期日外的证人询问笔录,应当在之后的法庭审理中依职权进行调查（法 303）。该询问笔录无条件具有证据能力（法 321）。另外,审判期日外进行鉴定人询问的场合,程序与证人询问相同。

（二）勘验

勘验,诸如犯罪现场勘验,多在审判期日外进行。检察官、被告人及辩护人有权在勘验时在场。但是,被羁押的被告人无权在场。为给予检察官、被告人及辩护人在场的机会,法院应当事先通知勘验的时间、场所,但是这些人员事先向法院明确表示不到场或者有紧急情况的,不在此限。法院执行扣押证或者搜查证,在必要时,可以让被告人到场（法 113、142）。此时,法院可以命令被告人到指定的场所或者同行到指定场所（法 68）。

法院进行的勘验,不需要发付令状（法 218）。在勘验时,可以进行检查身体、解剖尸体、发掘坟墓、毁坏物品等必要的处分（法 219）。身体检查应当考虑被检查人的性别、健康状况及其他情况,并特别注意身体检查的方法,以避免损害被检查人的名誉。检查妇女的身体时,应当有医生或者成年妇女在场（法 131）。法院为了进行身体检查,可以将被告人以外的人传唤到法院或者指定场所（法 132）。勘验必须有法院书记官在场（规 105）,并由其制作勘验笔录（规 41）。该笔录在日后的法庭审理中应当依职权进行调查。

（三）扣押、搜查

1. 扣押

扣押,是取得物之占有的强制处分,对象原则上为证据物与法院认为应予没收的物品（法 99）。法院可以查封由邮电通讯事务处理者依法保管或者持有的被告人发出或向被告人邮寄的邮件、书信或者电子文书,或者要求提交上述邮件或文书。上述主体依法保管或持有的不符合上述规定的邮件、书信或者电子文书,只要足以认为与被告案件有关,也可以查封或者让其交出。

---

[1] 最决昭 29·9·24 刑集 8·9·1519.

法院作出上述处分后，应当将该处分通知给发件人或者收件人。但通知可能会妨碍审理的，不在此限（法100）。

在法庭上进行的扣押不需要令状，但是应当在庭审笔录中予以记载，并添附扣押目录（规41）。在法庭外进行的扣押则需要签发记载一定事项的扣押状（法106）。扣押证根据检察官的指挥，由检察事务官或者司法警察职员执行。但是，法院认为为保护被告人而有必要时，审判长可以命令由法院书记官或者司法警察职员执行。法院可以对执行者以书面形式作出适当指示。该指示也可以让合议庭组成人员作出（法108）。

扣押物原则上由法院保管，为防止丢失或者破损，法院应当进行适当处置（规98）。对于不便搬运或者保管的扣押物，可以设置看守人员或者获得所有人或其他人员承诺后让其保管。对于可能发生危险的扣押物，可以毁弃（法121）。被没收的扣押物可能灭失、损坏或者不便保管的，可以进行变卖并保存价款（法122）。扣押物没有必要留存的，不必等待被告案件终结，应当裁定予以返还。扣押物的所有人、持有人、保管人或者提交人提出请求的，可以裁定暂时返还。作出上述裁定时，应当听取检察官和被告人或辩护人的意见。

2. 搜查

法院在必要时，可以对被告人的身体、物品、住所或者其他场所进行搜查。对于被告人以外的人的身体、物品、住所或者其他场所，认为存在应予扣押的物品的，可以进行搜查（法102）。法庭内进行的搜查无需令状，但是法庭外进行的搜查必须签发搜查证（法106）。对妇女的身体进行搜查时，应当让成年妇女在场，但是紧急情况下除外（法115）。经过搜查没有发现证物或者应当予以没收的物品的，根据被搜查者的请求，应当出具相应的证明（法119）。检察事务官或者司法警察职员在执行拘传证或者逮捕证时，在必要情况下，可以进入有人居住或者看守的宅邸、建筑物或船舶，搜查被告人。此时，不需要搜查证（法126）。记载扣押及搜查结果的文书及扣押物，在日后的法庭审理中，应当作为证据文书及证据物进行证据调查（法303）。

第八章　证据评价与心证形成

法条索引：《刑事诉讼法》第 317 条：认定事实，以证据为根据。

第 318 条：证据的证明力，由法官自由判断。

一、自由心证主义

（一）自由心证主义的含义

《刑事诉讼法》第 318 条规定："证据的证明力，由法官自由判断"，是为自由心证主义。在刑事审判中，法官（事实认定者）需要根据证据对各种事实进行认定，而这显然建立在对证据之证明力（广义）进行评价判断的基础之上。自由心证主义的设立，意味着《刑事诉讼法》并未对证明力评价设置形式性的规则，而是将狭义的证明力和信用性交由法官进行自由判断。在狭义的证明力方面，法官能够进行自由判断的内容有二：一为单个证据所能证明的事实与证明程度；二为综合全部证据所能认定的事实。

与自由心证主义相对应的是法定证据主义。法定证据主义，是指法律事先对证据评价方法作出规定，不允许法官进行自由判断的证据制度。法定证据主义有两种表现形式：一为积极的证据法定主义，即只要有特定证据就应当进行有罪认定；二为消极的证据法定主义，即如果没有特定证据则不能认定有罪。诚然，采用法定证据主义的法律制度并不少见，而且法定证据主义的确有助于消除法官之间的个体差异、维持法制的统一性。但是，僵硬、划一的规制同样存在着欠缺具体正当性的危险，而且以被告人的自白为证据之王，必然引发刑讯逼供的问题。鉴于此，《刑事诉讼法》采用自由心证主义，将证据评价与以此为基础的事实认定交由法官、裁判员进行自由判断，应当说体现了对事实认定者的（人类）理性的高度信赖。[1]

需要指出的是，《刑事诉讼法》第318条规定的自由心证主义，本质上是"有限制的自由心证主义"。这种"限制"体现在三个方面：其一，法官仅能对证据的证明力进行自由判断，而证据的证据能力判断则要遵守法律的规定。其二，自由心证主义存在着例外，而例外情形的存在划定了法官进行自由判断的边界范围。其三，自由心证主义并非允许法官进行恣意判断，而同样要求心证形成的合理性。为确保该合理性实现，法律设置了一系列的担保性制度，而这同样对自由判断形成了约束。以下对自由心证主义的例外情形、自由心证主义的合理性担保制度进行说明。

（二）自由心证主义的例外

自由心证主义的例外分为法律上的例外和解释上的例外。法律上的例外有两种情形：一为自白补强法则，即仅有自白不得进行有罪认定，以实现防止自白偏重的目的。《宪法》第38条第3款规定："对于任何人，不利于自己的唯一证据是本人口供时，不得认定有罪或者判处刑罚。"《刑事诉讼法》第39条第2、3款规定："不论被告人是否在法庭上作出自白，当他的自白是对自己不利益的唯一证据时，不得认定被告人有罪。前二款的自白，包括对被起诉的犯罪进行自认的情形。"以上规定均要求自白应当具有补强证据。二为庭审笔录的证明力。《刑事诉讼法》第52条规定："在审判期日的诉讼程序中被审理笔录记载的内容，只能用审理笔录加以证明。"在上诉审中，当事人双方围绕原审审判期日所进行的诉讼程序产生争议时，"如果不对证明方法进行限制，情况将变得不可收拾"。[2]为防止此种事态发生以及诉讼迟延，该条规定赋予了审判笔录绝对性（排他性）的证明力而不允许使用其他证据进行反证。但是，这种绝对性的证明力仅存在于同一案件的上诉审程序中。其他案件的审判笔录并不具有这种绝对性的证明力，而只不过是一种证明资料而已。另外，审判笔录中未予记载的事项，不适用该条的规定。当然，未予记载并

〔1〕［日］宇藤崇、松田岳士、堀江慎司：《刑事诉讼法（第2版）》，日本有斐阁2018年版，第457页。

〔2〕［日］後藤昭、白取祐司编：《新・コンメンタール刑事訴訟法（第2版）》，日本評論社2013年版，第137页。

不意味着不存在，对此类事项允许使用其他资料进行自由证明。[1]解释上的例外同样包括两种情形：一为不利益推定的禁止，即在被告人行使拒绝陈述权的场合，不得以此进行不利益判断（不利益推定）；二为刑事裁判原则上不受民事判决确定力的约束，但是法律有特殊规定者除外。例如《刑法》第229条规定："以实施或者帮助实施第二百二十四条的犯罪和第二百二十五条的犯罪为目的，犯第二百二十七条第一款和第三款之罪及其未遂罪的，除以营利或者对生命、身体进行加害为目的的以外，告诉的才能提起公诉。但是，被绑架者、被诱拐者或者被买卖者已与犯罪人结婚的，在宣告婚姻无效或者取消婚姻的判决确定以后，告诉才发生效力。"

（三）合理心证主义

1、合理心证主义的担保制度

自由心证主义虽称之为"自由"，但是并非允许恣意判断，而依然需要接受经验法则和逻辑法则的约束。换言之，所谓自由心证，是指"遵从良心，根据经验法则、逻辑法则，对证据证明力进行合理的评价、判断"。[2]根据经验法则、逻辑法则形成合理的心证，是自由心证主义的内在规范。就此而言，自由心证主义又被称为合理心证主义。为确保心证形成的合理性，《刑事诉讼法》设置了多项保障性制度。具体而言，除了重大案件合议审判制度、证据能力制度之外，这种保障性制度还包括：

第一，回避制度。合理心证主义以判断主体具有理性判断能力为前提。为此，《刑事诉讼法》设置了回避制度，要求无法进行理性判断或者抱有预断、偏见的法官不得参与或者应当及时退出刑事诉讼程序。在日本刑事诉讼中，回避包括三种情况：一为法定回避（除斥）。《刑事诉讼法》第20条规定："法官在下列场合下，不得执行职务：一、法官是被害人的；二、法官是或者曾经是被告人或被害人的亲属的；三、法官是被告人或者被害人的法定代理人、监护人、保佐人、保佐监督人、辅助人或辅助监督人的；四、法官已成为本案的证人或者鉴定人的；五、法官已成为本案被告人的代理人、辩护人或者辅佐人的；六、法官担任过本案的检察官或者司法警察员的职务的；

---

〔1〕 最高裁判所判决昭27·3·25刑集6·3·507.

〔2〕 ［日］宇藤崇、松田岳士、堀江慎司：《刑事訴訟法（第2版）》，日本有斐阁2018年版，第458页。

七、法官参与过第 266 条第 2 款规定的涉及本案的裁定、简易命令、前审的裁判，参与依照第 398 条至第 400 条，第 412 条或第 413 条规定发回或移送以后的原判决，或者参与基于上述裁判的调查的。但是，以受托法官身份参与的，不在此限"。二为申请回避（忌避）。《刑事诉讼法》第 21 条规定："（1）法官因法定回避而不得执行职务或者有可能作出不公平的裁判时，检察官或者被告人可以申请其回避。（2）辩护人可以为被告人申请回避，但不得违反被告人明示的意思"。三为自行回避（回避）。《刑事诉讼规则》第 13 条规定："（1）法官认为存在应当予以回避的原因时，应当自行回避。（2）自行回避的申请，应当以书面形式向法官所属的法院提出。对申请回避应当作出裁定的法院，对自行回避的申请，应当作出裁定。（3）关于自行回避，准用前条第 3 款及第 4 款的规定。"

第二，当事人主义的诸制度。《刑事诉讼法》第 256 条规定："（1）提起公诉，应当提出起诉书。（2）起诉书中，应当记载下列事项：一、被告人的姓名或其他足以确定被告人的事项；二、公诉事实；三、罪名。（3）记载公诉事实时，应当明示诉因。为了明示诉因，应当尽可能地用日时、场所和方法，特别指定应构成犯罪的事实。（4）记载罪名时，应当标明适用的处罚条款。但是，记载处罚条款存在的错误，只要对被告人的防御不会产生实质的不利，就不影响其公诉的效力。（5）对于数个诉因和处罚条款，可以预备性记载或者择一性记载。（6）在起诉书中，不得添附可能导致法官对案件产生预断的文书及其他物品，也不得引用该文书及其他物品的内容"。应当说，起诉状一本主义的设置目的在于排除法官预断，而诉因制度则能够将法官判断集中在特定事实之上，以确保判断的合理性。

第三，判决书说理制度。《刑事诉讼法》第 44 条规定："（1）裁判应当附带理由。（2）不得上诉的裁定或者命令，不需要附带理由。但是，依照第 428 条第 2 款的规定可以提出异议申请的裁定，不在此限"；第 335 条第 1 款规定："宣告有罪时，应当明示构成犯罪的事实、证据目录和适用的法令"。如此规定的目的有四：一为防止恣意裁判；二为确保裁判的可接受性；三为方便上级法院进行审查；四为向社会展示法律适用的公正性。[1]

---

〔1〕〔日〕後藤昭、白取祐司编：《新·コンメンタール刑事訴訟法（第 2 版）》，日本評論社 2013 年版，第 126 页。

第四，事实认定的事后审查制度。首先，一审判决没有附加理由或者理由有矛盾的，构成《刑事诉讼法》第 378 条规定的绝对性控诉理由。其次，法官违反经验法则进行事实认定的，构成违反诉讼程序的相对性控诉理由。[1]再次，事实误认是法定的控诉理由，重大的事实误认还构成上告审法院撤销原判决的理由。[2]另外，再审通过对事实误认的救济，也在很大程度上发挥着确保自由心证合理性的功能。[3]

2、心证形成方法

毋庸置疑，自由心证主义并未超出逻辑法则与经验法则的范围，因而应当受到获得普遍承认的科学法则约束（判例 8-1）。也正因为如此，法官有必要充分利用科学知识（判例 8-2）。与此同时，法官的心证形成建立在当事人主导的证据调查的基础之上，因此应当以当事人意见为前提进行证据评价。[4]

判例 8-1：心证形成与科学法则（最判平 20·4·25 刑集 62·5·1559）

事实概要： 患有统合失调症的被告人，对被害人的面部进行连续殴打并最终致其死亡。第一审判决根据接受法院鉴定命令的医生 S 的鉴定，以被告人在行为时处于心神丧失状态为由，宣告被告人无罪。检察官提出了控诉。

判决要旨： "对于作为生物学要素之精神障害的有无和程度以及对心理学要素有无影响和程度而言，该诊断具有临床精神医学的性质。在将精神医学专家的鉴定意见作为证据的场合，只要不存在诸如怀疑鉴定人的公正性和能

---

〔1〕《刑事诉讼法》第 379 条规定："除前二条规定的场合之外，以诉讼程序违反法令，该违反明显违反判决为理由提出控诉申请的，控诉旨趣书应当援引诉讼记录以及原审法院调查过的证据中表明的足以使人相信违反法令明显影响判决的事实。"

〔2〕《刑事诉讼法》第 382 条规定："以事实误认且该误认明显影响了判决为理由提出控诉申请的场合，控诉旨趣书应当援引诉讼记录以及原审法院调查过的证据中显现的足以使人相信该事实误认明显影响判决的事项"；第 411 条规定："上告法院，即使在没有第 405 条各项规定的事由的场合，认为存在下列事由，不撤销原判将显著违反正义时，可以用判决撤销原判决：一、违反法令足以影响判决的；二、量刑显著不当的；三、存在足以影响判决的重大事实误认的；四、有可以提出相当于再审请求的事由的；五、判决以后刑罚被废止或者被变更，或者已经被大赦的"。

〔3〕《刑事诉讼法》第 435 条规定："有下列情形之一的，对宣判有罪的确定判决，为了被宣告人的利益，可以提出再审请求：……六、新发现的明确证据，足以认为对被宣告有罪的人应当认定无罪或免诉，对被宣判处刑罚的人应当给予免除刑罚或者被认定的犯罪应当轻于原判决所确定的犯罪的；……"。

〔4〕《刑事诉讼法》第 308 条规定："法院应当为检察官和被告人或者辩护人，提供需要争辩证据的证明力的适当机会。"

力、鉴定的前提条件存在问题等不得对其加以采用的合理理由，（法官）应当充分尊重其意见并予以认定。"

判例 8-2：疫学（流行病学）证明（最决昭 57·5·25 判時 1046·15）

事实概要： 被告人是千叶大学医学部附属医院第 1 内科的医生，在昭和 39 年 9 月至昭和 41 年 3 月间，先后 13 次将伤寒杆菌与痢疾杆菌附着、混入蛋糕、香蕉等食物之中，导致千叶、神奈川、静冈各县共计 64 人罹患肠伤寒和痢疾。随即，被告人因涉嫌伤害罪被起诉。第一审法院针对全部 13 个诉因作出了无罪判决。控诉审法院撤销了该判决，全部改判有罪，并对被告人判处 6 年惩役。第一审无罪判决的理由要点在于：①对照美国研究者的实验结果可知本案中细菌的潜伏期间非常短；②本案中，细菌数量少但是发病率过高；③存在自然感染的可能性；④被告人关于细菌附着方法的自白不一致；⑤缺乏足够的动机。控诉审对此的观点是：①在病理学中伤寒杆菌、痢疾杆菌有可能存在短期的潜伏期；②第一审所依据的有关发病率的实验基准不具有决定性；③本案只存在一个感染源，即被告人赠与的食物，而且被告人保存的培养菌与从被害人处发现的细菌一致；④有关细菌污染行为以及具体的犯罪行为的自白基本事实具有稳定性；⑤被告人的异常性格与潜在的不满情绪构成了犯罪动机。辩护人以控诉审对疫学法则进行恣意解释、在盖然性程度上进行有罪认定为理由提出了上告。本裁定以全员一致的方式驳回了上告，并针对疫学证明作出了如下判示。

裁定要旨： "原判决，并未将疫学证明等同于裁判上的证明，而作出了'在疫学证明以及因果关系，有刑事裁判上种种客观事实与证据或者情况证据予以佐证，而且根据经验法则认为具有合理性的场合，视为进行了刑事裁判上的证明并认定法律上因果关系的存在'的判示，在认定本案各事实的因果关系成立时，贯彻上述立场，通过使用流行病学证明、病理学证明等方式对事实进行排除合理怀疑程度的证明，因而在事实认定方法上没有错误。"

通过该判例可知，其一，虽然疫学证明与审判中的证明并不相同，而且其自身的科学性并非不存在任何争议，但是由于立法并未明确禁止，将其用于事实认定未尝不可。其二，作为证明方法的疫学证明并不具有绝对性，而有必要与其他证明方法一并适用，进而达到排除合理怀疑的确信。需要注意的是，该判例仅对"认定因果关系的成立"作出了判示。因此，其只能用于证明犯罪事实的存在，犯罪事实的具体内容还需要其他证据加以证明。实际上，对于刑事案件而言，犯罪事实具体内容的证明才是最重要的，而运用疫学证明进行立证是存在界限的。

二、心证程度（证明标准）

法官通过证据评价对事实存在与否形成心证。在日本，心证的程度分为确信、优势证据、推测三个等级。传统上认为，严格证明以及自由证明所需要达到的心证程度为确信，而疏明所需要达到的心证程度为推测。目前的通说观点认为，严格证明与自由证明虽然同为证明，但是一律要求达到确信的心证程度并不妥当。既然证明对象事实在诉讼中的重要性有所差别，心证的程度也应当有确信和优势证据之分。需要注意的是，证明形式的区分与证明程度（心证程度）的差异并非完全对应。

所谓确信，是指"形成真实的高度盖然性也即通常人不持怀疑程度的真实的心证"。[1]作为心证程度的确信，与英美法系国家"排除合理怀疑"的证明标准基本同义。毋庸置疑，犯罪构成犯罪事实的存在、被告人为犯人的心证应当达到确信的程度（判例8-3）。[2]

判例 8-3：情况证据与事实认定（最判平 22·4·27 刑集 64·3·233）

事实概要：被告人在平成 14 年 4 月 14 日下午 3 点 30 分到 9 点 40 分这一时间段内，在大阪市 D 区养子 B 的公寓内，将 B（案发时不在家）的妻子 C、B 与 C 的孩子 D 予以杀害，并放火烧了该公寓。被告人因上述事实被提起公诉。被告人以不知道 B 公寓的位置、未曾进入该公寓用地为理由主张无罪。本案既没有被告人的自白，也没有其他足以将被告人与本案犯罪行为相联系的适格的直接证据。当事人围绕能否根据情况证据认定被告人的犯罪行为产生了争议。第一审法院认定了数个能够推定被告人具有犯人性的间接事实，并认为这些事实相互关联、印证，且对被告人实施了本案犯罪行为之事实的

---

〔1〕 最高裁判所判决昭 23·8·5 刑集 2·9·1123.
〔2〕 最高裁判所判决昭 48·12·13 判时 725·104.

证明达到了排除合理怀疑的程度，因而认定了与公诉事实基本相同的事实，并对被告人判处无期惩役。

第一审法院认定的间接事实与推论过程的概要如下：其一，综合以下事实，认定被告人于案发当日去过案发现场。①案发次日，从公寓楼梯平台的烟灰缸中，收集到了被告人丢弃的烟头一枚，上面附着的唾液的 DNA 经鉴定与被告人相同，由此可知被告人于案发当日或者在这之前曾经进入过该公寓。②案发当日下午 3 点 40 分到 8 点这一段时间内，与被告人车辆的型号、颜色相同的机动车一直停在公寓北面 100 米处。③案发当日 3 点到 3 点半，在公寓东北方向 80 米处的棒球训练馆有人看到了很像被告人的人。④被告人承认，案发当日的确在寻找 B 与 B 的住处，并驾驶机动车去了 B 公寓所在的 D 区以及周边地区。其二，就动机而言，C 因为一些细微的小事而惹恼被告人并不奇怪，在此状况下被告人于案发当日赶赴案发现场，能够对其犯人性进行强烈推定。其三，被告人于案发当日的傍晚，虽然与妻子约好前去接她但是却无故爽约，而且在 C、D 可能死亡的时刻关掉了手机，在向妻子发送了无法去接她的信息后直到火灾发生后的 20 分钟并未再次与妻子联系等，这些明显不自然的事实在被告人为犯人的情况下方能够得到合理的说明。其四，被告人关于案发当日活动的陈述，整体上缺乏信用、虽无特殊情况但却无法进行合理说明、承认本案犯罪行为很可能是由于被害人具有密切关系者所为，都可以对被告人的犯人性进行推论。其五，以上用以推论被告人具有犯人性的事实不应被单独评价，而应当作整体考察。在此场合，各事实能相互关联、印证，补强了信用性，也提高了推定力。而且，并无具体的证据证明由被告人以外之人实施了本案犯罪行为。因此，被告人实施了本案犯罪行为的事实，得到了排除合理怀疑程度的证明。

被告人（提出了事实误认等主张）、检察官（提出了量刑不当的主张）均提出了控诉，控诉审法院在肯定第一审判决的基础上，以量刑不当为由撤销了原判决，并改判被告人死刑。被告人以事实误认为由提出了上告。日本最高法院撤销了第一审判决和原判决，并发回第一审法院重新审理。

判决要旨："在刑事裁判中认定有罪时，排除合理怀疑程度的立证是必要的，在根据情况证据进行事实认定的场合，虽然与以直接证据进行事实认定的场合在立证程度上并无差别，但是由于无直接证据，在根据情况证据所认定的间接事实中应当包含不将被告人作为犯人将无法进行合理说明的事实关系"。

需要指出的一点是，诉讼中的证明，并非以实验为基础的逻辑证明，而是历史证明，因而通常情况下存有反证的余地。对此，日本最高法院认为，只要不存在合理怀疑，即使存在抽象的怀疑，也可以认为完成了证明（判例8-4）。

判例8-4：证明的程度（最决平19·10·16刑集61·7·677）

事实概要：被告人与妻子正在进行离婚诉讼。被告人以杀害妻子的母亲A等人为目的，将由丙酮等形成的爆炸性物质与起爆装置相连接，并将装有爆炸性物质与起爆装置的文件盒放入定形邮政封套中邮寄给A。A从封套中取出文件盒时触发起爆装置引发爆炸，导致包括A在内的三人受伤。为此，被告人以爆炸物取缔法则规定的制造罪、使用罪和杀人未遂罪被提起公诉。被告人全面否认参与了案件，而且检察官并未提出任何证明被告人参与案件的直接证据，但是第一审判决（高松地判平17·10·4刑集61·7·701）根据情况证据认定被告人有罪，并判处被告人无期惩役。控诉审判决（高松高等裁判所2007年1月30日刑集61卷7号730页）维持了一审判决。对此，被告人提出了上告，在提出了违反宪法、违反判例以及事实误认等主张的同时，认为控诉审判决在根据情况证据所证明的间接事实进行事实认定时，在未达到反对事实不可能出现程度的确实性的情况下对被告人的犯人性进行了认定。日本最高法院驳回了被告人的上告。

裁定要旨："作为有罪认定所必要的立证程度，'不存在合理怀疑'，并不是指完全排除反对事实存在的怀疑，而是指即使存在作为抽象可能性的反对事实存在的怀疑，只要按照健全的社会常识能够作出该怀疑不具有合理性的一般判断即可以进行有罪认定"。"作为有罪认定所必要的立证程度，'不存在合理怀疑'的意义，在根据直接证据进行事实认定的场合和根据情况证据进行事实认定的场合并无任何差异"。

除此之外，对下列事实的证明程度（心证程度）同样需要达到确信：其一，违法或者责任阻却事由的不存在等作为严格证明对象的事实。其二，被告人承担举证责任的事实，例如名誉毁损罪中摘示事实具有真实性的事实。[1]其三，自由证明对象的事实中作为终局裁判基础的事实。例如作为驳

---

[1] 東京高判昭59·7·19高刑集37·2·360.

回公诉或免诉裁判基础的事实（例如起诉书副本违法送达的事实）以及作为略式命令、交通案件即决裁判之基础的犯罪事实。其四，作为量刑资料的事实（情状）中属于犯罪事实的部分（犯罪的动机、手段方法、被害程度等）和作为单纯量刑资料的事实（被害赔偿等）。

所谓优势证据（证据的优越），是指"肯定证据超过否定证据的证明"。[1]作为心证程度，优势证据高于大致相信而低于真实的高度盖然性。在自由证明的对象事实中，除上述适用确信标准的事实以外，其他事实的证明程度应当达到优势证据。一方面，对程序法事实的证明达到优势证据程度即可。例如被告人以外之人的检察官面前笔录作为证据的要件事实——下落不明、特信性（法321）的心证程度达到优势证据即告充分。但是，考虑到《刑事诉讼法》第319条第1款的文言与自白的重要性，对于自白任意性的证明，应当达到确信的程度。另一方面，自由证明的对象事实包含了大量审判外事实，例如逮捕、羁押、保释等关系事实。对此类事实，《刑事诉讼法》要求存在"相当理由"（法60、89、96、199）。对于"相当理由"的证明程度，达到优势证据即可。

所谓疏明，是仅适用于诉讼程序事项的证明方法，心证程度达到大致相信即可。[2]疏明是从证据能力及证据调查方式中脱胎而出的证明方法，属于自由证明的一种特殊形态。在刑事诉讼中，疏明的对象事实（法19、206、227、376、382、383）适用推测的证明标准。

三、举证责任

（一）举证责任的概念

1. 实质举证责任（客观举证责任）

在刑事诉讼中，法院（事实认定者）以证据为根据认定种种事实，并在此基础上作出与一定法律效果相关的判断。如前所述，证据评价和以此为据的事实认定均属于法官、裁判员的自由心证问题，但是有时他们将面临根据

---

〔1〕［日］石井一正：《刑事実務証拠法（第5版）》，日本判例タイムズ社2011年版，第535页。

〔2〕［日］宇藤崇、松田岳士、堀江慎司：《刑事訴訟法（第2版）》，日本有斐閣2018年版，第353页。

自由心证无法作出事实是否存在（真伪）之判断的两难困境。为避免此种困境出现，法官、裁判员自然有必要进行充分、细致的法庭审理（证据调查）。但司法经验表明，无论多么充分、细致的法庭审理，仍无法完全避免事实认定之两难困境的出现。然而，无论心证呈现出何种状态，法官、裁判员仍必须对所请求的法律效果作出判断，而无权予以回避。这不仅限于终局裁判（有罪、无罪判决），还包括中间裁判（证据裁判）。显而易见的是，无论作出何种裁判，这种裁判必然给一方当事人带来某种不利益。承受此种不利益的当事人地位，称之为实质举证责任（又称为举证责任、立证责任、证明责任）。由此可知，实质举证责任并不是立证行为的负担，而是确定由哪一方当事人承当不利后果的证明规则（结果责任）。

在无法确定某一事实是否存在的场合，法院并不能恣意判断，而应当根据事先确定的因应该事实性质的规则作出判断。是故，所谓对某一事实"检察官（被告人）承担举证责任"，实际上是指当该事实存在与否不明（真伪）时，法院应当对检察官（被告人）作出不利益判断。而所谓承担举证责任的当事人履行了举证责任，意味着其使法院针对该事实形成了超出"真伪不明"状态、积极且有利的心证。由此看来，实质举证责任的本质为法院的事实认定规则。当然，通常情况下，对某一事实承担举证责任的当事人，只要未对该事实进行积极的举证，即应当承受不利益的司法判断。就此而言，在抽象意义上，举证责任具有向当事人课以立证负担的功能。但是，这只不过是在该事实真伪不明的情况下法院作出对该当事人不利益判断之规则的外在反映。需要指出的是，实质举证责任的概念并非仅适用于当事人主义的诉讼构造。在采取职权主义诉讼模式的法律制度中，法院同样可能陷入事实真伪不明的心证状态，因此作为事实认定规则的举证责任概念同样是必要的。

2. 形式举证责任（立证负担）

如前所述，在抽象意义上，对某一事实负有实质举证责任的当事人，负有对该事实进行积极举证（为了避免对自己不利益的判断，使法院对该事实形成超出"真伪不明"状态、积极的心证）的责任。但是，在诉讼过程中，举证负担并非仅由负有实质举证责任的当事人承担。负有举证责任的当事人对事实的举证达到一定程度后，对方当事人为避免对自己不利益的判断，需要通过举证活动至少将该事实拉回到"真伪不明"的状态。换言之，双方当事人应当根据诉讼尤其是证据调查的情况，并预测法官的心证状态，来确定有无举证的必要。此种场合下的举证必要或者负担称之为形式举证责任。

实质举证责任与形式举证责任的区别在于：其一，实质举证责任基本上固定由一方当事人承担；形式举证责任在诉讼过程中会发生转移，即在当事人之间来回转换。其二，实质举证责任确立了承受法律上不利益判断的地位，属于法律责任的一种；形式举证责任，并非法律责任，而只不过是事实上的负担。也正因如此，形式举证责任又被称为立证负担。

（二）举证责任的分配

1. 存疑有利于被告人原则

某一事实的实质举证责任由哪一方当事人承担，即在该事实真伪不明时，由哪一方当事人承受不利益判断，应当根据哪一方当事人希望该事实存在（不存在）所导致的法律效果加以确定。以犯罪事实为例，其存在是刑罚权这一法律效果发生的条件，因此由希望此效果发生的检察官承担犯罪事实的举证责任。被告人对犯罪事实的不存在不承担积极的证明责任，存在与否不明确——犯罪事实的存在未得到积极证明而存在疑问——的场合，应当为被告人的利益，作出无罪的判断。此为"存疑有利于被告人"原则（以下简称"利益原则"）。当然，在犯罪事实存在与否不明确的场合应当作出无罪判断，也是无罪推定原则的基本要求。只要检察官不对犯罪事实的存在进行积极证明，被告人不得被认定为有罪，即使其不对犯罪事实的不存在进行积极的证明，依然应被推定为无罪。利益原则与无罪推定原则虽然并非完全相同的原则，但是均将检察官对犯罪事实的举证责任作为重要内容加以规定，成为刑事诉讼中具有共通性的基本原理。《刑事诉讼法》第 336 条 "被告案件不构成犯罪的，或者被告案件没有犯罪的证明的，应当用判决宣告无罪"的规定，即是以上原理的体现。

需要注意的是，对检察官负有犯罪事实的举证责任这一问题，仅从检察官作为刑罚请求权者这一原告地位进行分析尚不充分。无论是利益原则还是无罪推定原则，归根结底，均具有保障被告人基本人权的特征。这也构成了二者的宗旨所在。具体而言，考虑到刑罚所造成的利益侵害的重大性，刑罚的科外应当以犯罪事实的存在得到了积极证明为前提。此二原则正是以该思想（刑罚谦抑主义）为基础，以宪法中的人权保障规定，尤其是第 13 条、第

31 条的规定为法律根据。〔1〕如果将视野聚焦人权保障原理，犯罪事实的举证责任所在问题还与检察官应当进行的证明标准问题——欲进行有罪认定，对犯罪事实的证明应当达到排除合理怀疑的程度——存在关联。二者相结合发挥着确保刑罚谦抑的功能。〔2〕

2. 举证责任的分配

利益原则覆盖以刑罚权为直接基础的全部事实。这种事实不仅包括刑罚权是否存在的事实，还包括确定刑罚权范围的事实。这些实体法上的要件事实，由检察官承担举证责任。犯罪构成要件事实，属于当然的实体法事实，由检察官承担举证责任。〔3〕除犯罪的客观要素，诸如故意、过失等主观要素，不论其在犯罪体系论中处于何种位置，均由检察官承担举证责任。问题在于：违法性阻却事由、责任阻却事由等事实，虽然属于实体法事实，但是由检察官承担举证责任——由检察官证明上述阻却事由不存在——曾经存在争议。有观点认为，现行法所确立的当事人主义诉讼构造要求对举证责任进行分配，这些阻却事由的举证责任应当由被告人承担。从形式上看，让被告人承担这些阻却事由的举证责任，是非常自然的想法。但是，问题在于：刑罚权的发生也即犯罪成立的举证责任由检察官承担，如果让被告人承担上述阻却事由的举证责任，将意味着在犯罪成立与否不明确的场合仍可以对被告人进行处罚，与利益原则直接抵触。因此，现在的通说和判例认为，对于上述阻却事由，应当由检察官承当实质举证责任。〔4〕当然，这并不意味着检察官经常需要对上述阻却事由的不存在进行积极的立证。主流的观点认为，只有被告方对阻却事由的存在提出了一定的证据之后，检察官才有必要对阻却事由的不存在进行举证。据此，只要此类证据未被提出，法院可以认定犯罪构成要件事实并作出犯罪成立的判断。如果此类证据被提交于法庭之上，而且控辩双方进行了充分的攻击防御活动，最终该阻却事由的事实陷入真伪不明的心证

---

〔1〕《宪法》第 13 条规定："全体国民作为个人受到尊重。对于国民追求生存、自由和幸福的权利，只要不违反公共福祉，立法和国家政策上需要给予最大的尊重"；第 31 条规定："对于任何人不经法律规定的程序，不得剥夺其生命或自由，或者处于刑罚"。

〔2〕［日］宇藤崇、松田岳士、堀江慎司：《刑事訴訟法（第 2 版）》，日本有斐阁 2018 年版，第 460-464 页。

〔3〕最高裁判所判决昭 43·10·25 刑集 22·11·961.

〔4〕東京地判昭 62·3·17 判夕637·227.

状态时，法院应当作出对检察官不利的判断，即未对犯罪成立进行证明而作出无罪判断。对责任阻却事由而言，被告人虽然负有证据提出责任，但是却不负实质举证责任。最近有观点认为，即使未提出证据，被告人通过陈述等方式[1]将阻却事由存在与否变成争点的场合（争点形成责任），检察官仍有必要对阻却事由的不存在进行立证。这里的证据提出或者争点形成，并不局限于被告人一方主动为之，有时检察官提出的证据或或者检察官的陈述亦会产生同样的效果。

对于处罚条件，通说认为，检察官对其存在负有举证责任。这是因为处罚条件虽然不影响犯罪的成立，但是直接决定刑罚权的存在与否，应当作为实体法事实而适用利益原则。另外，法律上刑罚加重事由的存在、法律上刑罚减轻与免除事由的不存在，由于直接左右着刑罚权的范围乃至存在与否，同样应当由检察官承担举证责任。[2]

与以上实体法事实不同，诉讼法事实并非当然适用利益原则。以这种事实（存在与否）为产生条件的法律效果，与刑罚权不同，检察官和被告人都可能希望实现。而且，由于并非作为科以刑罚这一重大利益侵害的直接基础，作为人权保障原理的利益原则在此适用也并非妥当。因此，对于诉讼法事实，一般由提出主张并希望产生特定法律效果的当事人承担举证责任。

首先，证据能力的要件事实，有请求进行证据调查的当事人（证据提出者）承担举证责任。被告方提出的证据，即使用于证明犯罪事实（不存在），该证据的证据能力要件事实的举证责任由被告人承担。此类证据虽然可能成为判断刑罚权是否存在的基础，但是是否采用并不会对刑罚权的存在产生影响，因而不适用利益原则。另外，任意性是自白的证据能力要件，也是诉讼法事实的一种。一般而言，将自白作为有罪认定的证据提出的检察官，对自白的任意性负有实质举证责任。但是，在自白任意性不存在疑问的情况下，

---

〔1〕《刑事诉讼法》第 291 条第 4 款规定："起诉书朗读完毕后，审判长应当告知被告人，可以始终保持沉默、可以对每项质问拒绝陈述，以及法院规则所规定的其他保护被告人权利的必要事项，并给予被告人及辩护人对被告案件进行陈述的机会"。《刑事诉讼规则》第 198 条规定："①检察官在调查证据开始时提示依照证据应证明的事实以后，法院也可以许可被告人或者辩护人明示用证据应证明的事实。②在前款的情况下，被告人或者辩护人不得根据不得作为证据，或不想请求证据调查的资料，阐述可能使法院对案件产生偏见或者预断的事项。"

〔2〕 东京高判平元·4·24 判夕708·264.

要求检察官一律对此进行举证，既无必要也不现实。因此，只有在自白的任意性成为争点的情况下，检察官才有立证的必要。

其次，一般认为，诉讼条件为诉讼法事实，在被告人主张欠缺诉讼条件而以公诉无效为由请求形式裁判时，被告人对诉讼条件的不存在（形式裁判理由）承担举证责任。然而，通说、判例认为，诉讼条件的举证责任，由检察官承担。[1]理由在于：检察官追求公诉有效以及实体审判开始、完成的程序效果，而且诉讼条件是刑罚权实现必不可少的要素之一，因而应当比照实体法事实处理。虽然检察官对诉讼条件承担举证责任，但是对一定种类的诉讼条件（诸如非典型性诉讼条件），只有在其存在与否成为争点的情况下，检察官才有立证的必要。

最后，作为宣告刑基础的量刑情节（情状事实）由于关系到刑罚权的具体范围，不问其是否有利于被告人，均由检察官承担举证责任，即对被告人不利之情状事实的存在、对被告人有利之情况事实的不存在进行积极证明。[2]

（三）举证责任的转换

如前所述，实体法事实的举证责任原则上由检察官承担。当然，这并不妨碍法律将某些实体法事实的举证责任交由被告人承担。法律的这种规定，被称为"举证责任的转换"。一般认为，作为利益原则的例外，举证责任转换规定应当符合以下条件：将检察官对被告人应当证明事实的反对事实进行直接立证，通常比较困难，因而有设置转换规定的必要性；从检察官承担举证责任或其他事实对该反对事实进行推论，通常是合理的（合理的关联性）；对于被转换举证责任的事实，被告人进行证明更为容易（便宜性、容易性）；抛开被告人应当证明事实之反对事实，犯罪的可罚性不应被否定（包容性）。另外，在举证责任转换的场合，对被告人一方应当采用的证明方法和证明程度，存在两种不同的观点：一为与检察官对犯罪事实的证明同样，应当采用严格证明方法进行排除合理怀疑程度的证明；[3]二为对这些事实进行自由证明，

---

〔1〕 最高裁判所判决昭 32・12・10 刑集 11・13・3197.

〔2〕 [日] 宇藤崇、松田岳士、堀江慎司：《刑事訴訟法（第 2 版）》，日本有斐閣 2018 年版，第 464-468 页。

〔3〕 東京高判昭 59・7・18 高刑集 37・2・360.

证明程度达到优势证据的程度即可。[1]现行法律中有关举证责任转换的法律规定主要有：

其一，《刑法》第 207 条。该条规定："二人以上施加暴行伤害他人时，不能查明各自的暴行造成伤害的轻重，或者不能查明该伤害是由何人造成的，即使没有共同实行，也按共犯论处。"例如，X 与 Y 在没有意思联络的情况下同时对 A 施加暴行，如果被告人未对自己暴行所形成的伤害（多处伤害）或者自己暴行未造成伤害（单一伤害）进行证明，则应当对多处伤害或单一伤害承担伤害罪的刑事责任。

其二，《刑法》第 230 条之 2。该条规定："（1）前条第一款的行为被认为是涉及公共利害关系的事实，而且其目的只是为了公共利益，经判断事实的真伪，证明该事实是真实的，不予处罚。（2）在适用前款规定时，涉及未被提起公诉的人的犯罪行为的事实，认为是涉及公共利害的事实。（3）前条第一款的行为涉及公务员或者通过公职选举的公务员候选人时，经判断事实的真伪，证明该事实为真实的，也不予处罚。"[2]根据《刑法》第 230 条第 1款的规定，名誉毁损罪的成立不以揭示事实的真伪为条件。本条规定以"涉及公共利害关系""目的只是为了公共利益"为限制，经判断事实的真伪，在证明为真实的情况下，不予处罚，目的在于实现个人名誉保护与表现自由、知情权的调和。[3]经过法庭审理而事实依然处于真伪不明状态的，法院应当视为无真实性的证明，而让被告人承受不利益。由此可知，被告人对事实的真实性承担举证责任。

其三，《儿童福祉法》第 60 条第 4 款。该款规定："使用儿童者，不得以不知道儿童年龄为理由，免除前三款规定的处罚。但是，无过失的，不在此限。"有观点认为，在此场合，被告人应当对"无过失"的事实承担举证责任。[4]也有观点认为，对于不知年龄而言过失是必要的而且是已经被推定存

---

〔1〕［日］宇藤崇、松田岳士、堀江慎司：《刑事訴訟法（第 2 版）》，日本有斐閣 2018 年版，第 468 页。

〔2〕《刑法》第 230 条规定："（1）公然揭示事实，毁损他人名誉的，不论有无该事实，处三年以下惩役或禁锢，或者五十万日元以下罚金。（2）毁损死者名誉，只要不是揭示虚假事实，就不予处罚。"

〔3〕最高裁判所判决昭 44・6・25 刑集 23・7・975.

〔4〕［日］高田卓爾：《刑事訴訟法（二訂版）》，日本青林書院 1984 年版，第 210 页。

在的，此时被告人所负的只是证据提出责任。[1]

其四，《爆炸物取缔法》第6条。该条规定："制造、进口、持有、订购爆炸物的人，不能证明其没有第1条规定的犯罪目的的，处6个月以上5年以下惩役。"根据该法第3条的规定，犯罪构成要素有二：一为存在制造、进口、持有爆炸物等的事实；二为以扰乱治安或者危害他人身体财产为目的。[2]然而，根据本条的规定，制造、进口、持有、订购爆炸物的人，应当承担不具有本法第1条规定的扰乱治安或者危害他人身体财产之目的的举证责任；否则，法律设定的推定依然有效，该被告人将构成本条规定的罪名并受到刑罚处罚。

其五，两罚规定。例如《卖淫防止法》第14条规定："法人的代表人，或者法人或非法人的代理人、佣人以及其他从事人员，就法人或非法人的业务，犯第9条至前条之罪的，除处罚该行为人以外，对该法人或者非法人处各本条规定的罚金刑。"又如《有毒物有害物取缔法》第26条："法人的代表人，或者法人或非法人的代理人、佣人其他从业人员，在有关该法人或者非法人的义务上，实施了第24条、第24条之二、第24条之四、第25条的违规行为时，除处罚行为人以外，对于该法人或者非法人，处各本条规定的罚金。但是，经证明为了防止法人或者非法人的代理人、佣人或者其他从业人员的有关违法行为，对于该业务已经尽到了相当的注意和监督义务的，对于该法人或者非法人，不在此限。"对诸如此类的两罚规定中法人或者自然人的刑事责任，过去的判例曾持代位、无过失责任说的观点。但是，晚近的判例认为，法律已经对法人或者非法人在选任、监督或者防止行为人实施其他违法行为方面并未尽到必要的注意义务因而存在过失的事实进行了推定，因此只要其未能就已经尽到了必要的注意义务进行证明，就不得免除刑事责任。[3]

其六，《公害犯罪处罚法》第5条。该条规定："在工厂、企业单位的生产经营活动中，仅因该排放的危害人体健康的物质就足以达到能够危害公众

---

〔1〕 ［日］平野龍一：《刑事訴訟法》，日本有斐閣1958年版，第187页。
〔2〕 该法第1条规定："以扰乱治安或者危害他人身体、财产为目的，使用爆炸物的，或者让他人使用的，处死刑、无期惩役或者7年以上惩役或禁锢"；第3条："以第1条之目的，制造、进口、持有、订购爆炸物或者用于爆炸物的器具的，处3年以上10年以下惩役或者禁锢"。
〔3〕 最高裁判所判决决昭32·11·27刑集11·12·3113.

的生命、身体的程度时，在该排放发生的可能危害人体健康的地域内，发生了同种物质引起公众的生命或者身体的危险的，推定该危险是由该人排放的物质引起的。"根据该条规定，如果被告人对于现在发生的危险状态并非自己排放的物质引起的事实提出了足以使法官产生合理怀疑的反证，即可以推翻推定的效果。

其七，《麻药特例法》第14条。该条规定："关于第5条的犯罪涉及的毒品犯罪收益，在以该条各项列举的行为为职业的期间内犯罪人取得的财产，其价值被认为不适当地超出犯罪人在该期间内的劳动收入和接受法律给付补助金的，推定是与该犯罪有关的毒品犯罪收益。"[1]

四、推定

所谓推定，是指在事实认定的过程中，从某一事实（前提事实）推定其他事实（推定事实）的过程。推定分为事实上的推定和法律上的推定两类。事实上的推定，是指根据经验法则所进行的推论，以根据间接事实推论主要事实为典型。就本质而言，事实上的推定与合理的自由心证主义同义。法律上的推定，是指法律明文规定的推定，将证明主题切换为前提事实以消除推定事实的立证困难。进一步讲，法律上的推定，又分为允许反证的推定和不允许反证的推定。不允许反证的推定，又称为拟制，是指只要 A 事实得到认定即当然认为 B 事实存在。此种推定规定主要存在于变更实体法规定的法律要件的场合。因此，狭义的推定仅指允许反证的推定。

允许反证的推定规定以《公害犯罪处罚法》第 5 条、《麻药特例法》第 14 条的规定为代表。对于此种推定的性质，理论上存在义务性推定说和许容性推定说两种对立的观点。义务性推定说认为，对于推定事实的存在负有实质举证责任的当事人（例如检察官）对前提事实进行了证明的场合，推定事实的实质举证责任转换给对方当事人（被告人）。本来，推定事实存在与否不

---

[1] 该法第 5 条规定："以下列行为为职业的人员（包括上述行为与第 8 条的犯罪行为一起作为职业的人），处无期惩役或者 5 年以上惩役及 1000 万日元以下罚金：一、《麻药及精神药品取缔法》第 64 条、第 64 条之二（不包括持有）、第 65 条、第 66 条（不包括持有）、第 66 条之三、第 66 条之四（不包括持有）犯罪的行为；二、《大麻取缔法》第 24 条、第 24 条之二（不包括持有）犯罪的行为；三、《鸦片法》第 51 条、第 52 条（不包括持有）犯罪的行为；四、《兴奋剂取缔法》第 41 条、第 41 条之二（不包括持有）犯罪的行为。"

明时，法院不得对该推定事实予以认定。但是，当检察官对前提事实进行了证明时，即使推定事实存在与否依然不明，法院也应当对该推定事实予以认定。这种推定由于存在根据前提事实"强制"推论推定事实的过程，因而被称为义务性推定。当然，这并不妨碍对方当事人对反对事实（推定事实的不存在）进行积极的证明。这种观点受到了如下批判：其一，在推定事实为实体法事实的场合，许容性推定说认为对将举证责任转移给被告人的观点违反了利益原则；其二，根据前提事实对推定事实进行"强制"推定则违反了自由心证主义。义务性推定观点与利益原则的冲突实难否定，但是为了保证推定规定的合宪性（作为利益原则的例外），此类推定应当满足与前述举证责任转换规定相同的要件（必要性、合理的关联性、便宜性、包容性等）。

许容性推定说认为，对推定事实负有实质举证责任的当事人（例如检察官）即使对前提事实进行了证明，也不会产生实质举证责任转换的效果。但是，在此场合，如果对方当事人（被告人）未出示任何证明推定事实不存在的证据，法院可以认定推定事实为目的对"不提出证据的事实（态度）"进行考虑。换言之，即使被告方未提出证据，法院也并非必须对推定事实予以认定，而只是可以在考虑不提出证据这一事实对推定事实予以认定。因此，由于实质举证责任并非发生转换，在前提事实得到证明且被告方未提出证据的场合，法院的心证如果依然停留在推定事实存在与否不明的状态中，则不得对该推定事实予以认定。客观而言，该说主张实质举证责任不发生转换，即使在推定事实为实体法事实的场合，也与利益原则不相抵触。但是，将不提出证据的事实（态度）作为不利的因素考虑，实质上给被告人制造了负担，因此不能无条件地肯定推定规定的正当性。参考举证责任转换的合宪性要件，此种推定规定的正当要件应当包括：其一，检察官通常难以对推定事实进行立证；其二，根据前提事实对推定事实的推论过程具有合理性；其三，被告人比较容易对推定事实（的不存在）提出证据；其四，除了推定事实，仅凭前提事实并不能否定作为犯罪的可罚性等。[1]

---

[1] [日]宇藤崇、松田岳士、堀江慎司：《刑事訴訟法（第2版）》，日本有斐閣2018年版，第468-470页。

参考文献

1. ［日］幕田英雄：《捜査法解説（第4版）――捜査手続・証拠法の詳説と公判手続入門》，日本東京法令出版 2019 年版。

2. ［日］後藤昭：《伝聞法則に強くなる》，日本評論社 2019 年版。

3. ［日］宇藤崇、松田岳士、堀江慎司：《刑事訴訟法（第2版）》，日本有斐閣 2018 年版。

4. ［日］後藤昭、白取祐司編：《新・コンメンタール刑事訴訟法（第3版）》，日本評論社 2018 年版。

5. ［日］池田修、前田雅英：《刑事訴訟法講義（第6版）》，日本東京大学出版会 2018 年版。

6. ［日］井上正仁、大澤裕、川出敏裕：《刑事訴訟法判例百選（第10版）》，日本有斐閣 2017 年版。

7. ［日］小林充：《刑事訴訟法（第5版）》，日本立花書房 2015 年版。

8. ［日］白取祐司：《刑事訴訟法（第8版）》，日本評論社 2015 年版。

9. ［日］池田修、前田雅英：《刑事訴訟法講義（第5版）》，日本東京大学出版会 2014 年版。

10. ［日］三井誠、酒巻匡：《入門刑事手続法（第6版）》，日本有斐閣 2014 年版。

11. ［日］光藤景皎：《刑事訴訟法Ⅱ》，日本成文堂 2013 年版。

12. ［日］後藤昭、白取祐司編：《新・コンメンタール刑事訴訟法（第2版）》，日本評論社 2013 年版。

13. ［日］岩下雅充等：《刑事訴訟法教室》，日本法律文化社 2013 年版。

14. ［日］安西温：《刑事訴訟法（下）》，日本警察時報社 2013 年版。

15. ［日］LEC 総合研究所司法試験部編著：《C-Book 刑事訴訟法Ⅱ（公訴・公判）（第3版）》，日本東京リーガルマインド 2012 年版。

16. ［日］反町勝夫編：《刑事訴訟法Ⅱ（公訴・公判）》，日本東京リーガルマインド株式会社 2012 年版。

17. ［日］裁判所職員総合研修所監修：《刑事訴訟法講義案（四訂版）》，日本司法協会 2011 年版。

18. ［日］井上正仁、大澤裕、川出敏裕：《刑事訴訟法判例百選（第 9 版）》，日本有斐閣 2011 年版。

19. ［日］石井一正：《刑事実務証拠法（第 5 版）》，日本判例タイムズ社 2011 年版。

20. ［日］落合義和、辻裕教等：《刑事訴訟法等の一部を改正する法律及刑事訴訟規則等の一部を改正する規則の解説》，日本法曹会 2011 年版。

21. ［日］田口守一、川上拓一、田中利彦編集：《確認刑事訴訟法用語 250》，日本成文堂 2009 年版。

22. ［日］村井敏邦、川崎英明、白取裕司《刑事司法改革と刑事訴訟法（下卷）》，日本評論社 2007 年版。

23. ［日］日本弁護士連合会裁判員制度実施本部編：《公判前整理手続を生かす　part2（実践編）》，日本現代人文社 2007 年版。

24. ［日］平野龍一：《刑事訴訟法概説》，日本東京大学出版会 2005 年版。

25. ［日］大阪弁護士裁判員制度実施本部編：《コンメンタール公判前整理手続》，日本現代人文社 2005 年版。

26. ［日］松尾浩也：《日本刑事诉讼法 下卷（新版）》，张凌译，中国人民大学出版社 2005 年版。

27. ［日］小野清一郎：《犯罪構成要件の理論》，日本有斐閣 2003 年版。

28. ［日］松尾浩也：《刑事訴訟法 下（新版補正第二版）》，日本弘文堂 1999 年版。

29. ［日］田宮裕：《刑事訴訟法（新版）》，日本有斐閣 1996 年版。

30. ［日］田中和夫：《新版証拠法（増補第三版）》，日本有斐閣 1971 年版。

31. ［日］鈴木茂嗣：《刑事訴訟法（改訂版）》，日本青林書院 1990 年版。

32. ［日］松本一郎：《事例式演習教室　刑事訴訟法》，日本勁草書房 1987 年版。

33. ［日］井上正仁：《刑事訴訟法における証拠排除》，日本弘文堂 1985 年版。

34. ［日］高田卓爾：《刑事訴訟法（二訂版）》，日本青林書院 1984 年版。

35. ［日］団藤重光：《新刑事訴訟法綱要（7 訂版）》，日本創文社 1972 年版。

36. ［日］田宮裕：《捜査の構造》，日本有斐閣 1971 年版。

37. ［日］平野龍一：《刑事訴訟法》，日本有斐閣 1958 年版。

38. ［日］平場安治：《刑事訴訟法講義》，日本有斐閣 1954 年版。

39. 王兆鵬等：《传闻法则：理论与实践》，台湾元照出版有限公司 2004 年版。

40. ［日］田口守一：《刑事诉讼法（第 5 版）》，张凌、于秀峰译，中国政法大学出版社 2010 年版。

41. 汪海燕："刑事诉讼法解释论纲"，载《清华法学》2013 年第 6 期。

42. 董林涛："实质庭审：日本证据开示制度改革介评"，载《公安学刊——浙江警察学院学报》2015 年第 4 期。

43. 西田眞基：《公判前整理手続運用の現在と課題——裁判官の立場から》，载《刑事法ジャーナル》2007 年 7 号。

44. ［日］杉田宗久：《公判前整理手続における"争点"の明確化について——被告人側の主張明示義務と争点関連証拠開示の運用をめぐって》，载《判例タイムズ》1176 号（2005 年）。

45. ［日］藤田昇三：《公判前整理手続と公判手続の運用——裁判員制度を念頭に置いて》，载《刑事法ジャーナル》2006 年 2 号。

46. ［日］辻裕教：《刑事訴訟法等の一部を改正する法律（平成 16 年法律第 62 号）について（2）》，载《法曹時報》2005 年 57 卷 8 号。

47. ［日］岡慎一：《証拠開示規定の解釈・運用》，载《自由と正義》2006 年 57 卷 9 号。

48. ［日］辻裕教：《刑事訴訟法等の一部を改正する法律（平成 16 年法律第 62 号）について（2）》，载《法曹時報》2005 年 57 卷 8 号。

参考判例

（一）判例集等的略（全）称

1. 刑集：最高裁判所刑事判例集
2. 高刑集：高等裁判所刑事判例集
3. 判時：判例時報
4. 判夕：判例タイムズ
5. 裁判集：最高裁判所刑事裁判集
6. 裁特報：高等裁判所刑事裁判特報
7. 判特報：高等裁判所刑事判決特報
8. 東高時報：東京高等裁判所刑事判決時報
9. 刑裁月報：刑事裁判月報

（二）最高法院判例

最判昭 23・3・30 刑集 2・3・277.

最判昭 23・6・23 刑集 2・7・715.

最判昭 23・7・14 刑集 2・8・856.

最判昭 23・7・19 刑集 2・8・952.

最判昭 23・7・29 刑集 2・9・1012.

最判昭 23・7・29 刑集 2・9・1076.

最判昭 23・8・5 刑集 2・9・1123.

最判昭 23・10・30 刑集 4・11・2402.

最決昭 23・11・8 刑集 2・12・1498.

最判昭 23・11・17 刑集 2・12・1565.

最判昭 23・11・17 刑集 2・12・1558.

最判昭 24・2・22 刑集 3・2・221.

最判昭 24・4・7 刑集 3・4・489.

最判昭 24・4・30 刑集 3・5・691.

最判昭 24・5・18 刑集 3・6・789.

最判昭 24・7・19 刑集 3・8・1341.

最判昭 24・10・13 刑集 3・10・1650.

最判昭 24・11・19 刑集 3・11・1732.

最判昭 24・12・13 裁判集 15・349.

最判昭 25・5・11 刑集 4・5・781.

最決昭 25・7・11 刑集 4・7・1190.

最判昭 25・7・12 刑集 4・7・1298.

最判昭 25・9・5 刑集 4・9・1620.

最決昭 25・10・4 刑集 4・10・1866.

最判昭 25・11・21 刑集 4・11・2359.

最判昭 25・11・29 刑集 4・11・2402.

最決昭 26・1・26 刑集 5・1・101.

最決昭 26・2・22 刑集 5・3・421.

最判昭 26・3・6 刑集 5・4・486.

最判昭 26・3・15 刑集 5・4・535.

最判昭 26・4・5 刑集 5・5・809.

最判昭 26・6・1 刑集 5・7・1232.

最決昭 26・6・7 刑集 5・7・1243.

最判昭 26・8・1 刑集 5・9・1684.

最判昭 27・3・5 刑集 6・3・351.

最判昭 27・3・7 刑集 6・3・387.

最判昭 27・3・25 刑集 6・3・507.

最判昭 27・4・9 刑集 6・4・584.

最判昭 27・5・13 刑集 6・5・744.

最判昭 27・5・14 刑集 6・5・769.

最決昭 27・12・11 刑集 6・11・1297.

最判昭 28・2・12 刑集 7・2・204.

最決昭 28・2・19 刑集 7・2・280.

最判昭 28・2・19 刑集 7・2・305.

最決昭 28・4・30 刑集 7・4・904.

最判昭 28・10・15 刑集 7・10・1934.

最判昭 28・10・27 刑集 7・10・1971.

最判昭 28・10・30 刑集 7・10・2029.

最決昭 29・7・14 刑集 8・7・1078.

最決昭 29・7・29 刑集 8・7・1217.

最決昭 29・9・24 刑集 8・9・1519.

最決昭 29・11・11 刑集 8・11・1834.

最決昭 29・11・25 刑集 8・11・1888.

最判昭 29・12・2 刑集 8・12・1923.

最決昭 29・12・24 刑集 8・13・2343.

最判昭 30・1・11 刑集 9・1・14.

最決昭 30・1・25 刑集 9・1・74.

最判昭 30・2・15 刑集 9・2・282.

最判昭 30・6・22 刑集 9・8・1189.

最判昭 30・9・13 刑集 9・10・2059.

最判昭 30・12・9 刑集 9・13・2699.

最判昭 31・3・27 刑集 10・3・387.

最判昭 31・4・24 刑集 10・4・608.

最判昭 31・5・17 刑集 10・5・685.

最判昭 31・6・19 刑集 10・6・853.

最判昭 31・7・17 刑集 10・8・1193.

最判昭 32・1・22 刑集 11・1・103.

最決昭 32・5・23 刑集 11・5・1531.

最判昭 32・7・19 刑集 11・7・1882.

最判昭 32・7・25 刑集 11・7・2025.

最決昭 32・9・30 刑集 11・9・2403.

最判昭 32・10・4 刑集 11・10・2456.

最決昭 32・11・2 刑集 11・12・3047.

最判昭 32・11・27 刑集 11・12・3113.

最判昭 32・12・10 刑集 11・13・3197.

最判昭 33・2・13 刑集 12・2・218.

最決昭 33・2・26 刑集 12・2・316.

最判昭 33・5・28 刑集 12・8・1718.

最判昭 33・6・13 刑集 12・9・2009.

最判昭 35・9・8 刑集 14・11・1437.

最判昭 35・9・9 刑集 14・11・1477.

最判昭 36・3・9 刑集 15・3・500.

最判昭 36・5・26 刑集 15・5・893.

最判昭 36・6・7 刑集 15・6・915.

最判昭 38・9・13 刑集 17・8・1703.

最判昭 38・9・27 判時 356・49.

最判昭 38・10・17 刑集 17・10・1795.

最決昭 39・6・1 刑集 18・5・177.

最決昭 41・2・21 判時 450・60.

最決昭 41・6・10 刑集 20・5・365.

最判昭 41・7・1 刑集 20・6・537.

最判昭 41・7・13 刑集 20・6・609.

最决昭 41·11·22 刑集 20·9·1035.

最判昭 41·12·9 刑集 20·10·1107.

最判昭 42·7·5 刑集 21·6·748.

最判昭 42·12·21 刑集 21·10·1476.

最决昭 43·2·8 刑集 22·2·55.

最判昭 43·10·25 刑集 22·11·961.

最决昭 44·4·25 刑集 23·4·248.

最判昭 44·6·25 刑集 23·7·975.

最决昭 44·12·4 刑集 23·12·1546.

最判昭 45·11·25 刑集 24·12·1670.

最判昭 47·6·2 刑集 26·5·317.

最判昭 48·12·13 判時 725·104.

最判昭 51·2·19 刑集 30·1·25.

最判昭 51·10·28 刑集 30·9·1895.

最决昭 52·8·9 刑集 31·5·821.

最决昭 53·6·20 刑集 32·4·670.

最判昭 53·6·28 刑集 32·4·724.

最决昭 53·9·7 刑集 32·6·1672.

最决昭 54·10·16 刑集 33·6·633.

最决昭 55·10·23 刑集 34·5·300.

最决昭 57·5·25 判時 1046·15.

最决昭 57·12·17 刑集 36·12·1022.

最判昭 58·7·12 刑集 37·6·791.

最决昭 58·9·13 判時 1100·156.

最决昭 58·11·29 裁判集 232·995.

最决昭 58·12·19 刑集 37·10·1753.

最决昭 59·2·29 刑集 38·3·479.

最决昭 59·12·21 刑集 38·12·3071.

最决昭 61·3·3 刑集 40·2·175.

最判昭 61·4·25 刑集 40·3·215.

最决昭 62·3·3 刑集 41·2·60.

最决昭 63·3·17 刑集 42·3·403.

最决昭 63·9·16 刑集 42·7·1051.

最决平元·1·23 判夕 689·276.

最决平元·7·4 判時 1323·153.

最决平和 6·9·16 刑集 48·6·420.

最判平 7·2·22 刑集 49·2·1.

最判平 7·5·30 刑集 49·5·703.

最判平 7·6·20 刑集 49·6·741.

最判平 8·10·29 刑集 50·9·683.

最决平 12·2·7 判夕 1026·75.

最决平 12·7·17 刑集 54·6·550.

最决平 12·10·31 刑集 54·8·735.

最判平 15·2·14 刑集 57·2·121.

最决平 15·11·26 刑集 57·10·1057.

最决平 17·9·27 刑集 59·9·1847.

最判平 18·11·7 刑集 60·9·561.

最决平 18·12·8 刑集 60·10·837.

最判平 19·10·16 刑集 61·7·677.

最判平 19·12·25 刑集 61·9·895.

最判平 20·4·25 刑集 62·5·1559.

最决平 20·6·25 刑集 62·6·1886.

最决平 20·8·27 刑集 62·7·2702.

最决平 20·9·30 刑集 62·8·2753.

最决平 21·9·28 刑集 63·7·868.

最判平 22·4·27 刑集 64·3·233.

最决平 23·9·14 刑集 65·6·949.

最判平 23·10·20 刑集 65·7·999.

最判平 24·9·7 刑集 66·9·907.

最决平 27·5·25 刑集 69·4·636.

最决平 29·3·15 刑集 71·3·13.

（三）　地方法院判例

東京高判昭 24・9・8 高刑集 2・1・70.

東京高判昭 26・1・30 高刑集 4・6・561.

東京高判昭 26・6・7 高刑集 4・6・641.

東京高判昭 26・11・6 高刑集 4・13・1891.

東京高判昭 27・11・15 高刑集 5・12・2201.

東京高判昭 29・7・24 高刑集 7・7・1105.

東京高判昭 31・1・14 裁特報 3・1・4.

東京高判昭 31・12・19 高刑集 9・12・1328.

東京高判昭 32・4・30 高刑集 10・3・296.

東京高判昭 32・12・16 高刑集 10・12・826.

東京高判昭 35・4・21 高刑集 13・4・271.

東京高判昭 41・5・10 高刑集 19・3・356.

東京高判昭 41・6・30 高刑集 19・4・447.

東京高判昭 42・7・27 高刑集 20・4・513.

東京高判昭 44・6・25 高刑集 22・3・392.

東京高判昭 47・3・22 判タ278・393.

東京高判昭 48・4・26 高刑集 26・2・214.

東京高判昭 49・2・15 刑裁月報 6・2・126.

東京高判昭 50・3・6 東高時報 26・3・59.

東京高判昭 52・1・26 東高時報 28・1・5.

東京高判昭 52・2・23 判時 856・104.

東京高判昭 53・3・29 刑裁月報 10・3・233.

東京高判昭 54・1・24 判時 936・135.

東京高判昭 54・8・14 刑裁月報 11・7
(8)・787.

東京高判昭 54・12・11 判タ413・155.

東京高判昭 55・2・1 判時 960・8.

東京高判昭 56・6・29 判時 1020・136.

東京高判昭 57・9・7 高刑集 35・2・126.

東京高判昭 58・7・13 高刑集 36・2・86.

東京高判昭 59・4・16 判時 1140・152.

東京高判昭 59・7・19 高刑集 37・2・360.

東京高判昭 60・12・13 刑月 17・12・1208.

東京高判昭 63・11・10 判タ693・246.

東京高判平元・4・24 判タ708・264.

東京高判平 12・10・2 東高時報 51・1=12・98.

東京高判平 14・9・4 判時 1808・144.

東京高判平 19・9・18 判タ1273・338.

東京高決平 20・11・18 判タ1301・307.

東京高判平 22・5・27 高刑集 63・1・8.

東京高判平 28・8・23 高刑集 69・1・16.

東京地判昭 35・7・20 判時 243・8.

東京地判昭 42・4・12 判時 486・8.

東京地判昭 45・2・26 判時 591・30.

東京地判昭 50・1・23 判時 772・34.

東京地決昭 53・6・29 判時 893・3.

東京地判昭 62・3・17 判タ637・227.

東京地判昭 62・12・16 判時 1275・35.

東京地判平 3・9・30 判タ787・277.

東京地判平 7・9・29 判タ920・259.

東京地判平 15・7・31 判タ1153・303.

東京地八王子支判平 10・10・28 判タ1009・295.

京都地判昭 55・2・6 判タ410・151.

京都地決昭 51・3・1 刑タ341・334.

京都地決平 13・11・8 判時 1768・159.

名古屋高判昭 25・1・12 判特報 6・88.

名古屋高判昭 25・5・8 判特報 9・67.

名古屋高判昭 25・7・29 判特報 11・97.

名古屋高判昭 25・5・29 判特報 9・80.

名古屋高判昭 25・8・30 判特報 13・76.

名古屋高判昭 25·11·4 判特報 14·78.

名古屋高判昭 28·7·7 高刑集 6·9·1172.

名古屋金沢支判昭 45·12·3 刑裁月報 2·12·1261.

名古屋金沢支判平 20·6·5 判夕1275·432.

名古屋地判平 16·7·30 判時 1897·144.

福岡高判昭 25·3·27 判特報 10·101.

福岡高判昭 26·2·23 高刑集 4·2·130.

福岡高判昭 26·10·18 高刑集 4·12·1611.

福岡高判昭 29·5·7 高刑集 7·5·680.

福岡高判昭 61·4·28 判夕610·27.

福岡高判平 7·8·30 判時 1551·44.

福岡高判平 14·11·6 判時 1812·157.

福岡那覇支判昭 49·5·13 刑裁月報 6·5·533.

大阪高判昭 24·10·21 判特報 1·279.

大阪高判昭 26·2·24 判特報 23·34.

大阪高判昭 27·7·18 高刑集 5·7·1170.

大阪高判昭 35·5·26 下刑集 2·5（6）·676.

大阪高判昭 40·11·8 下刑集 11·1947.

大阪高判昭 45·1·30 判時 609·98.

大阪高判昭 49·7·19 刑月 6·7·809.

大阪高判昭 49·11·5 判夕329·290.

大阪高判昭 50·11·19 判夕335·353.

大阪高判昭 52·6·28 判時 881·157.

大阪高判昭 56·1·12 判時 998·126.

大阪高判昭 60·9·24 判夕589·127.

大阪高判昭 62·9·4 判夕55·266.

大阪高判昭 63·9·92 判時 1314·152.

大阪高判平 8·11·12 判時 1603·151.

大阪高判平 2·10·24 高刑集 43·3·180.

大阪高判平 10·12·9 判夕1063·272.

大阪高決平 18·6·26 判時 1940·164.

大阪高決平 18·9·22 判時 1947·169.

大阪高判平 18·12·15 刑集 64·3·432.

大阪高決平 20·12·3 判夕1292·150.

大阪地判昭 44·5·1 判夕240·291.

大阪地判昭 46·5·15 刑裁月報 3·5·661.

大阪地判平 17·8·3 刑集 64·3·377.

大阪地決平 19·11·14 判夕1268·85.

大阪地決平 20·3·26 判夕1264·343.

仙台高判昭 27·2·13 高刑集 5·2·226.

仙台高判昭 47·1·25 刑裁月報 4·1·14.

仙台高判昭 52·2·10 判時 846·43.

仙台高判昭 60·4·22 判時 1154·40.

仙台秋田支判昭 26·4·11 判特報 22·227.

仙台秋田支判昭 55·12·16 高刑集 33·4·351.

広島高判昭 56·7·10 例夕450·157.

広島高松江支判昭 26·3·12 高刑集 4·4·315.

広島高裁岡山支判昭 27·7·14 判特報 20·147.

広島岡山支判昭 28·10·29 判特報 31·82.

広島高松江支判昭 30·8·1 裁特報 2·15·794.

高松高判平 19·1·30 刑集 61·7·730.

高松地判平 17·10·4 刑集 61·7·701.

浦和地判平 2·10·12 判夕743·69.

浦和地判平 3·3·25 判夕760·261.

浦和地判平 3·9·26 判時 1410·121.

浦和地決平 4·1·6 判夕79·2·258.

札幌高判昭 24·9·16 高刑集 2·2·156.

札幌高判昭 25・7・10 高刑集 3・2・303.

札幌高判昭 57・12・16 判時 1104・152.

札幌高函館支判昭 26・7・30 高刑集 4・7・93.

神戸地判平 10・10・13 判時 1664・151.

福井地判平 2・9・26 判時 1380・25.

宇都宮地判昭 45・11・11 刑裁月報 2・11・1175.